# 《民初珍史》編輯前言

蔡登山

《民初珍史》主要的內容放在北洋軍閥和桂系身上，雖然早期市面上我們看到大部頭的所謂北洋軍閥史話之類的書籍的出版，但那些畢竟是史話性質，是透過作者的演繹而寫出來的，距離史實有時已經相距太遠了，而相對比較可信的史料畢竟不多，但從民國肇建至北伐統一，這十七年間的歷史是太重要了！因此我一直再尋找比較真實的史料，先後已經出版了《袁世凱的開場與收場》、《北洋軍閥：雄霸一方》、《北洋軍閥：潰敗滅亡》、《北洋政壇見聞錄》、《北洋從政實錄》還有《曾毓雋回憶錄》等六本關於北洋的書籍。正如我先前編書的基本要求，此次也是盡量找到所謂的「三親」（親見、親歷、親聞）的文章為首要。

曹文錫為湖北辛亥革命先驅、同盟會元老曹亞伯之子，曹亞伯（一八七五－一九三七），湖北興國人，近代革命家、政治家。一九〇〇年肄業於兩湖書院，為掩護革命，曾入基督教。一九〇四年在武昌加入科學補習所，旋赴長沙幫助黃興籌備武裝起義，事洩後護送黃興脫險。一九〇五年在日本加入中國同盟會。一九〇六年留學英國並宣傳革命，一九一二年回國，入黎元洪幕府，贊商機要。一九一四年在日本加入中華革命黨，旋由孫中山派往南洋各埠宣傳該黨宗旨。曹文錫曾任大元帥府議員。他在十二歲時第一次見到中山先生，在多年後寫下了那段經歷：「記得有一天下午，國父派一部私家車來接先父去商量事情，……，國父站在梯口，向先父打招呼。上樓後，先父指著國父對我說：『文錫，這位就是中華民國的大總統』，我向國父行一鞠躬禮，先父笑著說：『民國時代的總統等於舊日的皇帝，全國最高的一人，從前見皇帝要三跪九叩頭，現在見總統，鞠躬就夠了。』我聽後，又對國父行一鞠躬禮，國父摸著我的頭笑著說：『你要做曹亞伯第二，跟你父親一樣，將來長大，替國家做一番事業。』他在寫〈黎元洪並非從床下拖出來的〉一文說：「黎元洪被捧出為鄂軍都督的往事，人云亦云，傳說滋多，筆者這段記載，敢誇為六十餘年來最正確、最翔實者。」當時曾有人說：「黎元洪當時怕得要死，藏匿於床下，乃被革命軍所拖出來者。」這原屬半開玩笑性質；詎知此說一經傳出，即不脛而走，成為當時最受人歡迎之花邊新聞！而鄒魯的《中國國民黨史稿》也附和此說，其實根據曹文錫的說法是當武昌首義之夕，各革命同志均向督署及第八鎮統制司令部進攻，而協統司令部則未有波及。是夜炮聲隆隆，協統黎元洪知革命軍發難，乃走避武昌城內黃土坡其參謀劉文吉家中。天將近曙，革命軍方面由熊秉坤派湯啟發率一支隊，巡查武昌城之中和門前後街一帶，湯啟發在街頭忽瞥見有人肩負皮箱一口，由黎元洪宅中走出，疑為盜竊，趨前叱止，並詢所自來，問明身份後，始知是黎氏宅中之伙夫，奉黎氏命將皮箱移往他處。經再三盤詰，始知黎氏已避居黃土坡劉參謀家，於是率眾往見。黎元洪被逼出任都督是真的，但絕非是從床下拖出來的，而是在部下劉文吉家中找到的。當時為渲染革命黨人的英勇和黎元洪的膽小怕事而有此說法，可說是不確的。

子奇的〈民初出現的「第一流內閣」記〉和穆照的〈財政專家熊希齡四面楚歌記〉都是在寫民初的熊希齡內閣，這個號稱「第一流內閣」其實處處都在袁世凱的掌控之中，要人沒人，要錢沒錢，一籌莫展，就如文中所說：「當袁世凱打倒二次革命，挑戰勝餘威，預備完成獨裁制度之際，熊氏誤入迷途，做了傀儡總理，好似手無寸鐵之白面書生，搭上了強盜船，真是說不出的苦。」結果，所謂「名流內閣」竟搞到不明不白地變成「短命內閣」！子奇據我判斷應該是薛大可，薛大可（一八八一—一九六〇）字子奇，湖南益陽人。在民初年間是報界名人，他與劉少少、黃遠庸同為報壇怪傑。他是湖南才子，也是文壇一傑，詩文均有根底。平生有一「悔不該」的往事，乃是在袁世凱稱帝時他列名「勸進表」，因此有人指稱他為「洪憲餘孽」。《亞細亞日報》是袁世凱任大總統後，直接出巨資，由薛大可出面所辦的御用報紙。薛大可一時成為帝制的要人，袁世凱登基，《亞細亞日報》率先改以洪憲紀元，並尊袁為「今上」。薛大可隨各方諂媚者上表稱賀，表文自稱「臣記者」。他晚年渡海來台，經常在港台報紙發表文章，我編過他的《薛大可憶往錄》於二〇一七年出版。

慧桐的〈張作霖生平祇怕一個人〉、譚逸的〈張作霖學良父子與日本的恩怨〉和耕野翁的〈張作霖魂斷皇姑屯的珍貴史料〉的文章，無疑地都是圍繞在東北的張作霖和張學良父子身上，這些資料有些是已經為人所熟悉了，但也有不少內幕。而金典戎寫的〈張學良殺楊宇霆與東北易幟〉談到：自從奉軍退出關外，張作霖被炸身死後，對於未來的決策，當時在內部顯然分了兩派：一派是以少帥張學良為首，主張擁護國家的統一，以犧牲小我。另一派則以元老重臣楊宇霆為首，主張憑藉日本的勢力，以閉關自守，不再接受中央的命令。金典戎（一九〇四—一九六九），原名殿榮，字顯庭，山東掖縣人。東北陸軍大學畢業，跟過馬占山、馮玉祥抗日，後在南京中央陸軍大學任教。抗戰期間，主要擔任軍隊及軍官的培訓工作及從事戰略研究。抗戰勝利，隨東北行營主任熊式輝到東北，任東北行轅交通處長、哈爾濱警備司令。後回南京隨國防部長何應欽，皆任重要軍職，軍階為少將。在多家刊物發表軍事評論。一九四九年到香港後，在《天文臺》報發表軍事評論。關於張學良殺楊宇霆這件事，他說：「我記得有一天晚上，我同張氏左右親信的一班朋友們如黃顯聲、張振鷺、譚海等人，在奉天國民銀行有一個小小的聚會，時間大概是當日下午五點鐘左右，不久張氏的承啟官裴某，慌慌張張的走了進來，一見黃、譚二人就說：『總司令到處找你們，還不快去。』」接著事情就發生了！

在民初年間桂系一直占著舉足輕重角色，尤其它與中央的離合關係。因此我早在二〇一五年就開始整理《黃旭初回憶錄》五大冊的出版，前後費時一年餘，才完成這百萬餘字的煌煌巨著。其中的第一冊就是《李宗仁、白崇禧與蔣介石的離合》。而據香港《春秋》雜誌編者在張任民的〈西安事變後與蔣先生在溪口故居一席話〉文前的按語說：「張任民將軍為桂軍前輩，二十餘年前即歷任李宗仁之參謀長暨廣西保安副司令等要職。自大陸變色，張氏即蟄居香港，杜門謝客，淡泊自甘，不再與聞時事。近月來，以本刊連續刊載當年西安事變之珍史，張氏每期必讀，感慨滋多，並承追述民二十六年春曾代表李、白赴溪口謁晤蔣先生一幕往事；此中經過，皆屬親歷，為外人所不及知之者。茲蒙應本刊之請，將當時情形，就記憶所及，撰成此文，由本刊發表。誠為西安事變後之一段最寶貴資料也。」而我根據《柳州市志》查得張任民的資料簡述之：張任民（一八九〇－一九八五），廣西馬平縣人。八歲時因父親任潯州撫標中軍前營管帶而隨往桂平。十一歲回柳州。十二歲時師從鄧承緒門下，除古代典籍外，還學習地理、外國史、生理學、衛生學、體操等課程，並接觸陳天華的《猛回頭》、鄒容的《革命軍》、《警世鐘》以及《民報》、《復報》等宣傳革命的刊物。後柳州開辦新學，張任民考入柳州府中學堂。光緒三十三年（一九〇七）考入桂林陸軍小學堂，在學校加入了同盟會。宣統三年（一九一一），升入武昌陸軍第三中學，並與同學一道參加了武昌起義。一九一二年，隨廣西軍北伐到南京。四月，所在部隊奉命改編，張任民分入北京清河的陸軍第一預備學校。一九一三年，張任民通過陸榮廷的推薦東渡日本，正值國內爆發反袁的二次革命，十月，駐日本公使館傳達陸軍部來文，著令湖北都督府送日本學軍士的學生一律回國就學。次年，張任民回國進入保定軍官學校第二期受訓。一九一六年四月間，滇、黔、粵、桂各省在廣東肇慶成立討袁總機關「軍務院」。張任民南下肇慶拜會軍務院副參謀長李根源，後在參謀處服務。軍務院解散之後，張由黎元洪授以步兵少校官銜，到北京候差，後因張勳復辟之亂離京返桂。一九一八年春，孫中山在廣東成立護法軍政府，組成粵桂湘聯軍擬入湘作戰。張任民經鈕永鍵推薦，在總部任少校參謀，隨軍出發。一九一九年，陸榮廷在南寧開辦講武學堂，張赴邕謁陸，並任中校戰術教官兼一隊隊長。一九二一年，陳炳焜為廣西護軍使，指揮部設在梧州，張充任指揮部中校參謀。粵桂戰爭爆發前夕，他受劉震寰影響，背陳附粵，擁護孫中山護法軍政府。一九二二年初，張任民避亂居澳門。一九二三年秋，陸軍小學同學何海籌持李宗仁手書造訪，約張回桂援助，張任民即動身回桂，路經廣州時，與黃紹竑、白崇禧晤談，張任民提出「先定桂局，再及世局」的主張。回到桂平後，李宗仁聘張為「總參議」。此後，張任民便成為李宗仁和黃紹竑的幕僚，為新桂系出謀獻策。一九二五年，張任民任設在柳州的廣西軍務督辦公署行營主任，指揮當地防務事宜，負責處理一切。一九二六年三月間，張任民赴廣州面見蔣介石，奉命入川黔遊說軍政要員，鼓動兩省以護國護法之精神參加革命陣營，出兵北伐，以謀國家之統一。一九二七年，任十五軍參謀長，後任第四集團軍參謀長。一九二八年，任南寧海關監督，並創辦培訓廣西建設人才的「村治學院」，又出任桂林警備司令一職。「武漢事變」後，張歸家閒居。七月，出走香港。十月，張受黃紹竑之託回桂聯絡李、黃舊部，正值梁朝璣與楊騰輝部在柳州發生衝突，張調和兩軍矛盾，雙方願意接受調解，並表示要請黃紹竑回桂主事。一九三六年，張出任廣西綏靖公署中將參謀長。抗日戰爭初期，張任民任第五戰區中將軍法執行總監，旋調任第五戰區青年軍團副團長兼教育長，後改編為第五戰區戰鬥幹部訓練團，仍任教育長。一九三九年底，調任廣西綏靖公署參謀長。抗戰勝利後，張任民任廣西保安副司令。一九四六年，當選為南京國民政府立法委員。一九四九年四月下旬，解放軍渡過長江之後，張任民與李任仁領銜上書，敦促李宗仁接受中共提出的和平條件。不久，張赴香港。一九八五年一月十五日病逝。遺著有《退思園詩文存稿》、《回憶錄》。其《回憶錄》我沒見過，但查得的資料是一九八七年在香港九龍出版的，估計是他的後人蒐集編成的。我書中所收的幾篇〈廣西內幕：李白北伐、黃紹竑留守八桂〉、〈廣西內幕：驕兵悍將害苦了李黃白〉、〈廣西內幕：我從香港冒險回梧州的經過〉、〈廣西內幕：俞作柏逃越與黃紹竑重回廣西〉和〈「逼宮」內情：白崇禧一封電報說了些什麼？〉都來自香港《春秋》雜誌。我也透過台北的廣西同鄉會幫忙詢問張任民在香港的後人，但由於距今時隔太久了，因此並無音訊。在此我還是十分感謝，由於這幾篇文章讓本書內容更為充實。另外以筆名「文史」寫就的〈第七軍的沒落與李白的下場〉亦是一篇紮實而詳盡的好文章，據《春秋》雜誌編者的按語說：「李宗仁與白崇禧半生所辛苦經營的第七軍，二十餘年來，轉戰南北，曾經贏得『鋼軍』的榮譽番號。從北伐起以至戡亂，均與近代的軍事政治有著莫大的關係。第七軍自崛興以迄沒落，由龍騰虎躍而風流雲散，有許多為外間所不能窺探的秘聞軼事。本文作者為第七軍的幕中人物，以親身的經歷，寫出史料文章，自然不同耳食。」感謝所有被收錄本書的所有作者，雖然大多數不知真實姓名，但同樣感謝您們精彩的文章光大本書的篇幅，深深致上一鞠躬！

# 目次

# 黎元洪並非從床下拖出來的

曹文錫

辛亥武昌首義，武漢三鎮光復，在是年八月十九日一夜完成，確屬一項奇蹟！當時參加首義者，其實皆是各標營中之中下級幹部，如：熊秉坤、吳兆麟、吳醒漢、汪長林、蔡濟民、高尚志等，他們的階級都相差不遠。至於同盟會中之主腦，如黃興、陳其美、宋教仁等，彼時均不在武昌，求一相當領袖人選，至為困難。

## 黎元洪避居劉參謀家

當武昌首義之夕，各革命同志均向督署及第八鎮統制司令部進攻，而協統司令部則未有波及。是夜炮聲隆隆，協統黎元洪知革命軍發難，乃走避武昌城內黃土坡其參謀劉文吉家中。天將近曙，革命軍方面由熊秉坤派湯啟發率一支隊，巡查武昌城之中和門前後街一帶，湯啟發在街頭忽瞥見有人肩負皮箱一口，由黎元洪宅中走出，疑為盜竊，趨前叱止，並詢所自來，問明身份後，始知是黎氏宅中之伙夫，奉黎氏命將皮箱移往他處。經再三盤詰，始知黎氏已避居黃土坡劉參謀家。於是率眾往見。

入門後，見黎氏適與執事官王安瀾坐談，見湯啟發等驟至，黎驚起曰：「我黎某治軍素極寬厚，汝等何故來害我？」

眾曰：「非也，我等乃請協統出而商定大計者。」當即派人通知吳兆麟。兆麟聞報，即備馬匹來接黎氏，一路擁黎至楚望臺。到達時革命軍列隊歡迎，一如接見統領之禮。

坐定後，眾請黎氏為領袖，並下令繼續作戰。

黎氏曰：「督署雖被攻下，但總督瑞澂與第八鎮統制張彪均在逃。汝等既無援軍，又乏糧餉，一旦受水陸反攻，如何抵禦？我曾習海軍，萬一清廷水師如海圻艦等齊集，各發數炮，武昌城即可全燬！我勸爾等各自回營休息，一切事項，再行商議可也。」

眾聞言而大譁，吳兆麟進言曰：「統領固不知我黨之有準備也，湖南方面之援軍，日內可到；庫款亦已接收四千餘萬兩；目前足可應付。且革命事業，本無萬全之策，若照統領之言，我輩萬不能照辦。」

眾見黎氏不允就職，乃又將黎氏擁往諮議局。

## 剪去辮髮好似個羅漢

湖北諮議局議長湯化龍，為鄂省名流，素負眾望，故革命軍主幹，乃延之收拾局面。當時湯化龍延接黎氏入密室細談，黎氏表示：「即使被迫參與，不出一謀，不劃一策。」眾知黎氏有允為都督之意，乃用其名義，出示安民。即以諮議局為軍政府，湯化龍任一切政治事項，人心大快。

翌日蔣翊武諸同志婉勸黎氏剪去辮髮，黎氏思索再三，始允剪訖。旁人笑曰：「都督剪辮後好像個羅漢。」

黎笑曰：「有點似彌勒佛吧！」

至八月廿二日開軍事會議，黎當眾宣佈曰：「我前天未決心，昨日也未決心，這時已決心了；無論如何，我總算是軍政府的人了！成敗利鈍，生死以之。」

群眾鼓掌歡呼。

黎元洪被捧出為鄂軍都督的往事，人云亦云，傳說滋多，筆者這段記載，敢誇為六十餘年來最正確、最翔實者。記得曾有人謂：「黎氏當時怕得要死，藏匿於床下，乃被革命軍所拖出來者。」其實皆為「聰明人」的臆測之詞，且屬半開玩笑性質；詎知此說一經傳出，即不脛而走，成為當年武昌首義時最受人歡迎之花邊新聞！為特順筆敘明，以存史實。

茲將黎氏之早年略歷介紹於下：

黎元洪，號宋卿，湖北黃陂人。幼隨父從軍於天津丁字沽，父死，家貧不能歸葬。弱冠後，入北洋水師學校肄業，為其監督薩鎮冰所器重。畢業後，保為守備。甲午中日之役，北洋海軍多遭覆沒，水師提督丁汝昌殉焉。元洪時為定遠艦駕駛，憤而投海，得救。旋由山東巡撫咨送南洋，候差年餘，始奉檄經修吳淞砲台。時張之洞調署兩江總督兼南洋大臣，極為賞拔，之洞復奉旨還湖廣總督任，乃調元洪為鄂軍馬隊營官，遞升至二十一混成協統領。元洪為人，有謹厚之稱，以視張彪之不學無術，尅扣自肥，相去遠矣。

## 安民佈告像六字真言

話說八月二十日，各革命同志擁黎元洪到諮議局，會晤議長湯化龍，副議長張國淦、夏壽康及議員多人，眾推黎氏任軍政府都督，黎初仍不允，當時眾已擬定安民佈告，請黎氏簽署亦不肯動筆，臨時乃由李翊東代書一「黎」字，分寫佈告百數十張，貼於武昌各通衢大道，佈告內容如下：

## 軍政府鄂軍都督黎佈告（安民公告）

今奉軍政府命，告我國民知之。
凡我義軍到處，爾等勿用猜疑。
我為救民而起，並非貪功自私。
拔爾等於水火，補爾等之瘡痍。
爾等前此受虐，甚於苦海沉迷。
只因異族專制，故此棄爾如遺。
須知今日滿奴，並非我漢家兒。
縱有衝天義憤，報復竟無所施。
我今為此不忍，赫然首舉義旗。
第一為民除害，與眾戮力驅馳。
所有漢奸民賊，不許殘息久支。
賊昔食我之肉，我今寢賊之皮。
有人急與大義，宜速執鞭來茲。
共圖光復事業，漢家中興之期。

建立中華民國，同胞無有差池。
士農工商爾眾，定心同逐蠻夷。
軍行素有紀律，一體相待不欺。
願我親愛同胞，人人敬聽我詞。
黃帝紀元四千六百零九年八月十九日。

此佈告貼出後，全城民眾千百圍觀，或競相鈔寫。至於漢口方面，亦有翻譯成英文交與西人者。查黎元洪得湖廣總督張之洞提拔，由營長升任至協統，治軍有方，聲譽素著，眾人均知。此次出任都督，實出中外人士意料之外。駐漢口租界之各國領事，視革命黨之行動，與舊日美法兩國獨立相同。故當薩鎮冰擬從泊在租界附近之兵艦炮轟武昌，俄國領事，即出而制止。及黎元洪赴任都督，中外人士，對革命軍之立場，更表頌揚與信賴，故軍政府之聲譽，一時傳於遠近。

## 十八星旗與冒名通電

八月廿一日，革命軍已正式選定武昌諮議局為軍政府及鄂省都督府所在地。當時大堂上懸掛一面十八星旗，旗身為紅色，有十八顆白星鑲在中心。大約是依照美國國旗用意，每一顆星代表一省，十八星代表十八省，即代表全國（按：當時中國全國劃為十八省也）。但此旗之製造，有無開會討論表決，事後無人談及之者。不久即改為孫中山先生等所訂定之青天白日旗，及青天白日滿地紅旗。而此十八星旗，有如曇花一現，永無人提及，亦一奇也。

鄂省都督舉定之後，湯化龍與各人磋商擬通電各省，但此時之交通與通訊，尚皆為清吏所控制，革命軍文電，無法拍發，時議員胡瑞霖在座，力言都督及議長之通電，勢不能到達各省，惟有使用反宣傳法，假瑞澂名義，向各省發出通電，電文不妨誇大革命軍勢力，未言瑞澂本人退駐兵艦，死守待援等語，反為得計。當時查悉瑞澂平日所用之密電碼（辰密），有一本在督署前文案柯逢時處，逢時未及逃出，乃請議員李作棟前往索取。作棟以起義代表名義，往見柯逢時，一面理喻，一面威脅，以交出密電碼為保護條件。柯逢時不敢抗命，終於交出。作棟取得辰密回都督府，由湯化龍起草拍發各省電文，內容大致如胡瑞霖所主張者。後由夏維松冒充瑞澂代表，商洽俄國領事署代為電達各省督撫、各諮議局、及各國領事。因此，武漢起義消息，得以迅速傳遍各省，且盛稱革命軍勢力浩大，使清廷及各省官吏更為震動，以及促成西南各省之革命運動，收效甚速。

查西南各省，得悉武漢光復，清吏震駭日甚，當時廣東總督張鳴岐，曾接獲一電報，其文為「京陷帝崩」四字。張氏立即逃往香港，故廣州不經戰爭而光復，粵境各地均然，足見清末各大吏之無能也！

# 民初出現的「第一流內閣」記

子奇

書經云：「竄三苗於三危」。三危，是湖南地帶，換一句話說：即是將三種苗族趕到湖南山洞裏去了。可見古代的湖南，完全是苗族棲息之地。到了周朝以後，漢族勢力，漸形膨脹，侵入湖南，苗族地盤，只剩了湘黔交界之山區一二縣了。但這個苗族集中之區，不知以何緣故，卻冠上了一個古代視為祥瑞的珍貴名詞，曰「鳳凰廳」。湖南的文化，在明清以前，已不能與中原江浙並駕齊驅，何況苗族棲息之石岩山洞，有何文化可言。故在清朝以前，鳳凰廳一帶地區，絕少點翰林做大官之人。乃到了滿清末季，這個苗族區，居然出了一個特別人物，一時有「熊鳳凰」之稱，可謂奇跡！

熊鳳凰名希齡，號秉三。中甲午科翰林，年甫二十餘歲，相貌堂皇，喜氣迎人，老輩見之，莫不點頭稱贊曰：「這個苗族少年，前程未可限量。」

## 四足不停到底有何能幹

滿清末季，中國之新思潮，可分四個階段：（一）為兵器革新階段，主之者為左宗棠、李鴻章；（二）為學說革新階段，主之者為康有為、梁啟超；（三）為革命思潮階段，主之者為孫中山、黃克強；（四）為粉飾立憲階段，主之者為半新式官僚。熊氏於戊戌前後參加康梁維新學說集團，活動異常積極。其時陳寶箴為湖南巡撫，提倡新學甚力，設「南學會」，講演新學。熊氏以在籍翰林，參加學會，此會所講學術，不限新學，亦講《公羊》、《左傳》一類之舊學。當時湖南有一位經學家皮鹿門，亦時常登場講演。同時與南學會對立，唱反對論調者，則以王先謙、葉德輝二氏為領袖，王葉二氏，為清季有名舊學家，但頑固異常，反對新學說甚力。葉德輝好作刻薄語，譏諷時人，後來共黨擾亂長沙時，葉氏終遭毒手！當皮鹿門在南學會講學時，熊鳳凰親為搖鈴，催喚來賓入座聽講，葉氏乃作刻薄對聯云：「鹿皮講學，熊掌搖鈴。」葉氏又將陳寶箴之耳東陳，及熊鳳凰之能四點姓，配合作對聯云：「四足不停，到底有何『能』幹？一耳偏聽，曉得甚麼『東』西？」兩副刻薄對聯，傳遍一時。

## 遊歐借鏡居然憲法專家

戊戌維新之際，熊氏並未到北京，參加政治活動，但因其在南學會講學之故，為頑固派所側目。及康梁維新派失敗，熊氏遂受革職交地方官嚴加管束之嚴厲處分，伏處鄉里者數年。到了義和團事變八國聯軍入京之後，熊氏始得解除管束處分，漸漸在政界抬頭。趙爾巽作東三省總督時，以熊氏為出色人才，任其為屯墾局總辦，計劃移民開墾。熊氏乃赴日本，考察日本開闢北海道之設施，以為借鏡之資。

熊氏到東京後，除訪戊戌同幹維新失敗之梁啟超外，並與革命派之黃克強、宋教仁；立憲派之楊度，大事聯絡。凡稍有名氣之留學生，無不親自拜訪，虛心領教，一時留學界，莫不稱之。歸國後，值清廷派遣五大臣赴歐洲考察憲政，以供粉飾立憲招牌之資料，以熊氏在當時有新學家之稱，攜與俱行，所謂五大臣者，旅行歐洲一次，於各國憲政，一無所知，熊氏亦不懂西文，無從瞭解。當時習法政者寥寥無幾，五大臣考察歸來，照例須有考察報告的官樣文章，幾乎無法交卷。熊氏乃繞道日本，商諸楊度，轉托日本名教授有賀長雄等幾位博士撰成一部《歐洲憲政大綱》，譯成中文，方得勉強交卷。熊氏從此取得憲政專家之雅號，頗為朝野所重視。但當時清廷對於新派人物之招徠，不過敷衍粉飾，絕無重用之意。故熊氏在清末政壇，並無多大發展，但此公心氣平和，喜延攬新人，無論革命立憲各派，均加聯絡，因此立下了在民初政壇活動的基礎。

## 翰林理財可憐一籌莫展

民國初元南北和議告成之後，組織所謂混合內閣，以唐紹儀任總理，外交、內政、陸軍、海軍四長，由北方推薦；財政、教育、農林、司法、工商五長，則由南方推薦。北方所推薦之四長，為陸徵祥、趙秉鈞、段祺瑞、劉冠雄；南方所推薦之五長，財長為熊希齡、教長為蔡元培、農長為宋教仁、司法為王寵惠、工商為陳其美。北方所推薦之人，皆為袁部舊官僚及舊軍人，在社會上毫無聲譽可言，南方所推薦之蔡元培、王寵惠、宋教仁諸氏，皆係負有當時重望之新學者，且皆係同盟會中人，獨所推薦極為重要之財長熊希齡，並非同盟會中人，只以熊氏在清末喜談建設性之新政，雖在官場活動，但所走之路線，比較開明，且其人溫厚和平，故革命派之黃克強諸人，對之異常推重，因以財長一席相推薦。

是時南北雖完成形式統一，南方各省，尚在半獨立狀態，除海關操在外人手中，扣還賠款借款，不能過問外，其餘錢糧釐金，無一不由各省都督們自行動用，絕無分文解到北京。南方各省，自南京留守黃克強以下，無一日不以解散軍隊發給遣散費為理由，向北京財部日索鉅款。而北方呢，則袁部軍隊數十萬，調來調去，月月須發鉅額軍餉，北方各省，雖在袁氏指揮之下，但當時外重內輕，形同割據，只向中央要錢，中央休想各省解餉，這個時候的財政，雖以歐美理財名家當之，均將一籌莫展。此際負財政責任之熊鳳凰，其竭蹶情形，可以想見。此時國內之財源，既無法開展，惟一之生財大道，只有仰給外債之一途，而當時之外債，則以清末仰借外債，與英美德法四國，訂有契約，重要稅源，均已作為抵押品，一切外債，均有優先權，且須監督用途。當時稱之為四國外債團，除向四國請求借債外，不得向他國自由借債。

## 行宮失寶竟蒙扒手之羞

唐紹儀與熊希齡之組閣，在財政上須以相當鉅款，接濟南軍，事前實有諾言，至是無法履行，乃向四國外債團以外之比國銀行，商借英金一百萬鎊，以資應付，乃四國銀行團以優先權為理由，向唐內閣提出抗議，熊氏部下又以比國借款用途不明為言，加以阻擾。熊氏處斯境地，極為狼狽，熊氏嘗語朋輩云，我此番担任財政，原抱有宏願，欲將我國財政，加以根本整理，取法歐美諸國，確立中國財政金融之優良基礎，但在國勢初定之際，秩序尚未大定之時，一切計劃，只能緩緩施行，在目前狀況之下，財政措施，只好施行二字訣，所謂「應付」而已。熊氏以素無黨派之人，居於南北兩派之間，施用敷衍手段，對於南北雙方，均未發生裂痕，實非容易之事。及至唐內閣垮台，南派閣員，相繼拂袖而去，熊氏亦一同辭職，袁世凱以熊氏素無黨籍，且其人秉性溫和，易於駕御，故於其退去內閣之後，任以熱河都統，以表示用人無私之意。

熊氏接任都統以後，鬧了一個竊盜疑案，於其在社會上之清望，所受打擊不小。熱河雖為蒙邊荒區，然為清帝故行宮所在，行宮內所藏珍貴古董字畫不少，及熊氏離開熱河都統之任，發現此項古董，遺失不少，且有以偽品竊換者，一時社會相傳熊鳳凰變了小扒手。但此事是否熊氏屬下所為，不得而知，久已成為一種疑案。觀熊氏下台以後，終身清貧，未嘗作古董商，在外國銀行無何存款，縱令當時故行宮古物，有所遺失，未必其本身所為也。

後來馮玉祥及某某政客，欲發古董財，將溥儀驅逐；強取清宮古物，售諸美法諸國。馮玉祥在外國存款，皆係售賣清宮之古物所得。熊氏在當時縱有掉換一二古董之事，亦不過鼠竊狗偷耳。以馮玉祥及某某政客比之，殆所謂小巫見大巫矣。

## 拜命組閣以第一流自居

古人有言曰：「帝者與師處，王者與友者，亡國之君與奴處。」這就是說：凡做最大事業能成大功的人，必能招攬學問，道德，才幹，謀略四者均優於本身的第一等人才而師事之，任用之。做次等事業能成功的人，亦必能尋覓學問道德才幹謀略與本身相等者，而友事之，任用之。至於只知奉令承教脅肩諂笑之輩，是所謂奴才也。凡當大任執政權之人，若朝夕與此輩相處而信任之，任用之，則國未有不亡，而事業未有不失敗者也。觀於民初一敗塗地之袁世凱，益足證明古訓之信而有徵，足以為後來當國者前車之鑑。

袁氏值清末腐敗親貴當權之際，利用革命風潮，一腳踢翻清室，以為天下事不過爾爾。得志以後，所親信者，僅僅少數庸碌幕僚，所倚任者，僅僅少數腐舊官僚，對於稍有學識負有眾望之人，類皆敬鬼神而遠之，以故於時代思潮，人心趨嚮，懵然不知，所謂「亡國之君與奴處」者也！又安得不倒行逆施，自取滅亡耶？

袁氏於二次革命將起之際，為掩飾頑固守舊之根性起見，擬用少數溫和派之新式人才，代替革命派，組織混合內閣，以粉飾新舊合作之假招牌。熊希齡非革命派，而在當時有維新出色人才之稱，故由革命黨人，推其為財政部長。袁氏見其人平平和和，容易駕御，乃於排斥革黨閣員之後，挑選了這位熊鳳凰為內閣總理，除陸海軍仍歸北洋派主持外，以外各閒部，皆由熊氏自行選擇，熊氏高興之至。乃招致維新名人梁啟超担任司法總長；南通實業家張謇担任工商總長；新派縱橫家楊度担任教育總長。熊氏向新聞界發表談話稱：「我此番組織內閣，所羅致之閣員，皆為第一流人才」云云。由是各報以趣語標題曰：「熊鳳凰組織第一流內閣，熊氏亦以第一流總理自居，不稍謙讓。」

## 一紙通電揭穿日本陰謀

熊鳳凰登台之初，南方正在醞釀二次革命，熊氏既與袁氏合作，當然以保持統一，消弭戰爭，為鳳凰內閣之唯一政綱。當時之日本人，對華政策，認為南北分裂，於日本侵略政策，大有裨益，若中國完成南北統一之局，則於彼國之侵略進行，有所不便。乃由彼國在野黨名人犬養毅來華遊歷，慫恿南方革命派，發動革命，以期得收漁人之利。鳳凰登台後之第一砲，即為通電揭穿日本圖謀分裂中國之陰謀，其電文如左：

報載四省獨立，有在寧（指南京）設立政府，推岑西林為總統之謠。辛亥南北議和時，犬養毅等曾來運動南北分立，渠與希齡，本屬舊交，屢至滬寓，密告希齡，謂袁如得志，中國可危，不如勸孫黃公推岑為總統，與袁對抗。並要求希齡，介紹往見。齡與張謇、湯壽潛、莊思緘、趙鳳昌諸君，與犬養接談數次，察知其陰謀，極力反對分立之說，幸黃克強當時力主和議，岑西林亦推病不見，犬養掃興而歸。去年春犬養再度來華，乃不與希齡接洽，今統一甫告完成，若再行分裂，適中日人之計，務望南北諸名公審慎將事，保持統一局面，一切南北歧見，均可從容商議，無不可和平解決之事。若不忍一朝之憤，遽採急烈行動，則適中強鄰之陰謀，大局前途，不堪設想，謹佈血誠，伏祈公鑒。

熊氏此電，在當時可謂苦口婆心矣！

熊鳳凰所組織之第一流內閣，只有熊之本身及梁啟超、張謇三人，較為開明，其餘概為奉令承教之輩。熊、梁、張三人之本意，固不贊成南派之激烈行動，內心亦反對北派之野蠻行為，實欲以中間系調人自居，緩和兩派之衝突，慢慢的使共和政治，走上軌道，用心可謂良苦。無奈激烈派過於意氣用事，而北洋系又恃勝而驕，野蠻行動，層出不窮，所謂第一流內閣者，終於一籌莫展，自行垮台！

## 解散國會老袁一意孤行

當鳳凰登台之初，即遇一個棘手難題，就是北洋派要解散議會及憲法起草委員會，熊、梁、張這三位開明人物，自然不以為然，但亦無公然反對之勇氣。袁世凱欲以所屬各省軍民長官為後援，解散國會及憲法起草委員會，曾於是年十月二十五日，通電各省軍民長官，稱民黨憑藉國會，肆意搗亂，所起草之憲法草案，不適國情，各長官對之有何意見，限於五日以內電覆，以便處理云云。於是各省軍民長官，一律仰體意旨，電請解散國會。最好笑者，張勳的覆電稱：「憲法草案，乖謬絕倫，動雖不才，以身許國，誅鋤叛逆，萬死不辭。」淮軍老將姜桂題電稱：「議員輩皆為新進少年，任意搗亂，實為國民公敵，應請取消黨會，掃除機構。」

袁世凱之命令各省軍民長官，陳述意見，就是採用古代帝皇有重要事件詢於四岳之故事，以張聲勢之意。各省覆電到齊，袁氏即於十一月四日，下解散國民黨之令，撤銷列名黨籍議員，另行補選，另下嚴令云：「嗣後如再有以黨之名義，演說開會或散發傳單者，均屬亂黨，一律拿辦。廣東與湖南，為亂黨根據地，暴民專制，土匪横行，該兩省軍民長官，尤宜加意鎮壓。」由是粵籍議員伍漢持在天津被地方官執行槍斃，北京順治門外彰儀門大街之國民黨本部，為軍警三百餘人所包圍，取去黨證。離京議員，須要五人作保，担保其日後不反對政府。袁氏左右，又以國會候補議員，仍以國民黨佔多數，主張解散國會，以絕根株。這樣一來，連一向為袁氏捧場之進步黨議員，均一筆鈎銷。進步黨議員，以利害所關，自然異常憤慨，便種下後來反袁的根基。

## 書生搭上盜船徒喚奈何

當時梁啟超見袁氏之行動，野蠻如此，便跑去謁袁，思加以阻止。袁心知其來意，竟推故不見，在客廳久久等候，俟撤銷令下後，方接見梁氏。梁提出阻止意見，袁氏答云：「命令已下，難於收回。」梁氏無言而退。同時湯化龍以眾議院議長地位，發表宣言，指斥解散令之絕對違法，其宣言稱：「議員資格，是應由議會決定，不受任何外力之干涉，倘委為內亂嫌疑，則應舉出確證，由法定手續，以求解決。」湯命令議院辦事人，不論何黨議員，以後本會開會通知，仍須照常投送。

湯氏旋往見袁氏，作退一步的請求，請將未附亂議員證章發還，以免議會發生不足法定人數之缺陷，當時袁氏已抱有根本解散議會之決心，對於湯氏提議，不作肯定答覆。湯氏掃興而退。熊鳳凰號稱開明，當了這樣難關，真是說不出的苦。當袁氏下了解散憲法起草委員會亂命時，熊氏即暗中囑咐議會重要份子，宜暫停開會，免招麻煩。由是議會改開談話會，討論維持議員資格辦法。袁氏亦採納其意見，令警廳將國民黨議員，歸納為三類：

（一）是早經脫黨者；
（二）是未脫黨而不附亂者；
（三）是隸黨而附亂者，對於上列國民黨之三種議員，加以差別待遇。

熊鳳凰不是革命家，也不是頑固保守派，他是主張以平和步驟，更新政治，走上軌道的一位穩健人物。當袁世凱打倒二次革命，挑戰勝餘威，預備完成獨裁制度之際，熊氏誤入迷途，做了傀儡總理，好似手無寸鐵之白面書生，搭上了強盜船，真是說不出的苦。他所邀的第一流閣員張謇，原為南通紗業大王，區區部長名義，原不在他的眼眶角裏，看看形勢不對，早就要捲起舖蓋一走了事。熊氏是一個溫和性的人，雖有求去之心，但恐開罪於袁氏，只得虛與委蛇，慢慢擺脫。

## 欽派議員議長妙論連篇

袁氏決心廢除約法，解散議會，組織所謂政治會議，以為毀法造法之機關，議員由總統府派出八名，由國務院派出四名，各部每部派出一人，各省每省推薦二人組織之。此項會議之惟一目的，在議定一種國會組織法，成立一個唯命是聽之新國會。議長原已內定楊度，但袁氏所心重者，為舊式官僚，後改以前清總督李經羲為議長，以張國淦副之。袁氏所指派的議員是李經羲，梁敦彥、樊增祥、蔡鍔、寶熙、馬良、楊度、趙惟熙八人，後又加入饒漢祥、楊士琦二人，皆為腐舊官僚。該會會員共計九十六人，於十二月十五日，齊集新華門，由總理熊希齡，內長朱啟鈐導入居仁堂，與袁氏見面，說了一些循例官話，各議員皆是欽派人員，見了大元首，只有誠惶誠恐，服從恐後而已。

當日即在北海團城開會，由議長李經羲說了一篇有治人無治法的古話，真是好笑，其致詞稱：

現在中國所注重的是治人，而未到法治時期，本會之產生，並無成規可按，性質上，只是一種諮詢機關，有同意之權，而實行之權，則在政府，大總統只以救國為前提，不存絲毫政見，本會雖不能代表國民，卻也有本會應盡的天職。

云云。

其措詞用意，真有令人莫名其妙之感。同時將早已預備好了由黎元洪領銜的十九省都督通電宣佈，其電文主張解散國會，修改天壇所擬之憲法草案。袁氏根據槍桿團之主張，交政治會議修訂，袁氏之用意，以為凡是毀法壞紀之行動，均托名槍桿階級之主張，則人人恐懼，不敢不從，而本人亦可援堯咨四岳之古典，可以免除獨裁專制之名。不知此風一開，不可收拾，袁氏晚年之垮台，其根基即種於此。古訓有「作法自斃」之言，袁氏之此種作風，不獨自斃而已，實貽國家後來無窮之禍！

## 所謂救國大計原來如此

熊鳳凰當初受老袁之命，拉了梁啟超、張謇二名士，組織所謂名流內閣，初以為老袁有轉向穩健開明之意，不覺高興之至。及登台以後，乃知老袁全採開倒車主義，頗悔參加此幕之失計，漸萌退志，然不敢有激遽表示，開罪老袁，只是採取消極態度，一言不發而已。

十二月二十九日，政治會議第一次開會，討論大總統交議之「救國大計案」，所謂救國大計者，就是資遣議員回籍案，及增修約法程序案。這兩案名之曰「救國大計」，真可謂滑稽之至。可以想見老袁幕僚腐陋之一班。政治會議人員達九十六人之多，對於此案，面面相覷，無一發言者。在老袁之意，所謂政治會議者，無非表示解散議會等等一切非法行動，係全國槍桿階級之公意，而非出於我袁某一人之私意，他以為這便叫做共和，真是好笑。

形式會議結果，將本案交付審查，由議長指定孫毓筠等十五人為審查委員，而以蔡鍔為審查長。定於民國三年一月二日開會審查，審查時，有主張仿照民元參議院成例，由各省推派三人組織共和議院，以代替立法機關者。又有人說此項辦法，為搗亂派所造之惡例，必為現政府所不願採用。乃於三年一月十日，以下列兩答案，呈覆於袁氏：

（一）國會議員應停止職權，至給資多少，由政府決定，回籍與否，聽其自便。

（二）增修約法事，本會不便越權，應特設造法機關。

老袁即根據這個議案，停止議員職務，依例須由總理副署，這個問題，真是使熊鳳凰為難之至，拒絕副署，則開罪老袁，本身尚有熱河行宮古董案，未曾了結，馬上有被踐踏之可能。若俯首副署，則將得罪海內多數知識分子。乃與梁任公等，討論緩和辦法，因梁氏為進步黨中人，袁氏此舉，不獨驅逐國民黨議員，且並進步黨議員，一律驅逐，自然不滿。熊梁兩人，乃往謁老袁，希望採用一種折中辦法。熊梁之意，以為今日之政府，乃根據南京所定之約法而產生者，若全然消滅議會，於法理上，似乎有點說不過去。老袁則說：「甚麼法理不法理，他們在南京憑藉一時革命風潮，製定一種束縛中央之亡國約法。以為搗亂之工具，好容易將這種惡勢力消滅完了，尚欲尊重他們少數人操縱造成的惡法統，豈非認賊作父麼？至於議員中，不少穩健分子，將來新議會議員選舉時，政府將力與援助，俾其當選，請兩君轉告各穩健議員」云云。

## 副署獨裁議案有苦難言

熊梁聽了老袁這番答話，知道無轉圜餘地，只得唯唯而退。

熊梁回去以後，細加研究，若拒絕副署，將立即決裂，自本身利害言之，實非所宜，只有勉強副署，徐圖擺脫之一法。於是熊鳳凰遂勉強副署了這個停止議員職務的獨裁命令。同時，袁又下令云：「政治會議，全體議決，請特設造法機關，按諸美英法先例，既屬同符，準以吾國政情，尤為切中，惟造法機關，應如何組織，用何種名稱，其職權範圍及議員選派方法，應如何妥慎訂定，特再諮詢該會，尅日議決具覆，以便公佈施行。」

觀老袁這項命令，頗有不許政治會議推避責任含糊了事之意，實則一切官樣文章，早已準備好了，不過依樣糊塗一番而已。

就稱第一流的鳳凰總理，對於老袁一切作為，心中極不謂然，而又不能不副署其所下之獨裁命令，真有啞子吃黃蓮，有苦說不出之慨！

老袁根據政治會議之官式答案，隨即召開所謂約法會議，議員由二十二行省派四十四人，蒙藏青海八人，京師四人，全國商會四人，共為六十人。選舉孫毓筠、施愚為正副會長。實際上即是政治會議之化身，議員中有總統府秘書，有遺老，有舊名士，大半皆是一班老舊官僚，無一不是出於欽派，名義上，也叫做代表民意之制憲會議。在老袁口中，總是批評南京所訂臨時約法，係各省都督所派的參議員所製成，不能代表民意，而此次所召集的制憲會議，則實際上等於欽派，不但蹈南京臨時參議院之覆轍，且又變本加厲焉。

## 改總統制名流內閣垮台

制憲會議之憲法草案，係出於袁政府之提出，會議一一通過，真可謂之欽定憲法。此項憲法用「春秋大一統及孟子定於一」之舊學說，為制定總統制之根據。改總理為國務卿，意若謂美國採用總統制，今日我們倣而效之，世人不得而非之也。熊鳳凰登台之初，在名義上是責任內閣，今老袁既決意改用集權總統制，他們看看形勢不對，自審再無戀棧餘地，遂與梁張二名流暗商，我們快點捲舖蓋吧！加之，那時又發生兩個不愉快事件，使熊氏決難再敷衍下去。

（一）為報載熱河行宮古物案，謂熊任熱河都統時，有縱容部屬偷竊情事。熊以公函請內務部轉知警廳查究，警廳將原函照轉檢察廳，檢廳竟批「飭具訴狀，原件退回」。熊氏認為大傷體面；

（二）為熊氏主張大裁軍隊，節省開支，全國軍隊，應減為二十萬。陸長段祺瑞，竟對熊總理破口大罵，熊氏受此重大打擊，遂稱病請假。

未幾，即申請辭職。梁張二人，為熊所邀名流閣員，應共同進退，亦同時提出辭職，老袁一向樂於使用老舊官僚，對於自命名流之輩，原有敬而遠之之意。接了三名流辭呈，除照舊慰留一番外，乃另為熊梁張三人，安插一種名目，以示優待名流之厚意。乃於民三年二月十二日，准許熊梁張三人辭職，以孫寶琦代理總理，同時任命熊希齡為全國煤油督辦，梁啟超為水利局總裁，張謇為幣制局總裁，實則此類名目，無事可辦，不過懸掛一個頭銜而已。

到了五月一日，公佈所謂新約法，廢止國務院官制，設政事堂於總統府，任命徐世昌為國務卿，呼之為相國。以楊士琦、錢能訓為政事堂左右丞，張一麐為政事堂機要局長。又設陸海軍統率辦事處，任蔭昌、王士珍、薩鎮冰等為辦事員，公府秘書更名為內史，而以阮忠樞為內史監。以曾彝進、王式通副之。由此老袁左右，變成了清一色舊官僚，具有時代知識之人，可以說得絕無一人，又安得不日開倒車，走入荊棘叢中耶！

熊梁張三氏，下台以後，張謇仍舊做他的紗大王。熊氏從此再無從政機會，後在西山創辦一所幼稚園，所聘教員毛女士，朝夕共事，後來竟完成了梁鴻、孟光偕老之約。惟梁任公後來參加攻倒復辟及攻倒袁帝，在混亂政局中，頗顯身手，然皆不得謂為能發展懷抱也。熊、梁、張三人在清末民初，可稱為具有時代學識並有抱負之人，而其所成就，不過如此！實時代混亂局勢限之耳。可發一嘆！

# 財政專家熊希齡四面楚歌記

穆照

民國二年五、六月間，國民黨尚未發動二次革命之前，北京政局很沉悶，趙秉鈞的內閣，看來只是一個過渡的內閣。

二次革命爆發後，公然傳出楊度或楊士琦組閣的消息。可是，就是這個時候，袁世凱卻秘密派吳笈孫到青島去迎接徐世昌。徐世昌是袁的知交，清末他出將入相；辛亥首義，他是策動袁東山再起的主要人物。可是滿清讓國後，他便去青島息影，不為貳臣，他的言行和政治立場，完全是守舊的。

他對袁的邀請當然很動心，不過他還要保持前清遺老的身份，因此不好意思馬上答應。在袁世凱來說，由專制而共和，再由共和而恢復專制，似乎不能變得太快，因此他對於徐不即來，也不勉強；並且放棄邀徐組閣的計劃，而改邀溫和派的熊希齡組閣。

## 半推半就

熊希齡當時是進步黨黨員，可是，他並非主要黨魁。他在唐紹儀內閣中曾出任財政部長，和黃興大打筆墨官司；卸職財長後，外調熱河都統，那是民國元年十二月十二日發表的。他在熱河，發生了熱河行宮盜寶案，使他被株連在這件案中，大受嫌疑；可是這正給袁世凱一個好機會，因為袁氏平生最喜歡用有弱點的人，拿了他的把柄就不怕這人不聽話。袁的馭人術中，這是很重要的一部份。

熊希齡在熱河接到袁的來電，請他返北京組閣，他竟自高身價，三番兩次力辭，最後一電卻這麼說：「今日以殘暴之徒，造成一寡廉鮮恥之社會，雖有孔子復生，無從為力；擬俟邊局稍定，即歸營社會實業之事，不願與聞政治，並望總統致此世於郅治，希齡得享共和幸福……」云云。

袁覆電則說：「……縱不能如孔子之期月已可；亦當念孟子之舍我其誰，想公弘毅，當韙是言。余雖不能冥忘世事，但若孤立無助，我將先公歸甲……。公即不忍就職，望來京一行，計議大局。」

於是熊氏才在半推半就下入京。未入京前，他的組閣大命已發表，且得國會同意。

民國二年八月二十八日，袁世凱任命熊希齡為國務總理。這時候，南北戰爭還在進行，南京還在爭奪戰中，廣東、湖南、福建、四川都在鬧獨立。在北京，國民黨雖然仍是國會中的第一大政黨，可是已經有名無實，不發生大作用。

袁氏這時提出以進步黨的熊希齡組閣，在國民黨議員看來，進步黨的內閣總比軍閥內閣好些；而進步黨在國會中是第二大黨，因此國會投票表決時，熊希齡拜命組閣，自然非常順利的獲得通過。

## ——欲邀楊度

熊氏本人被總統提名，和被國會同意，雖然極為順利，可是他的內閣卻很難產，閣員名單遲遲不能決定；這是由於人選和職位的安排非常困難，這些困難不是來自國會，而是來自袁世凱。熊氏既然接受了組閣大命，就希望組成一個全國第一流的「人才內閣」，想把全國的「大名流」都網羅在新閣中，足以一新耳目。在熊氏的心目中，所謂的人才和名流，當然是屬於進步黨人或從前的君主立憲派。這和袁世凱的打算是不相符的。袁氏對於內閣中的財政、陸軍、海軍、外交、內政、交通幾部的人事決不放手，早有安排；只留下教育、司法、農林三個部給熊氏支配。三個部都是冷衙門，在袁與同盟會合作時期，他曾把這些衙門分配給同盟會，民元第一個袁政府的內閣，蔡元培是教育總長、王寵惠是司法總長、宋教仁是農林總長，如今把同盟會換成進步黨，在袁看來，進步黨手無寸鐵，決非當年同盟會（即後來的國民黨）可比，分配給他三個部，代價已算很高了。

熊希齡組閣後，使另一位具有霸才的楊度拜相的希望落空；而熊希齡和梁啟超、楊度之間，卻有一段不尋常的關係：原來滿清末年，熊希齡以道員記名，隨五大臣出國考察憲政，當時的憲政報告幾篇大文章，就是熊去請楊度和梁啟超執筆的，他們三人自那時便已訂交。

在隨五大臣出國考察憲政之前，熊是在湖南巡撫陳寶箴下面作事，陳很器重熊，皮鹿門在湘南講學時，熊親自替他搖鈴，召集聽眾，時人曾戲撰一聯曰：「鹿皮講學，熊掌搖鈴。」由於他是陳寶箴的紅員，又有人戲撰一聯曰：

四足不停，到底有何能幹？
一耳偏聽，曉得什麼東西？

熊氏自然沒有忘卻當年和他合作，捉刀寫考察憲政的楊度，他們既是同鄉，又是老友；何況楊度也的確是才高八斗，名滿天下。因此他向袁世凱報告，想延攬楊度入閣。袁氏說：「我無所謂，你去和皙子（楊度的別字）商量商量。」

## ——決不幫閒

熊氏即往邀請楊度，楊度表示欲為交通總長。這使熊頗感為難，因為交通部乃是梁士詒的禁臠，梁士詒當時是總統府秘書長，又以財政部次長名義代理部務，他不入閣，因為任總統秘書長的地位尤為重要；何況梁士詒又是交通系的領袖，交通方面的一切事權，他都緊緊抓住，決不會放鬆。楊度想當交通總長，熊知道很難通過，可是又無法拒絕，只好再向袁報告，袁和梁士詒商量，梁只淡淡的說了一句：「晳子對交通是門外漢呀！」楊的交通總長便落空了。

熊氏對於梁士詒否決楊度的交通總長，想起多年老友之情，很是過意不去，乃再訪楊度，欲以教育總長相屈，期期艾艾的說：「請晳子幫幫我的忙，屈就教育總長如何？」楊很乾脆，祇是順口答了一句：「我嗎，我是幫忙不幫閒！」

這是一句雙關語，因為當年寫考察憲政報告，楊度是幫了熊希齡一個大忙；熊當年為五大臣隨員的工作就是寫考察報告，可是熊自知對各國憲政知道得太少，只好請楊度和梁啟超捉刀。啟超因為是維新派，如果說出名字來，在滿清政府不會通過，所以只說楊度一人。熊當年的這一個工作，對他日後事業關係極大，楊既然對熊有這件事的幫忙，現在熊拜命組閣，竟想以冷猪肉相酬，欲楊幫閒，楊所以用冷語答覆熊了。

楊度薄總長一席而不為，想留此身以待更好的時機做更大的官，因此，教育總長這個閑曹對楊度來說是不屑一顧的。自這次組閣後，楊度和梁士詒便種下了極不愉快的關係。他們是清末經濟特科的老同年，同為袁世凱的兩大智囊，可是卻完全不合作。

## 內閣組成

熊希齡的名流內閣，雖然難產，但總要呱呱落地。財政總長袁氏本來屬意周自齊。周自齊字子廙，原籍山東，生長於廣東，因此和粵系財閥接近，梁士詒很支持他。可是熊不贊成周氏出任；

梁啟超雖一直要當財政總長，而袁氏又不同意。於是財政總長一職只好由熊希齡以國務總理兼任。陸軍總長仍由段祺瑞回任（軍事方面袁仍然把全國陸軍大權交給最親信的老部下）。海軍總長仍派劉冠雄。外交總長由孫寶琦出任（孫並不想幹外交，可是因為孫和當時法國駐華公使很友善，是時中俄交涉正由法使出面調停，因事擇人，孫乃出長外交）。交通總長既不給楊度，而周自齊的財政總長幹不到，乃順理成章的把周自齊送到交通總長位子上。內務總長為朱啟鈐（朱啟鈐字桂莘，貴州紫江縣人，曾拜徐世昌為義父）。司法總長是梁啟超（他勉強接受）。教育總長則請汪大燮出任（汪字伯棠，浙江杭縣人，是君主立憲派。汪在前清大官中算是一個幹員，縝密謹慎。熊組閣前，他由日本返國，熊一再邀請他出山，他提出條件必須與梁啟超和張謇一同入閣，他認為要犧牲大家一塊犧牲，還想得過，否則自己已做過了十多年官僚，今日何必畫蛇添足，多此一舉）。農商總長為張謇（是極其適當的人選）。

## ——能借就得

民國二年九月十一日，熊希齡的「名流內閣」，又稱「人才內閣」終告組成。

熊希齡在組閣期間，北京政府財政困難達於極點，財政會議連開幾次，北方八省均有代表參加，由會長梁士詒主持。當時，梁士詒既是交通系首腦，在財政方面亦緊握大權。熊希齡兼財政總長後，梁氏才解除了財政次長的職務。

民國初年，北京政府最大問題是財政。具體一點說，這時的中國，談不上財政，只有借外債，一個政客在政治上的勢力，就看他有無借錢的能力；能向外國人舉債，便表示他在本國政治上有勢力。

熊希齡是袁世凱任總統後，唐紹儀內閣的首任財政總長，迨他這次拜命組閣，又以國務總理之尊兼任財長，可是這位財政專家卻困於財政。當民國二年歲末和民國三年歲初之間的舊曆年，政府需用的支出共為七百七十萬元，如照預計，向京奉、京漢兩鐵路商借二百五十萬元，收江西、浙江、陝西、山東、江蘇、河南各省國稅所解款，每省多則四十萬，少則十五萬，根據各省呈報，總額約有二百四十萬元，兩項合共五百萬元，其餘尚差三百餘萬元，則以即將發行之六釐八釐公債略為通融，勉強便可渡過難關。但實際情形又如何呢？各省解款到北京，合計僅得一百十萬元，不到預期的半數，另加五國銀團年底預墊借七十五萬兩（折合約一百萬元），收入和支出相差甚鉅。至於京奉、京漢兩鐵路的收入，則交通部聲稱將以供給支付借款本利及保險費，因此不肯通融。於是這位長袖善舞的熊總理，便不免捉襟見肘了。

## 專家丟人

年關已屆，臘鼓頻催，熊總理大有王小二過年之苦。在這萬難時期，交通系首領梁士詒卻露了一手，他於農曆除夕的前三天，捧了五百萬元銀票呈給袁世凱，請袁氏親手交給熊希齡。梁士詒這一招真的擊中熊的要害！使得號稱第一流財政專家的熊希齡大為丟人，據說熊氏接銀票時面紅耳赤，不勝難堪。

讀者或許要問，既然財政困難一至於此，連熊希齡以國務總理兼財政總長的地位都沒有方法張羅，梁士詒那兒變出來的法寶呢？其實這是個「現實問題」。梁是袁世凱身邊紅人，而總統府秘書長的地位又不似國務總理或財政總長那麼五日京兆，加上梁當時號稱交通界首領，掌握交通部和交通銀行；因此，在外國人看來，是一個可靠的對象，無論在政治上或在經濟上都比一個光桿國務總理要有實力，所以梁能夠有辦法借外債，熊卻一籌莫展！

熊氏自上台那一天起，就因為財政總長人選問題與袁意見相左，袁雖允熊自兼財長，可是交通系的首領梁士詒卻在財政上常給熊下不了台，加上各省軍閥都氣勢洶洶的向國務院索討軍餉，熊簡直無法應付，曾建議大舉裁兵，節省財政開支，全國陸軍以廿師為限。這建議被陸軍總長段祺瑞堅決反對，甚至在國務會議席上拍案大罵，幾乎使熊氣得要吐血。

## ——名流無用

熊希齡不只受交通系和軍方的夾棍，還得罪了法制局派以及財政部的舊派系，財政部的舊派系和熊搞不攏，紛紛投入交通系；熊和北洋軍系的人又毫無往還，其在政壇上完全孤立無援，僅賴進步黨的梁啟超、張謇、汪大燮予以安慰，而這三位名流無拳無勇，在當時的政局中已起不了作用。

熊希齡組閣雖只短短幾個月，但這時的北京，即已盛傳總統和總理不睦之說；可是總統府內的人士則力稱毫無其事，當時政壇紅人梁士詒曾語人說：外邊老是傳說內閣要垮台，這是從何說起，內閣剛上台還沒有唱戲，如何便倒？

熊的話自不是由衷而言，不過熊、梁兩人雖然暗中勾心鬥角，可是梁並無問鼎總理之打算，只不過梁這時對於財政極有影響力，在這一樁上面，熊、梁是有衝突的。

熊氏雖然已經四面楚歌，可是還在勉強掙扎。民國三年初，北京報紙竟把去年熊氏在熱河都統任內，牽連熱河行宮盜寶案刊出，堂堂國務總理公然和盜寶案有關，報紙絲毫不留情面，自然是有人主使的，熊氏看了很生氣，曾函請內務部轉知檢察廳查究其事，警察廳將原信轉到地方檢察廳，地方檢察廳竟在信上批了「飭具訴狀，原件退回」八字，這對現任國務總理是完全不留顏面，除了袁世凱的授意，如何會這麼作呢！

結果，所謂「名流內閣」竟搞到不明不白地變成「短命內閣」！

# 熊希齡的兩位夫人

思遙

民國十五六年前，凡卓著時譽之人，國人多喜以其籍貫稱之，如：袁項城（世凱）、黎黃陂（元洪）、段合肥（祺瑞）、徐東海（世昌）、張南通（謇）、康南海（有為）等。熊秉三（希齡）籍隸湖南鳳凰廳，便博得了熊鳳凰的稱呼。

熊希齡少年掇巍科，在清光緒二十年甲午，他年只二十餘歲的時候，便中進士，成翰林院庶吉士（與張季直同年，張為是科狀元）。清末，熊氏亦為講究時務，提倡新學中的人。辛亥革命後，曾任臨時政府財政總長及熱河都統之職。又與張謇、章炳麟等組織「統一黨」，後又與湯化龍組織「共和黨」，合併統一黨。

當時大總統袁世凱擬請張謇繼趙秉鈞而任國務總理，但為張所拒，於是出組新閣的使命便落在熊的肩上。熊內閣的閣員有張謇、梁啟超、汪大燮等人，都負時譽，為世所重，因而熊內閣博得了「第一流內閣」的美稱。

一任內閣總理做過後，從此他就不參與實際行政，而專心致力於慈善事業，親自主持北京香山慈幼院事務。民國廿六年抗戰軍興後，他在上海會同各團體辦理難民收容所和傷兵醫院。京滬不守後，他離上海回湖南，怎知路經香港，突患腦溢血，於民國廿六年（一九三七）十二月廿五日逝世，葬於香港華人永遠墳場，享年六十八歲。

熊氏前後有兩位夫人，都是有名的女人，而且各有軼事流傳，頗饒奇趣。他的原配夫人名朱其慧。清光緒間，湖南常德知府朱其懿，對熊很為器重，便將胞妹其慧許配給他。熊在未顯達前，一切供給都取之岳家，所以熊有季常癖，畏妻特甚，終生不敢置妾。朱其慧在民國二十年（一九三一）秋間去世，生有一子二女。

袁世凱稱帝，曾封熊夫人朱其慧為女官長，「贊襄后德，掌領宮規」，其事頗為有趣。劉成禺的《洪憲紀事詩本事簿注》內有一詩云：「龍髩鸞環教六宮，黼衣垂縷感玄紅。儀同僕射標雙貴，稱拜山妻女侍中」。並附〈金台遺事彙編〉為注解，茲錄其全文如下：

自洪憲詔令，頒布女官制度，議設宮中女首長，宜以世家命婦，德望可領袖宮儀者任之。當時籌備大典諸臣，有推舉現國務卿孫寶琦夫人，尊稱為親家太太者；有推舉前內閣總理熊希齡夫人朱其慧太太者。群議熊太太名門淑女，法度容止，可教六宮。熊秉老（熊字秉三）少年在鳳凰廳應府縣考時，朱夫人兄叔彝公為沅州知府，得秉老卷，即以令妹朱夫人妻之，曰：「吾妹將來必為一品夫人。秉三前程遠大，豈但玉堂之選，必為開國重臣，名滿天下。」此老實具人倫賞鑒。朱夫人一生致力教育慈善事業，澤惠群民。婦德婦言婦容婦功，四者咸備，足膺女官長之選。先商之朱夫人，夫人曰可，乃入奏項城。詔曰：「蓋聞母后宮中，翟服九御；昭容戶外，紫袖雙垂。宮廷尊閫範之師，妃嬪茵家人之禮。是以開國典制，定叔孫通之朝儀；內殿規模，奉曹大家之禮教。洪憲開基，更新滌舊，罷除宮妃綵女，永禁內監供奉。特設女官，掌以宮政，領以女官長，冠冕宮闈。茲特任中卿前內閣總理熊希齡賢配命婦朱氏，為宮中女官長，儀同特任，位視宮內大臣。贊襄后德，掌領宮規。諸葛家之女，禮法異於常人；富鄭公之妻，進退式為國婦。此令」。按：女官與女官長朝服之別，十二女官著金紅緞衣，繡服長裙；女官長背鞴錦綬，佩玉章，長服，下緣四週，縷纚下垂，衣色玄紅，縷綴黃絲。女官綰鸞環；女官長綰龍鳳環。女官長侍立后側，女官則行列妃嬪左右而已。詔至，京中親友視為異數，賀者盈門。譽之者稱之為一門雙貴，謂熊秉老位授上卿，朱夫人儀同特任，位視宮內大臣也。熊秉老對賀客曰：「內人是一個鄉裡人，當今任以宮廷職掌，如何能諳新國禮節？」某進曰：「古史有女侍中，朱夫人則開府儀同三司，可名女僕射矣。」……

有此文作注解，詩中云云便可豁然而明了。

劉成禺又有一詩云：「殊代貤封感舊書，買歡平勃意何如。姑山鸞子丹山鳳，博得興王壽起居。」詩後附〈後孫公園雜錄〉以為註解。茲節錄如次：

籌安議起，諸要人如李經羲、張謇、趙爾巽等，皆遇以隆重之禮。熊秉老既非參政，未與機要。袁氏乃憶及熊秉三，亦難漠視。首從大典籌備處之請，特任朱夫人為女官長。會秉老生辰，袁氏乃頒資厚儀，壽辭典重。特授秉三為中卿，加上卿銜。覃恩貤封，追暨祖父母。壽儀外，並修秘函，述及民國元年開創功業，交情摯厚，文筆皆美，或曰內史夏壽田手筆也。秉三笑曰：「予夫婦蟄居山林，不問朝事，今日所獲天外飛來。當日任國務院，識之者謂鳳凰集於靈囿，今則真鳳凰齊飛入上林矣。」某曰：「鳳凰鸞子，貤封及於先德也。」按：靈囿在三海，國務院設內閣衙門於此。秉老，湖南鳳凰廳人。熊出組閣，人皆謂鳳凰集於靈囿。任總理時，與陸軍總長段瑞祺瑞積不相能，故內閣辭職書中有：「心力竭盡，難買平勃之歡；去就忠貞，有負唐虞之盛」等語云。

朱其慧夫人在民國二十年逝世後，熊因慈幼事業和自己家庭需人助理，便在民國廿四年，和浙江江山毛彥文女士結婚。那時熊六十六歲，毛只三十三歲。熊本蓄有美髯，毛女士以割鬚為結婚的條件之一，熊遵命照辦，一時傳為佳話。詩人北京大學教授吳宓，苦戀追求毛女士多年，而今見毛下嫁熊氏，大為傷感，並寫了好多首詩，發抒失戀的情緒，亦成為熊毛婚姻中為人所津津樂道的插話。

熊毛定情之夕，秉老寫了一闋〈賀新郎〉詞誌感：

世事嗟回首，覺年年飽經憂患，病容消瘦。我欲尋求新生命，惟有精神奮鬥。漸運轉，春回枯柳。樓外江山如此好，有鍼神，細把鴛鴦繡。黃歇浦，共携手。求鳳樂譜新聲奏。敢誇云，老萊北郭，隱耕箕帚。教育生涯同偕老，幼及人之幼，更不止家庭濃厚。五百嬰兒勤護念，眾搖籃，在在需慈母。天作合，得佳偶。

蜜月期間，熊又畫了一張墨荷，題為《蓮湖儷影圖》，並題詞一闋曰：

綠波搖曳碧波中，不受些兒塵垢。玉立亭亭搖白羽，同佔人間未有。兩小無猜，雙飛不倦，好是忘年友。粉壓鉛腮，天然生就佳偶。偶覺得萬種柔情，一般純潔，清福容消受。輭語嬌顰沉酒，甜蜜光陰何驟？年年如此，也覺時非久。一生花下，朝朝暮暮相守。

從以上兩首詞中，可見熊對這段婚姻的得意和蜜月期中的樂趣。本來「老向多情是壽徵」，可是天妒良緣，只渡過了兩年的愉快婚姻生活，熊便撒手長逝了。真應上了他的詞中「甜蜜光陰何驟」的那句話。

熊逝世後，他的繼室夫人毛彥文女士，繼承秉老慈幼的遺志，將香山慈幼院的重担挑在肩上。抗戰期間，她曾在芷江、桂林、柳州、設了三個分院；抗戰勝利回返北平後，又將原院恢復。近九年來，大陸的局面天翻地覆，不知毛女士和香山慈幼院的景況又如何了。

# 「水晶球」徐世昌其人其事

寇乃堯

徐世昌在民初年間，是一位翻手為雲、覆手為雨的權勢人物，當時的北洋政客，多指徐氏是一頭「老狐狸」，顧名思義，可以反映這位老官僚是怎樣的人了。

現在且把有關徐世昌的瑣聞和他陰謀溥儀復辟的秘情，就所知者，和盤托出如下：

## 弄權好貨與附庸風雅

從清末民初以至抗戰前夕，徐世昌和譚延闓兩人，一北一南，都是好用黃老之術，應付各方，而有「水晶球」的渾號。不過徐氏有時在得意忘形之際，也會驕傲起來。他做了總統後，附庸風雅，有一天，宴請北京的名士們。席間，徐氏臉上裝著很客氣的頻頻請來賓指教。

當時，大家推讓一番，都沒有人發言。過了一會，秦樹聲獨自起立的說：「我可以隨便談談嗎？」

徐氏說：「好的好的！歡迎之至！」

不料秦某竟向徐氏說：「吾公最好不當總統。」

大家聽了，不免驚愕起來。徐即轉身把備好的詩稿幾冊，請秦指正。

秦又說：「公不懂詩，何必搞這個！」

徐聽了，笑著說：「你的詩比我做得好，可是我的官比你做得大哩！」

說完一連打了幾個哈哈。

秦知道徐雖年老，還是驕傲自滿，也就不談下去了（按：徐、秦兩人本是光緒丙戌同科進士。秦在清末，當過山西按察使、廣東提學使，民國初年，任清史館纂修）。

是日下午，秦出了公府，對朋友說：「徐菊人（徐的別號）只是一個老官僚，除了弄權、好貨財、慕虛名之外，懂得些什麼呢！」

## 是袁世凱的狗頭軍師

徐氏在清末，當了首任東三省總督，著手改新官制，努力做外表的鋪張，建築新式衙門，把各司道官員，合署辦公，與同時各省的官署截然不同。清宗室載濤從歐洲考察陸軍歸國，路經東北，見到奉天建設一新，鋪築馬路，裝設電燈，其他如警察、儀仗隊、軍樂隊等設備，都是新式。覺得徐氏是新的人材，回京後，即力薦徐內調，繼陳璧為郵傳部尚書。汪大燮、盛宣懷、梁士詒、關賡麟、葉恭綽、譚祖任、梁用弧、羅惇曧、蘇輿等，當時都是郵傳部員司。

徐氏為了要追隨袁世凱，把清室封他的太保也不要了。當他要去青島時，清室的世續跪著向他挽留，痛哭失聲；隆裕太后也流淚勸他，他也掉頭不理。因為他不離開北京，便不能脫離與清室的關係，在民國便不能替袁世凱當走狗。事實上，他是老袁的狗頭軍師，也是袁的「宰相」（國務卿）。

## 並不贊成老袁做皇帝

「徐與袁雖屬拜把兄弟；但徐並不贊成老袁的帝制。有一次，載振代表父親奕劻謁徐說：「項城天與人歸，似應速正大位，使到天下安寧。」

徐笑著答道：「那麼，賢喬梓為什麼不勸進呢？」

載振說：「恐怕惹起滿族人的譏笑，因此請公領袖敦勸，較為妥善。」

徐又答：「那我便不怕舊同僚的譏笑嗎？請你不必再說了。」

載振撲了一鼻子灰，轉去告知袁克定，克定即訪徐氏，對他說：「家君帝制，早已決定，請勿阻止。」

徐說：「我不反對，也不贊成，你們去幹好了。」這說明了徐的滑頭。

## 搞復辟運動首鼠兩端

徐氏有一妻兩妾，只生了一個女兒，已和袁世凱結為兒女姻親，尚未過門。據說：當溥儀要論婚時，徐又想把這個女兒再配與溥儀，那時徐的女兒並不曾與袁克堅解除婚約。這反映了徐氏企圖當國丈的不擇手段。不過後來因為種種關係，未達到目的。

民國六年（一九一七），張勳挾擁溥儀復辟，徐世昌是參與內幕的，他是弼德院長，康有為是副院長。林庚白在《孑樓隨筆》裏說：「復辟之變，世昌陰實主其謀，迨見段祺瑞既發難，則又首鼠兩端，張勳頗不齒之。」

復辟瓦解，康有為憤憤不平，寫信罵徐，長達五千多字，揭布復辟內幕，指出段祺瑞、馮國璋、徐世昌等都是同謀，即所謂〈致徐太傅書〉，曾在《不忍》雜誌第九、十合冊發表。徐的沉著陰鷙，善於看風勢，可見一斑。

## 退出袁幕有滿腹密圈

原來徐世昌從辛亥革命起，他眼見腐朽的滿清王朝垮了台，樹倒猢猻散，靈機一動，便即玩弄兩面手段，自己既當過清室廢帝的太子太保，又當了民國大總統袁世凱的國務卿，以為自己終有一天也會爬上大總統的寶座。怎知袁世凱要做皇帝，要搞家天下，自己依然是一世稱臣，他的幻想，永遠成空。於是，他表示不贊成帝制，中途退出了袁幕，靜觀其變，準備帝制一有三長兩短之時，俾能出來收拾殘局，於中取利。果然，雲南的護國軍一起，各省紛紛響應，老袁即暴死了，因此，他更領悟到，漢人當皇帝，是難得實現的事。從這時起，他的思想又變了，他以為若搞清帝復辟，自己總還可以總攬大權。初時他和一批遺老們聯繫，又和實力派張勳們互相勾結，意圖文武合演，醜劇便可揭幕。但他又顧慮到，事如實現，大權會落在軍人手裏，自己手無寸鐵，費盡心機，恐怕僅博得一個有職無權、高而不實的閒曹，是犯不著的。於是，他運用詭計，密派陸宗輿到日本去，提出了個人的意圖，希望日本當權派，給他實力的支持。

## 孫毓筠揭穿個中隱秘

關於徐世昌這一陰謀，有幾種第一手資料，可作佐證。茲先錄出孫毓筠的《復辟陰謀紀實》第三段所指出的：

陸宗輿之赴某國也，報紙喧傳，謂為運動某國政府贊助復辟。嗣經秘密調查，知陸氏此行陽為收領交通銀行借款，陰實奉有徐世昌之命，試探某國政府對於復辟之意向。並攜有徐氏自擬之復辟條件，其內容大致如下：

一、擁戴宣統復辟；

二、設輔政王一員，代皇帝執掌政權，以曾任大學士、軍機大臣資格最高之漢人充之；

三、輔政王由皇帝勅任，十年一任，但得連任；

四、皇后由漢大臣之女聘充等語。

另有與某國協商條件，如某國政府肯出力援助，復辟成事後，願以兵工廠合辦、及軍隊警察一部份之管理權為酬報。陸氏臨行時，曾過徐州，以此條件底稿面呈張勳，請其核定。張勳閱竟怒形於色，謂陸氏曰：「似此條件，祇成全徐某一人功名富貴，於清室有何利益？若論地位資格，輔政王一席，我亦有份，何獨徐某！」

陸悚然不敢置詞。臨行時，索條件底稿。張云：「此稿須留在我衙門存案，不能還君。」……。

## 想做輔政王不惜賣國

看此，則知道徐世昌搞清帝復辟，不只為他一個人的富貴著想，簡直是賣國行為。同時也可見徐世昌與張勳是狗咬狗骨的利害鬥爭。

日本黑龍會編印的《東亞先覺志士記傳》所寫黑龍會份子畑信夫全力支持張勳復辟的經過情形，其中對於陸宗輿暗攏徐世昌的希望條件的要點，也有說：「一、封徐世昌為輔政王，並列為皇族，代代世襲；二、以徐氏之女為宣統帝妃等等。」合攏觀之，更加明白了。

後來陸宗輿因事不曾東渡，改由曹汝霖另用一個名義準備赴日，現據當年日駐華公使林權助所寫《七十年談往》的回憶錄。內有說：

某日，曹汝霖秘密來訪，他親自說出了此次「贈勳」的一切內幕：「實際上是帶著非常秘密使命前來日本的。這就是為了策動復辟，命我私下探聽日本當局對復辟的意見。」

我（林權助）問曹汝霖：「……那麼，你究竟是奉了誰的密令呢？」「實際是……徐世昌和張勳。」然而此事又另有變卦，曹汝霖因為種種關係，不能當「贈勳」特使，北洋政府才又另派汪大燮赴日。雖然徐世昌要求日本給他支援清帝復辟的迷夢，沒有達到；但是徐的思想活動，確有陰謀借用清帝復辟來達到個人做輔政王、做國丈的企圖，不惜把兵工廠、軍警等權送給日本人操縱主持。這是北洋派頭子徐世昌的賣國意圖。……

## 撤銷了對張勳的通緝

張勳搞清帝復辟失敗時，徐世昌在天津給張多方的指示維護，曾寫信交吳笈孫（徐的親信）面致張勳，函云：

少軒（張勳別號）仁弟閣下：事已至此，兄所以為執事計者，蒸電已詳言之，望弟有以善自計也。弟既效忠清室，萬不應使有震驚宮廷糜爛市廛之舉。大丈夫作事，委曲求全，所保者大，此心亦可照千古矣！望弟屈從。弟之室家，兄必竭力保護。言盡於斯，擲筆悲感。特囑世緗回京，面陳一切。惟希台察不具。兄昌頓首。

民國七年（一九一八）九月一日，北京的非法新國會居然選舉徐世昌為總統，徐在是年十月十日就職後的十三天，一朝權在手，就用了大總統命令，撤銷了叛國罪魁張勳的通緝，免予緝究了。這是北洋派互相勾結、利用，共同演出的把戲。

一般遺老對徐世昌在民國做官，多對他不滿，如陳夔龍的詩：「龍頭休浪執，腹尾會平分。」附註：「同年生有曾厠清班，膺膴仕，迄今仍靦踞高位者，余與堯衢則當日之兩曹郎也。」這是用華歆與邴原、管寧之典，表示異趣來譏刺徐氏的。余堯衢就是余肇康。

## 一副東西南北的上聯

徐氏在北方做總統時，當時南方軍政府是被岑春煊所把持，是時曾有人把「北有東海、南有西林，試問這兩個東西，如何調和南北？」做上聯徵對（東海指徐世昌，西林指岑春煊籍貫）。此聯包含東西南北四個方向，「東西」是抽象詞，又代表徐、岑兩人，此聯久無適當的下聯。

王闓運（湘綺）也用「清風徐來」譏諷徐氏。民國八年，廣州各界公祭黃花崗七十二烈士，有人送祭聯云：

問秉國是何人？太子太傅，太子太保？
弔先烈在今日，愁煞春雨，愁煞春風！

有一聯云：

君等先覺兼先烈；
人皆總統又總裁。

這些都是對當時南北兩巨頭徐世昌、岑春煊所作的譏評。

## 署款時多用水竹邨人

徐世昌在北洋政府的幾個巨頭（袁世凱、黎元洪、馮國璋、曹錕、段祺瑞、張作霖）中，算是庸中佼佼者一個。因為他是前清的翰林出身，論文事自然比軍佬（黎、馮、曹、段）、盜魁（張）

他們好得多。他每逢寫字繪畫的署款，絕大多數不寫姓名，只題「水竹邨人」或「弢齋」等別署。他在巧取豪奪中藏了一些古畫，而且和日本的收藏家常有往來。筆者曾藏有一幅徐氏繪的墨筆山水，並題有詩云：

長夏躭幽興不孤，浪傳文字滿江湖。
遙山近水無人寫，收入詩囊笑老夫。

署款是：「戊辰五月水竹邨人。」

他所繪的《河西春眺閣》、《北江舊廬圖》、《江湖垂釣冊》等，題詠的人很多。這些都是他在政治舞台上或下野之後，借風雅做幌子，來掩飾他的殘民以逞的政治罪行的。

## 徐個人獨吞百五萬人

北洋政府的陋習，新總統到任，例由財政部籌撥現款一百五十萬元（現大洋），由財政總長親自送交總統，作為就職後的開銷。總統留一百萬元，其他五十萬分給各部總長。這個陋習是由袁世凱所始作俑的，每屆總統都是如此。徐氏得到此款，竟全數收入個人的荷包，曹汝霖不好意思要，其他各部總長也不便開口。五四運動掀起，曹是賣國賊，學生把曹的家搗毀。張志潭乘機向徐氏提及此事，勸徐給曹一些錢，藉此補償曹的損失（徐在東三省任總督時，曹汝霖已是他的部下）。徐只給了曹八萬元，其他便由徐個人獨吞了。這個貪滑老官僚，揩油揩到直屬閣員的身上，其他的賄賂，就可想而知了。（當時有人調查徐的私產，據說有一千萬元左右的硬幣價值。）

溥儀出關當傀儡，日寇和漢奸們在華北搞偽政權。徐氏當時在天津，都沒有參加。這在他說來，自然比那鄭孝胥、羅振玉、王克敏、王揖唐之流略勝一籌，這是應該指出的。

# 段祺瑞、徐樹錚與孫洪伊——民國五年府院之爭大政潮全貌

張谷

## 袁世凱黎元洪不敢領教

民國五年六月六日有「西山八怪」之一之稱的「癩蛤蟆」袁世凱憂憤致卒，一幕洪憲稱帝怪劇，自此也就寫到了完結篇。當時北洋三傑龍虎狗中其「虎」，段祺瑞雖然在北京城裏，大權在握，頗有稱霸一時之勢。但是他終不敢冒天下之大不韙；坐上「總統」或「執政」的寶座。唯有「順應」全國輿情，力拒北洋軍閥的擁立，使那被他指為「優柔寡斷，群小包圍」的副總統黎元洪，正了大位。六月七日黎元洪就職，卻是不能不任段祺瑞為國務總理。因此，段祺瑞組閣之初，就滿心瞧不起黎元洪，簡直不願意跟黎元洪見面。北洋總統和內閣總理之間，設有什麼交涉，他總是命總統府秘書長張國淦代他傳話。

當時，段祺瑞想以他的得意門生，江蘇銅山人，日本士官學校畢業，年少氣盛，專擅跋扈的

徐樹錚為國務院秘書長。他請張國淦到黎元洪那邊去知會一聲。殊不料黎元洪對於徐樹錚的性格為人，知之甚稔。早在五年五月八日，袁世凱取銷帝制，廢棄「政事堂」，恢復國務院而命段祺瑞二度組閣時，段祺瑞也曾請王士珍（北洋三傑之龍）上袁世凱跟前推薦過徐樹錚的。但當袁世凱一聽徐樹錚的名字，登時就抹下了臉，憤憤的說：「真是太不像話了！軍人總理，軍人秘書長，這裏是東洋刀，那裏也是東洋刀！」

他不答應，祇讓徐樹錚當陸軍部次長。

所以，黎元洪回首往事，他也不敢領徐樹錚的教，他回答張國淦說：「請你轉告總理，一萬件事我都肯依他。唯有徐樹錚當國務院秘書長這件事礙難照辦。」

但是黎元洪畢竟不是袁世凱，張國淦也非同淡泊名利，超然置身事外的王士珍可比。他知道這事的關鍵太大，就去拖了北洋元老，袁世凱的老朋友徐世昌出來。——黎元洪向來敬重徐世昌，因而徐世昌開門見山，十分坦率的告訴黎元洪說：「你寧可不依從芝泉（段祺瑞的號）一萬件事，就祇這一件事你不能不依。」

黎元洪聽了便向徐世昌訴苦，他說：「又錚（徐樹錚的號）那麼專橫跋扈，我確實是不敢領教。」

徐世昌卻深沉的一笑，回答他道：「你何乎怕又錚的跋扈呢？難道芝泉那份跋扈你還不知道嗎？再多一個跋扈的，也不見得會壞到那兒去吧？」

黎元洪迫於無奈，祇好頷首應允。不過他也提了個緩衝條件：嗣後國務院秘書長因公到府，須與總統府秘書長一同覲見。

民國五年六月十三日，黎段府院之爭第一回合宣告分曉。當然是段勝而黎敗，徐樹錚出任國務院秘書長的明令發表。

徐樹錚如願以償，當了國務院秘書長，他剛愎自用，以為長才得展，就要發揮他的胸中抱負，而視天下事易如反掌。他今日建一策，明日獻一議。照他自己後來的說法是：「轉任樞院，官書乃大坌集，職司所羈，卯而入，盡亥或不得退。」段祺瑞也曾盛讚他說：「襄辦國事，案無遺牘，公畢散職，法度謹嚴，不肯稍徇人意。」

段祺瑞對徐樹錚寵信有加，言聽計從，內外大事，乃至國家大計，方針政策，都由徐樹錚一言而定。國務總理和秘書長合作無間，如臂使指，本來無可厚非。徐樹錚之能夠認真負責，也是不可否認的事實。不過，問題在於他太攬權，太跋扈，太囂張，太專擅。而且氣燄之盛，令人無法忍受。徐樹錚就職後不久，先就給黎元洪來上一次下馬威，不但不遵守事前的約定，遇事與總統府秘書長一同覲見。而且為發表福建省三位廳長的任命，他親赴公府要黎元洪用印。黎元洪順便問問三員新廳長的出身和履歷，徐樹錚登時就老大不耐煩的說：「大總統不必多問，請快點蓋印。我正忙呢？」

就是對一名典璽官，也不該如此倔傲無禮。難怪黎元洪順從的蓋好了印，等徐樹錚抱著公事一走，他便向他左右怒不可抑的說：「我本來不要當總統，而他們也就公然目無總統了！」

正當黎元洪深感段徐欺人太甚，他那個北洋大總統日子很難過的時候，無巧不巧，到了一位徐樹錚的剋星，與乎他自己的保鑣。原來，當段祺瑞第三度組閣，內定的教育總長，正是當時有「小孫」之名的孫洪伊。——孫洪伊字伯蘭，他是直隸天津的名門望族之後，早年曾參加同盟會，又和保皇黨蛻變而成的進步諸要人，往還密切聯絡頻繁。更重要的是北洋軍閥首腦，和他非親即故。他在北洋軍閥之中，有一言九鼎，運用裕如之勢。孫洪伊家產素富，遜清末年，曾以聯合請願縮短立憲時間而享大名。宣統元年膺任直隸諮議局議長。民國元年，又和湯化龍、林長民、張君勱等發起共和建設討論會於上海，並曾由他介紹梁啟超加入該會。民國元年當選眾議員，成為國會議員韜園派的領袖。四年袁世凱陰謀竊國，帝制自為，孫洪伊尤以中國議會第一座大砲的姿態，向袁世凱猛烈轟擊，並且連電駁斥老袁的帝制之說。他還發表過一篇情文並茂的〈泣告北方同鄉父老書〉，把袁世凱罵了個狗血噴頭。

## 孫洪伊勇鬥徐樹錚

孫洪伊堅決反對帝制，言論之外，又付之以實際行動。他曾奔走南北，說服黎元洪、馮國璋加入反抗行列。又曾協助起義雲南的唐繼堯聯絡京滬代表李宗黃，乘日本軍艦直入南京往謁馮國璋，使馮國璋決定了在帝制戰爭中按兵不動，坐看老袁倒臺的大計。所以在帝制戰爭中，孫洪伊勞苦功高，厥功甚偉。袁世凱死後他又力主恢復舊國會，和黎元洪以副總統正大位，一一宣告實現。這便是段祺瑞的內閣中不得不位置他一席的緣故。

起先，段祺瑞發表孫洪伊為教育總長，孫洪伊卻留連於南方，拒不到任。五年七月十二日，段祺瑞萬般無奈的改任孫洪伊出主內政，他這才翩然抵達北京，就職視事。孫洪伊一到，黎元洪不禁長長的吁了一口氣，他的腰幹子自此硬起來了。

因為，別人都怕徐樹錚，唯獨孫洪伊，連徐樹錚的老師段祺瑞他也不怕。段祺瑞不過袁世凱手下的一員大將，那孫洪伊他是敢於單槍匹馬向袁世凱挑戰的。更何況，他此刻早是反帝制的主角，在他的背後，有國民黨、進步黨、國會，馮國璋所領導的直系軍閥、西南各省軍政當局，乃至於全國輿論堅強有力的支持。

孫洪伊聲勢顯赫，有恃無恐，此公一到北京，馬上便以抑強扶弱，打抱不平的姿態，昭明彰著的端出助黎抗段的架勢。他以內務總長有襄助總統參預庶政之責，每天都上總統府去，黎元洪會客，他就往黎大總統的旁邊一坐，高談闊論，旁若無人。同時他又對內務部大事整頓，把那些光拿錢不做事的冗員，大批大批的裁汰。徐樹錚一看此公來勢洶洶，苗頭不對，他立刻就在段祺瑞的跟前煽惑，他告訴段祺瑞說：「孫伯蘭非我族類，其心必異。我們得好好兒的防著他點。」

段祺瑞深然其說，於是徐樹錚便暗中部署，亟謀拔去這個當前大敵，心腹之患。民國五年釀成巨大風潮的府院之爭，便由孫洪伊和徐樹錚之間的短兵相接而揭幕。孫徐交手的頭一個回合，是在七月間十二日孫洪伊第一次參加的國務會議席上，孫洪伊不動聲色，但卻使徐樹錚當眾大坍其臺。當時，正值護國三軍總司令國民黨籍的李烈鈞在廣東率領滇軍，和前任廣東督軍龍濟光的濟軍發生衝突。照規定秘書長在內閣會議席上並無發言權，然而徐樹錚卻一如往昔站起來侃侃而談，信口雌黃。他力主下令討伐李烈鈞，並電飭湖南、江西、福建、廣東四省會同剿辦。孫洪伊期期以為不可，他認為李龍之爭應由中央設法調解。兩個人唇槍舌劍、相持不下，唯有付諸表決。而這次表決其實是孫洪伊在顯示其實力，所謂的拿點顏色給段祺瑞、徐樹錚看看。果然表決的結果當場把徐樹錚氣炸，他的提議竟被多數票否定。這一回合孫洪伊大獲全勝，使段祺瑞、徐樹錚面面相覷，瞠目不知所措。

會後，徐樹錚越想越覺氣憤，他不甘面臨挫敗，決計悍然不顧一切；親自擬了一道討伐李烈鈞的命令，又施橫蠻手段，公然拿到總統府去逼黎元洪用印。黎元洪曩昔雖然有「泥菩薩」的諢稱，可是當時他已有孫洪伊在為他撐腰，他不再駭怕徐樹錚了。對於徐樹錚既不合法，又不合理的要求，當場峻予拒絕。徐樹錚破題兒第一遭在黎元洪跟前碰了大釘子，卻是他還不死心，竟然用國務院的名義，電令閩贛兩省出兵。

這貿貿然而下的一道電令，迅即給徐樹錚帶來了噩運，徐樹錚跟他老師段祺瑞一般的「氣令智昏」，他實在未能認清當時的國內大勢，由黎段交惡，所演成的孫徐之爭。在全國各地的軍政當局，西南各省全力支持黎元洪和孫洪伊，江西、湖北、江蘇保持中立，其餘各省則袒段徐。其中所謂中立的江蘇督軍馮國璋是東南重鎮，因為他和孫洪伊非同泛泛的親密關係，其實他是極端袒孫的。而江西督軍李純，不但是馮國璋的心腹，尚且是他一手提拔的愛將。此所以，李純在奉到國務院的電令之後，老實不客氣，立即覆電國務院，他說江西兵力單薄，祇可派兵防守贛粵邊境，無法越境而入粵討李。

須知，徐樹錚的那道命令贛閩出兵討李的電報，是他瞞住國務員，獨斷獨行，自作主張發出去的。李純的回電一到，徐樹錚的把戲戳穿，國務員——各部總長獲悉徐樹錚不經院方同意，膽敢擅自發出有關重要軍事的指令，當場為之大譁。尤有孫洪伊，拿著李純的覆電，在眾目睽睽之下，盛詞指責，破口大罵徐樹錚：「荒唐，大膽！」

## 猛然間一記殺手鐗

徐樹錚自知理虧，可是他又丟不起這個人，於是，他強詞奪理，在國務院會議席上和孫洪伊起了爭執。這時候，兩人針鋒相對，你來我往，連段祺瑞也難以排解。論詞鋒，論諳熟法律，徐樹錚根本就不是孫洪伊的對手。何況，孫洪伊手中還握有一張不曾打出去的王牌——秘書長在國務院會議無發言權。因此，當徐樹錚動了怒氣，指手劃腳的說道：「孫總長，你不要目中無人！須知智者千慮，必有一失；愚者千慮，或有一得。難道除了你孫總長一位以外，就沒有別人可以與議天下大事了嗎？」

小徐這話，其實已經硬裏透軟，其勢有所不支。詎料，好個辯才無礙的孫洪伊，他偏就利用他這幾句話；猛一下施出了撒手鐗，他一聲冷笑的答道：「徐秘書長，足下的大才，我很佩服。不過這兒是閣員會議，我看你還是等有朝一日入了閣以後，再來與議不遲。」

「這兒是閣員會議」，一句話，三刀兩面，當場揭了徐樹錚的面皮。換了任何一個人，都會不勝羞慚，置身無地。因為，孫洪伊話裏的意思說得很明白，他是在以子之矛，攻子之盾，而在說著：誠然，人人都有與議天下大事的資格。祇不過，這裏正在開內閣會議，依法律規定，偏偏就你這位磐磐大才的秘書長，此刻沒有發言權。你若想發言，那還得等你當了總長，成為閣員以後。此時此地，則請你稍安毋躁，免開尊口。

當胸一刀，把徐樹錚氣得三屍暴跳，七竅生煙。但他為了顏面攸關，猶在強項的說道：「樹錚不才，忝任國務院秘書長，也算是國家命吏，並非絕對的沒有言論權。何況我們中華民國是共和國體，無論何等人民，都可以上書言事。孫總長平素自命維新，怎麼會忽然效法專制時代，箝制言論起來了呢！」

徐樹錚的強辯之詞，依法無據，於理不合，正好給元龍豪氣，痛快淋漓的大砲孫洪伊，抓住了小辮子。於是他嬉笑怒罵，戲謔調侃，把徐樹錚的老師也牽連進去。他尖酸刻薄的說：「足下既有高明的議論，你何妨先向段總理陳明，讓段總理替你提出內閣會議。果若可以利國利民，那我們閣員決無不贊成之理？請段總理代為表達你的意見，既可免卻越職發言的罪咎，又不致於埋沒了你的才華，這豈不是一舉兩得的事嗎？」

高踞主席寶座的段祺瑞，聽了這一段話，語語刺心，他不能再如泥塑木雕一般，隔山看虎鬥了。他端起老師兼頂頭上司的架子，叱止徐樹錚，不許他再飾詞抗辯。然後即席宣告散會，結束了這一幕他和徐樹錚師徒二人坍臺丟臉的諧劇。

從此以後，孫洪伊和徐樹錚勢同水火，勢難兩立。雙方都在積極部署，從事漸趨白熱的尖銳鬥爭。孫洪伊力抗段徐，節節勝利。遂使黎元洪的左右，信心倍增，精神抖擻，激起了和段祺瑞、徐樹錚拼一拼的勇氣。先是，總統府秘書長張國淦夾在府院兩大之間無以肆應，左右為難。他掛冠求去，黎元洪也不挽留，乃在八月一日，任命丁世嶧繼任總統府秘書長。丁世嶧字佛言，山東黃縣人，日本東京法政大學畢業。宣統元年任山東諮議局長，民元任參議院議員，隸屬孫洪伊所領導的韜園派。所以他也是一個曾以言論和行動堅決反對袁世凱稱帝的。八月一日他由參議院議員轉任總統府秘書長後，在孫洪伊的鼎力支持之下，他先發表其府院職權極不明顯的意見，予段徐以當頭棒喝。丁世嶧說：「國務會議事前既無議事日程，事後又無議事紀錄。總理（段祺瑞）不見總統（黎元洪），但憑院秘書長（徐樹錚）往返其間。發一命令而總統不知其意，用一人而總統不知其來歷。總統偶詢一二語，院秘書長輒以現在實行內閣制，總統不必多開口為答。」

丁世嶧倒真是把北洋大總統之如同傀儡，和院秘書長徐樹錚之氣燄薰天，大權獨攬說得很清楚明白了。此所以，緊接下來他便提出他的改良革新主張。丁世嶧草擬了一個「府院辦事手續草案」。在這個草案裏，他建議大總統應該出席內閣會議，發表其意見，祇是——不得參加表決。此外，則大總統對國務院得「自由」行使其職權，如用人不同意，得拒絕蓋印。尤其，閣員應隨時向總統面商要政。國務會議前，須將議事日程呈報，會議後，須將議事紀錄呈閱。

## 段祺瑞藐視黎元洪

丁世嶧的這一個劃分府院權限方案公開提出以後，段祺瑞、徐樹錚一系人物立即大起恐慌。徐樹錚為謀全力抵制，命段祺瑞的黨羽製造謠言，於是路道相傳黎元洪居然也想步袁世凱的後塵，恢復總統集權制了。徐樹錚所製造的謠言傳到他老師段祺瑞的耳裏，直把段祺瑞氣得手足冰涼。因為，在段祺瑞的心目之中，黎元洪既非北洋人物，他根本就沒有當北政府大總統的資格。段祺瑞一向自視甚高，目空四海，他從不曾把黎元洪放在眼裏，尤其他常時說：「遜清末年，我就當過了統制官（師長）、第一軍統（軍長）、江北提督（職權相當於漕運總督）、並且署理過湖廣總督。而我當總督的時候，黎宋卿（黎元洪的號）不過區區一名協統（旅長）而已」。

再則段祺瑞一輩子都在以「三造共和」（包括民國六年的敉平張勳復辟之役）而自詡，他認為他對於建立中華民國的功勳，如「一造共和」之領銜發表北洋軍要通電，嚇得遜請隆裕太后和宣統兒皇帝決定退位。與乎杯葛袁世凱的帝制運動，採取絕不贊成之消極抵抗態度；而在護國軍起，各省紛紛響應，袁世凱被迫取銷帝制，他又「收拾殘局」，出而組閣，是為他自許的「再造共和」之功。凡此，比起那區區協統黎元洪，在武昌首義後被革命黨人從床底下拖出來，強而擔任當時引為笑談的「床下都督」，功勞不知要大過多少倍。尤其，自從黎元洪被段祺瑞綁票般的綁到了北京，袁世凱公然殺戮湖北的軍界首要，革命元勳，對黎元洪則加以軟禁。所以，段祺瑞更一直認為這位懦弱無能的黎副總統，祇不過是北洋軍人的政治俘虜而已。

就在袁世凱格於情勢，眼見他的洪憲稱帝大勢已去，迫不得已宣告取銷帝制，以迄袁死黎繼之前，國內對於由誰繼任大總統的問題，還有兩派截然不同的意見。段祺瑞的左右，曾經趁此千載難逢之機，利用北洋第七師長張敬堯，和護國一軍總司令蔡松坡（鍔），在瀘州戰事激烈，蔡松坡以軍火不繼，漸呈不支的危急狀態下，所簽訂的停戰條約，而在袁世凱取銷帝制後不久，由蔡松坡等護國一軍將領發表通電，擁段祺瑞繼袁世凱，當時也曾掀起軒然大波。後經唐繼堯通電駁斥，西南方面代蔡松坡登報否認，段祺瑞也因為不得東南（馮國璋）和西南（唐繼堯）的支持，以及國人，與論的諒解，乃在徐世昌的力勸之餘，放棄了入主新華宮（北政府大總統府）的美夢，萬般無奈的順應輿情，民意，擁黎元洪以副總統繼任北洋大總統。因此，在他看來，黎元洪之登上了北洋大總統的寶座，還是他段某人的「一手提拔」。

此所以，當他草擬通電，擁黎元洪繼任的時候，段祺瑞還曾悻悻然的，在通電電文之中，用極端桀驁不馴的口氣，公然寫著：「黎公優柔寡斷，群小包圍。東海（指徐世昌）頗孚人望，但約法規定，大總統出缺時，應由副總統繼任。」

這一段驕橫已極的文字，倘若公開的發表出來，不但黎元洪的面子沒處可擺，而且必將成為騰笑中外的大笑話。當時，幸虧有北洋總統府秘書長張國淦，極力勸阻，他一再的陳說：「既然要做這個人情，那就該一路人情做到底。何苦讓受你情的人，落個老大的不痛快。」

段祺瑞這才提起筆來，將以上的一段電文，全部刪掉。由這一件政壇內幕，可以想像段祺瑞從不曾將黎元洪看在眼睛骨裏。因此，當徐樹錚的黨羽，大放流言，都說黎元洪要抄襲袁世凱的手法，改責任內閣制為總統集權制，把軍政大權，從自己的手裏一把抓去。段祺瑞真給氣得一佛出世，二佛涅槃，他立刻就稱病請假，又度施出他當日對付老袁稱帝的手段：「你有本事，你去幹吧，大爺從此不管了。」

## 頭一回合有了分曉

段祺瑞請病假，一連請到民國五年八月二十六日。很顯然的，黎元洪得了孫洪伊的仗義勇為，拔刀相助，又有丁世嶧運籌帷帷，潛心擘劃，他自己左右的那些基本幹部，也正因為孫洪伊兩度鬥敗徐錚樹，正值士氣高昂，信心倍增。所以在這個雙方主帥正面交手的一個回合裏，黎元洪態度堅定，死守不退，段祺瑞還真拿他莫可奈何。八月二十六日之前，由府院雙方往返折衝，終告成立了北洋總統府與國務院之間，亦即北政府大總統和國務院總理的私人協定，雙方對於府院權限問題，定下了以次的五項原則：

一、國務會議舉行之前及其後，由國務總理分別向大總統呈報議事日程，及議事紀錄。

二、國務會議舉行後，即公推國務員一人入府報告議決事項。

三、每星期五，國務員齊集總統府會商政務，並舉行會餐。

四、大總統對國務院議決各案，如認為不合，得令總理及主管部閣員說明理由。如仍認為不合時。得交由國務院複議。

五、未經國務會議議決之命令，大總統得拒絕蓋印。

根據上述的協定，黎元洪幾乎已經取得對於國務會議議決案的否決權了。同時，但凡非經國務會議議決的命令，他還可以拒絕用印。這一點，尤為箝制段祺瑞和徐錚專擅越權的無上利器。北洋大總統與國務總理正面交鋒的第一個回合，黎元洪卒告獲勝。

除此以外，還有徐樹錚對待黎元洪的盛氣凌人，驕橫無狀。段祺瑞也曾公開表示，願意加以約束。他先向徐樹錚下一道手諭：「本院呈請大總統核檢閱文件，應責成該秘書長躬自遞呈，用印後賫回。無論風雨黑夜，不得假手他人，以昭鄭重，而免差異。」

同時，他又呈報黎元洪，為徐樹錚往前的傲慢，略作解解，並且提供保證：「……逐日文件，均由徐樹錚躬遞。該員伉直自愛，不屑妄語。其於面對時，凡有聲明為祺瑞之言者，祺瑞概負全責。」

民五的一次空前大政潮，自府院雙方成立協議，段祺瑞兩度發表聲明後，八月二十六日，段祺瑞銷假視事，一切恢復正常。從表面上看，似乎府院之爭業已順利解決，段徐讓步而黎元洪獲勝，應該可以告一段落了。然而，雙方的主角，如黎與段，孫與徐，正像一句北方俗話：「針尖對著了麥芒」，兩邊都是磨礪以須，當仁不讓，交過了一次手，好戲還在後頭呢。

## 辮帥張勳和督軍團

國務總理段祺瑞和秘書長徐樹錚秘密部署，大肆活動，決定以北洋軍閥的實力，謀與大總統黎元洪與內務總長孫洪伊等相抗衡。五年九月二十日，由北洋嫡系，親段祺瑞的安徽督軍、辮帥張勳出面，在徐州邀集十二省的督軍代表，舉行會議，並由徐樹錚南下親自主持，這便是「督軍團」之起始。消息傳出，黎元洪這一邊的人當然得速謀對策，於是，便由黎元洪派府秘書長丁世嶧，到國務院去面促段祺瑞採取行動，防止軍人干政。段祺瑞正好陽奉陰違，一味推諉。二十一日，安徽督軍張勳、省長倪嗣冲就快馬加鞭的組成了省區聯合會，是為「督軍團」對外的正式名目。二十五日，由省區聯合會發出一封荒謬絕倫的干政通電，黎元洪一再催促國務院下令制止，段祺瑞則一直拖到九月二十九日，經國務院會議議決依據黎元洪的指示，下令制止軍人干政後，方始擬了一道內容空泛的電令，送請黎元洪蓋印發佈。

從五年九月五日起，國會召開憲法會議，由於黎段的政爭，又間接促成了國會中兩大陣營的對壘。孫洪伊本來就是國會中的重要領袖，實力強大的「韜園派」即由他一手組成。至此，他聯合國民黨的重要議員張繼、林森等人，組成了「憲政商榷會」，段祺瑞立刻就唆使研究系的梁啟超、湯化龍等成立「憲政研究會」以資對抗。兩大陣營壁壘分明，相持不下。從九月中旬起，爭論一院制乎兩院制歟？爭省制大綱之規定和省制民選與否？一直爭到五年十二月八日，終於為了省制大綱之爭，而釀成了兩派大打出手的流血事件。

「憲政商榷會」一派主張省制大綱應該在憲法上明文規定，省長尤須由民選產生。「憲政研究會」為維持北洋軍閥割據稱雄的既得利益，竭力表示反對，雙方爭論到十二月八日，國民黨議員劉成禺，和研究系議員籍忠寅又復大起齟齬，言詞之間動了意氣，便有人抄起桌上的墨盒，往發言臺上砸，終至演成兩派議員打成一團，難分難解，是為我國國會破天荒的一齣武劇。一場混戰的結果，研究系的籍忠寅、劉崇佑、陳光燾、張金鑑等頭破血流，受了輕傷。他們不服這口氣，憤憤然的離開會場，當天就請北京總檢察廳提出公訴，一面並請國務院咨明議會查明曲直，依法懲辦。

為段祺瑞保鑣的「憲政研究會」議員鬥不過「憲政商榷會」，由段祺瑞所暗中操縱的北洋軍閥「督軍團」，迅即加以援手。在研究系通電各省督軍對敵方議員大肆攻擊後，十二月二十一日，馬上就有自稱公民孫熙澤等，發起所謂的「憲法促成會」，通電各省，宣佈意見。說些什麼：「兩院議會，會議多日，並無成效，徒聞滋鬧」一類的話，明眼人一望可知，這便是北洋軍閥的伎倆，幕後策動，在向國會「加以警告」。然則，總而言之，在國會方面，孫洪伊一派依然是獲得優勢。

民國五年九月間，孫洪伊和徐樹錚，旗鼓互當，針鋒相對，也還有火爆熱烈，精采百出的好戲，陸續登場。首先，是徐樹錚得了督軍團的撐腰，亟欲反擊孫洪伊，給他一點「顏色」看看。他又專擅越權，不顧當時官制的規定：薦任以上的官吏，概須經由國務會議通過，再以總統命令發表任用，而逕行任命郭宗熙為吉林省長。這一來，不但破壞制度，尤其跟孫洪伊的職權，發生了直接衝突。孫洪伊是內務總長，他有權更動各省官吏，作為他操縱各黨各派實力消長的有力工具。如今徐樹錚不聲不響的侵奪了內務總長的一宗法寶，叫孫洪伊是可忍孰不可忍？緊接著，又有參議院提出查辦福建省長胡瑞霖一案，徐樹錚也不曾按照規定，提付國務會議討論。他為了庇護胡瑞霖，乾脆就以國務院的名義，咨復參議院，竭力的為胡瑞霖辯護。兩件於法不合的處置一加起來，使孫洪伊深知這是徐樹錚再度向他挑釁。此公一動了肝火，國務會議上遂掀起軒然大波。

再開國務會議的時候，孫洪伊便理直壯氣的提出徐樹錚非法處置上列兩案的經過。當時，徐樹錚自知理屈，兼以「上一次當，學一次乖」，他不敢再違犯：「秘書長在國務會議發言權」的規定。啞巴吃黃蓮，效金人之三緘其口。殊不料，孫洪伊竟巧妙的一轉詞鋒，照準了段祺瑞劈頭猛轟，他質問段祺瑞說：「凡與各省民政長官之有關事宜，內務總長是否無權過問？院秘書長是否有權擅自處理？現在，我請段總理明白見示。」

段祺瑞一心以為孫洪伊是在跟徐樹錚算賬，沒想到他猛的一砲向自己轟來。一句話，問得他無詞以對，老羞成怒，他只好當著徐樹錚的面，在國務會議席上，口口聲聲的罵：「又錚荒唐！」

然後，吩咐徐樹錚，立刻收回胡瑞霖一案的咨文。可是，參議院已早將國務院咨文印發出了，生米煮成了熟飯，無從追回。段祺瑞、徐樹錚正在惶急無計，不知怎樣應付難纏的孫洪伊是好。孫洪伊卻已翻身一記回馬槍，他呈請辭職，表示負氣不幹了。

# 徐樹錚套上緊箍咒

孫洪伊一面請辭內務總長一職，一面函請國會，恢復他的議員資格。這便是他一記回馬槍的厲害之處，表明了他羞與段徐同伍的嚴正態度。同時，還在向段徐示威，咱們國會裏見！

說著說著的真就辭了職，這一著，又是段祺瑞、徐樹錚兩師生始料所未及，因而也就慌了手腳。段祺瑞派孫洪伊的前任，其後為了讓出內務總長一席給孫洪伊，而改任交通總長的許世英為代表，親赴孫宅，退還辭呈，並且懇切慰留。另一方面，則黎元洪也在為孫洪伊作桴鼓之應，他拍桌子大罵：「現在那裏是責任內閣制，簡直就是責任院秘書長制了！」

黎元洪的這一句話，其實是大有文章的。十月一日，他召孫洪伊入府，當面表示慰留。同時兩人也商議定了，利用徐樹錚破壞制度，侵越職權，孫洪伊為之憤然辭職的這個機會，給徐樹錚加上一道緊箍咒。當時，段祺瑞和徐樹錚誠然對孫洪伊恨之入骨，可是，他們終於不敢冒天下之不韙，讓他辭職一走了事。段徐越是急著要請孫洪伊打消辭意，孫洪伊就越加表示辭意甚堅，無法挽回。段徐受不了各方沉重的壓力，最後，唯有向孫洪伊低頭，妥協，終以由徐樹錚乖乖戴上緊箍咒的條件，換取孫洪伊的打消辭意，重回內務部辦事。

此一加諸於徐樹錚的緊箍咒，是為孫洪伊手擬的院秘書長職權限制，一共有下列五點：

一、院秘書長承總理之命，掌管秘書廳事務。

二、經國務會議決定之案，不得擅自更改。
三、公文命令，非有總理及負責總長之副署，不得發佈。
四、國務院答覆國會之質問案，均須由主管部擬稿。
五、政府命令，須由國務員副署後送總統府蓋印發佈。

這道緊箍咒一戴上，徐樹錚等於自縛了手腳，段祺瑞也被奪去了最得力的幫手與黨羽，他想用責任內閣制大權獨攬，置北洋總統、各部總長於傀儡的幻夢，至此全盤打消。到了這個時候。孫洪伊便不以箝制段徐為已足，他要更進一步，實行倒段，澈底剷除北洋軍閥把持中央，拔扈囂張的這一股惡勢力了。

在國會，由國民黨議員為主體組成的憲政商榷會，擔任倒段的主力。在內閣，孫洪伊卻迭施連環妙計，漸漸的誘致段祺瑞和徐樹錚，入其彀中。原來，當護國軍興，袁世凱發動帝制戰爭，派曹錕、張敬堯、馬繼增等心腹大將，率北洋重兵，分赴川湘作戰。大軍轉戰三省，這一筆可觀的戰費，以及洪憲登基的大典籌備費用，已使當時的國庫，空空如也。在羅掘俱空，財政萬分艱難之際，袁世凱唯有用梁士詒、楊度的獻策，宣告中國、交通兩銀行停止兌現，於是金融風潮，因之而起。全國金融工商各界和各級官吏，平民百姓，都受了很大的損失。一時怨聲載道，輿論鼎沸，直到袁世凱死後數月，仍然不能平息。孫洪伊正好抓住了這個大題目，他在國務會議席上，力主由政府從速籌款，維持兌現，以昭大信而解除民生疾苦。

他料準了段祺瑞斷乎不敢反對他這一個主張，但是問題在於錢從何出？段祺瑞上臺以後，北政府的財政情況始終不見好轉，又那兒抽得出錢來，替袁世凱揹這個黑鍋，而挑起這副沉重的擔子？

沒錢，只好飾詞拖延。一拖再拖之間，孫洪伊卻已跟黎元洪組成了聯合陣線，尤有國會推波逐瀾，為民請命，逼得段祺瑞不能不趕緊設法了。當時唯一的籌款辦法，就祇剩下了舉外債之一途。然而，早在民國二年，袁世凱即以中國政府的名義，跟英、法、德、俄、日五國銀行團，簽訂了一個草約。從此以後，中國北政府如欲向外國貸款，就只准向五國銀行團借。因此，段祺瑞命當時的財政總長陳錦濤，向五國銀行團接洽這一筆貸款時，五國銀行團對這一筆生意居然不感興趣。祇有一個美國資本團，願意貸予美金五百萬元，條件是利息六釐，每百元實收九十一元，以煙酒公賣稅作抵押品。錢是可能借到了手，然而還有一個要緊的關鍵，那便是消息絕對不容外洩。否則的話，被英、法、俄、日四國銀行團獲知，一定會提出抗議，到那時候，勢將全功盡棄，煮熟的鴨子也會飛去。

然而，偏偏就在北政府駐美公使受財政總長陳錦濤之託，代表中國簽訂了借款合同，而由陳錦濤拿著這張合同要求國會召開秘密會議，予以通過的那一天，北京的一家報館，居然就把中美貸款的全部經過，以及雙方所訂合同的原文，一字不遺的全給登了出來。

## 當年閣議唇槍舌劍

消息外洩，不到兩天，英、法、日、俄四國銀行團一致提出抗議書，質問財政部，為什麼違反民國二年的協定，單獨與美國成立貸款？起初，陳錦濤跟段祺瑞一商議，還托詞答辯了一番，聲明此項貸款專供中國銀行準備兌現之用，並無政治性質。但是四國銀行團，尤其是日本人不肯罷休，貸款便唯有陷於停頓。

這便是有名的「中美實業貸款」一案。無可否認的，是為孫洪伊策動倒段的一著妙棋，迫使段祺瑞「猪八戒喫人參果，裏外做不得人」。然而，畢竟也因此釀成民五府院之爭最激烈，臻於白熱化的高潮。

湊巧就在這個時候，孫洪伊被人告了，起因是他大刀闊斧整頓內務部，裁去了許多冗員，包括內務部司長祝書元等在內。這一幫內務部的老人為了飯碗問題，便向平政院提出控訴。結果是平政院判決撤消內務部原令，仍准停職人員回內務部供職。但是孫洪伊怎肯接受這樣一個對他大為不利的判決？他立即指出平政院是袁世凱所設立的御用機關。平政院有受理行政訴訟之權，原是根據袁世凱所定的偽憲法而來，它本身既沒有現行法律根據，而它行使職權所援引的法律依然還是袁家偽憲法，那麼它的判決當然無效。不過，孫洪伊為求徹底解決平政院的存廢問題，他主張將全案移送國會討論。

徐樹錚明知這是打擊孫洪伊，報復新仇舊恨的無上良機，極想乘此機會拔去這枚眼中釘，心頭刺。於是他又不顧頭上的緊箍咒，一味蠻幹。在取得了段祺瑞的同意之後，他便不經國務會議討論，親自擬就一道按照平政院裁決書的執行命令，送請黎元洪蓋印。

黎元洪當然拒絕蓋印，他在執行命令上批了「交院再議」四個字。另一方面，則由孫洪伊以內務總長的名義，呈請黎元洪將全案提交國會審議，黎元洪就援筆批以：「准咨國會解決。」

段祺瑞跟徐樹錚一商量，全案移送國會以後，孫洪伊準有那個力量，可使國會照他意見通過撤銷平政院的判決。因此他們決定再逼黎元洪，這個案子便在府院之間退回來又送過去，三番五次，相持不決。段徐抱定了鍥而不捨的決心，非使孫洪伊下的免職令取消不可。

兩件事情碰到了一路上來，中美實業貸款消息外洩後，國務院召開國務會議，孫洪伊正因平政院一案大發議論，嚴詞指貫徐樹錚越俎代庖，濫用職權。這時候，被孫洪伊套上了緊箍咒，在國務會議席上箝口已久的徐樹錚，突如其來的發了言。他對孫洪伊反唇相譏的說：「孫總長，你一再的教我們不許越俎代庖，怎麼你自己也在做越俎代庖的事呢？」

孫洪伊立刻反詰：「我做過什麼越俎代庖的事？」

徐樹錚乾脆就把話講明了，他振振有詞的說：「你勾通報館，洩漏院中的秘密，難道這還不算是越俎代庖嗎？」

他所指的，當然是中美實業貸款案消息外洩一事，孫洪伊聽了，勃然大怒，登時就加以質問：「你有什麼證據？」

徐樹錚卻在一聲冷笑的答道：「證據不證據，你何必問我？你只要自己想想，可有這個事麼？」當時，孫洪伊怒火中燒，無法忍耐。他便轉臉責問段祺瑞說：「總理，你怎可以用這種狂悖之徒，你要是對他再加縱容，還不知道要鬧出什麼不像話的事情來哩！」

徐樹錚眼見段祺瑞被孫洪伊厲聲呵斥，不禁心頭無名火起，多時以來鬱積的怨毒，至此儘情傾吐。他跟孫洪伊大吵大鬧，嚷叫不休。在場的各部總長，於是忙著兩邊勸和，竭力排解。卻是孫徐二人互不相讓，那裏排解得開？一片大亂之中，惱怒了緘默已久的段祺瑞，他把臉一抹，高聲的發了話：「這裏是會議場，不是吵架的地方！孫總長也未免自失體統了吧！」

說完，他不等孫洪伊回敬，馬上就拂袖而去。

段祺瑞一走，放了野火的徐樹錚也跟著撤退，剩下孫洪伊，發了一頓脾氣，算是暫且結束了國務會議這邊的一齣鬧劇。

由這齣鬧劇起始，段徐和孫洪伊，衝突更趨於尖銳化，府院之爭的大局，也自此急轉直下。當天，民國五年十月十八日，徐樹錚又昂首闊步，得意洋洋的到了總統府，見到黎元洪，雙手遞上一張段祺瑞親筆下的條子，請黎元洪蓋印。黎元洪接過去一看，可真把他嚇了一大跳。原來，那條子上寫的正是：「孫洪伊著即免職。」

「辦不到。」黎元洪一開口就峻然拒絕：「我不能蓋這個印。」

徐樹錚一再力請，黎元洪卻始終不為其所動。

乘興而來，敗興而返，徐樹錚碰了釘子回去。向段祺瑞一報告，段祺瑞卻仍怒不可抑的說：「你再跑一趟，非讓他蓋這個印不可！」

就這樣，徐樹錚成了黎、段之間踢來踢去的皮球。他拿著段祺瑞的條子，接連跑了四趟。所得的結果是：絕對不蓋。

## 段祺瑞一氣要辭職

與此同時，孫洪伊也發動了反擊，府院之爭的政潮，終於越鬧越大，越演越烈。國會中多數黨的議員，絡繹不絕的往總統府跑，再三再四的給黎元洪打氣，說什麼也不要在這不合法的命令上蓋印。孫洪伊本人，則公開發表聲明，他理直氣壯的說：「國務員對總統應負連帶責任，內閣可以總辭，不能單獨免一個閣員的職。」

他的談話，當然有其法律依據，孫洪伊是在把一個熱馬鈴薯，拋回段祺瑞的手上。——你想免我的職，除非大家一齊不幹！

尤其有國會議員王玉樹等，向政府提出質問：國會議員們鄭重表示，政府萬一要罷免一位總長，必須由國會提出彈劾，絕不能容許國務總理獨斷獨行。

政潮鬧到這步田地，橫衝直闖的段祺瑞和徐樹錚，已經明白當前所面臨的是死生存亡的鬥爭了，如果孫洪伊不能罷黜，極可能會促使段內閣的垮臺。不是孫去段留，便是段留孫去，這兩者之間已無迴旋的餘地。因此，段祺瑞決定背水借一，破釜沉舟，他要蠻幹到底。

第一步，由徐樹錚再拿著那張免孫洪伊職的手令，請謁黎元洪。黎元洪拒絕蓋印如故，徐樹錚就老實不客氣的說：「總統不蓋印，我們就只好不准伯蘭出席國務會議了！」

一句話，惹火了「優柔寡斷」的黎元洪，他赫然震怒，開口就是一聲暴喝：「你這是什麼話！」

然而，徐樹錚有恃無恐，他不怕泥菩薩發威，冷冷的回敬一句：「這是總理說的話。」

於是，十月二十四日，一向不屑於跟黎元洪辦交涉的段祺瑞，居然也親自上了總統府。他特意從孫洪伊和徐樹錚在國務會議席上大吵大鬧的事情談起，力陳孫洪伊的目無餘子，氣燄太高，實在讓人受不了。黎元洪耐心的聽他把牢騷發完，這才淡淡的下了個結論：「孫總長固然性急，徐秘書長也未免欺人太甚。」

段祺瑞一聽，黎元洪的這個話，分明是在袒孫而抑徐的嘛。他不禁暗中火起，於是板起了張臉說：「孫總長是公府的要人，徐樹錚不過院內所委的職員。總統如果以又錚為欺人太甚，那麼，不但又錚可去，就是祺瑞也該辭職。」

黎元洪早料到了他會有這一著，當下就接口勸道：「國家新經大亂，又值多事之秋，大局全仗總理主持。怎可以為他們兩個人的私事，棄我自去呢？」

段祺瑞的回答，則仍還是堅持不讓，他說：「帝制事起，祺瑞本來就無意復出，不過為情勢所逼，暫當此。任如今南北統一，大局平定，現任閣員中又不乏人才，總統儘可以擇賢代理，何必一定要我勉任艱鉅。其實祺瑞早就應該暫息仔肩了。」

話雖說得委婉，涵義卻不簡單。段祺瑞是在以退為進，要挾黎元洪。如果黎元洪不准他免孫洪伊的職，那麼，他就請黎元洪乾脆命孫洪伊組閣，他自己立將掛冠求去。段祺瑞為了逐走孫洪伊，實已打出了他最後的一張王牌，他是在「將」黎元洪的「軍」。這一著棋，當然也在黎元洪的意料之中，因此，他跟段祺瑞打太極拳，黎元洪故表洒脫的說：「其實，我又何嘗願意當這一任大總統呢，一切無非是為國家起見。希望總理不必多心。」

到這時候，段祺瑞一忍再忍，力求保持其君子風度。但是當他面臨圖窮匕見，短兵相接的階段，他可沒有陪黎元洪打太極拳的耐性了。因而他勃然色變，聲聲冷笑的正告黎元洪說：「大總統，這件事沒有什麼多心不多心的。我聽大總統話裏的意思，多半是不肯免孫伯蘭的職。其實這也無所謂，那就請大總統免我的職好了。」

霹靂一聲，當頭棒喝，段祺瑞施出了准上健兒的豪傑本色，這使生性柔懦的黎元洪，真有點罩不住了。於是他迫不獲已的跟段祺瑞婉言相商：「要麼，由我來勸伯蘭自動辭職，這免職令，畢竟還是不下的好。」

段祺瑞自以為黎洪元業已屈服，他沾沾自喜的打道回府從此，竚候孫洪伊自動辭職的「佳音」。

卻是孫洪伊焉肯示弱？他聽說了段祺瑞面折黎元洪以後，立即發表聲明，他給黎元洪一道難題，因為他說：「除非黎大總統下令免我的職，我決不自動請辭。」

這麼一來，熱馬鈴薯又拋到黎元洪的手上了。三天後，到了民國五年的十月二十七日，黎元洪特地邀請北洋三傑之一，「龍」王士珍，和孫洪伊同赴公府舉行會商。當時王士珍力勸孫洪伊讓步，王士珍答應由他負責斡旋，轉圜，以緩和當時震撼朝野的政壇風暴。王士珍不惜拍胸脯擔保，由他去說服段祺瑞，保持孫洪伊內務總長的職位，由孫洪伊指定一位次長代理部務。然後，孫洪伊以專使名義出洋考察。

孫洪伊當場峻拒，他說他決不出洋。

## 拉徐世昌出作調人

政潮越鬧越僵，國會裏，以孫洪伊為首的韜園派議員，如呂復、褚輔成，紛紛提出彈劾國務院秘書長徐樹錚案。尤且更上層樓，彈劾國務總理段祺瑞。風潮之烈，吸引了全國的注意。徐樹錚唯恐自己收不了場。求榮反辱，被孫洪伊倒打一釘耙，他漸漸的有些兒色厲內荏，心虛膽怯。因而放出空氣，設法輾轉傳到孫洪伊的耳裏。徐樹錚說：「孫伯蘭如果肯辭內務總長，段總理可以把他外放省長，或者調他為全國水利總裁。」

孫洪伊聽到這種說法，嗤之以鼻，他斬釘截鐵，率直拒絕，他正告來人說：「除了內務總長以外，什麼高官厚爵都打不動我，我所爭者，厥在維持個人的人格！」

徐樹錚見孫洪伊決心強硬到底，非拼下去不可，他便利用孫洪伊的回答，在段祺瑞跟前，再放一把野火。他告訴段祺瑞說：「孫伯蘭是一個勁兒的在跟我們找麻煩，他簡直不顧大局，反覆在外間揚言，他不辭職，不出洋，不外調。這就是存心跟老師過不去！意思是要跟老師拼到底！」

段祺瑞聽了這話，更是火上加油，他怒目切齒的說：「好嘛，索性讓我們大家夥兒統統辭職，叫孫伯蘭一個人幹！」

自有黎元洪左右，佈置在國務院裏的坐探，將段祺瑞的這一句氣話，耳報神似的報給黎元洪聽。說時，還故意加以歪曲，添枝作葉，說成了段祺瑞親口表示，政潮擴大，孫伯蘭難纏，老段決心不幹了。他正在準備內閣總辭，一走了之。

大總統府的一系人物，信以為真，拔扈專橫的段祺瑞決心內閣總辭了，那豈不是他們已在府院之爭中大獲全勝了嗎？於是人人額手稱慶，雀躍三百，紛紛集議如何處置段內閣總辭的問題，也就是說：段去以後，將以何人繼而組閣？當時，在黎元洪的左右，共有四位心腹親信，而被段徐方面的人物，稱之為「四凶」的。是即為後來當到總統府秘書長的駢四儷六，通電高手饒漢祥，時任參謀本部次長的蔣作賓，任陸軍部次長的金永炎，和黎元洪的智囊哈漢章。這些個人又把丁世嶧約了來，召開秘密會議，興高采烈的討論由誰繼任內閣總理？席間，眾人認為北洋勢力彌漫全國，老段掛冠求去，隨時都可能捲土重來，東山再起。所以，一致主張未來的內閣總理仍以北洋首要為宜，否則，誰也無法控制這個複雜的局面。有這麼大的力量，能使分茅列土，擁兵自重的北洋軍閥，一一俯首帖耳，被北洋系外人士，乖乖的牽著鼻子走。

在這個大前提之下，唯一可以考慮的人選，就祇有袁世凱的老朋友，北洋軍閥咸以「師相」、「相國」相稱，尊之視同袁世凱的徐世昌了。徐世昌是遜清末年的老官僚，跟袁世凱是將近四十年的老搭擋。想當年，他去考舉人，還是袁世凱設法給他籌的路費。袁徐連手，合作無間，獲袁世凱的一力汲引，他才能在短暫的數年之間，由一名疏逖小臣，居然總督東三省，當上了內閣協理大臣、軍諮大臣，位躋宰輔。

徐世昌自以為清廷待他皇恩浩蕩，聖眷殊隆，他是一心一意想做大清的忠臣烈士。祇不過，辛亥起義，袁世凱從中搆煽，漁人得利，當上了中華民國大總統。他又覺得以袁世凱跟清廷相比較，畢竟幾十年的老搭擋要更親近一層。因此當袁世凱邀他出山，他就不得不割棄向清之心，改而為慰廷（袁世凱）老弟致力。不過，他也有個條件，他跟袁世凱說：「你一定要我出山助你一臂之力，至少也得在兩年以後。否則，我就太對不起皇太后（隆裕）和皇上（宣統）了。」

當時，袁世凱馬上就雙手直搖的說：「不行，不行，兩年太久了。」

其實，徐世昌思想陳舊，一心效忠清廷之外，他又是個最最深沉穩健的老官僚，平生從不做冒險之事。他是眼見民國鼎革，百事如麻，尤其以袁世凱的好大喜功，專斷獨裁，怎麼能跟革命黨人，以及往後成立的各黨各派和平共存，相安無事？與其貿貿然出任紛爭時期被疑受謗，焦頭爛額的國務總理，何不多等兩年，俟風定塵止，局面平穩，再來好官我自為之。徐世昌曾經告誡他和袁世凱的老幹部，北政府代理第二任內閣總理，真除第三任內閣總理的趙秉鈞，他說：「凡事求一個穩字，如今百事不穩，總統總理，不過徒負虛名而已。假使局面真能穩定下來，那麼，即使當一名縣知事，都大有樂趣，何必高官厚爵呢？」

## 東海登場先開條件

由以上這一段內幕，可知徐世昌在府院之爭期間，政局如此的不穩，他是斷然不會繼段祺瑞之後，來跳這個火坑的。此所以，黎元洪聽從他策士們的意見，決計請王士珍派人赴河南衛輝，徐世昌的歸隱之地，專誠迎迓徐世昌入京會商國是的時候，徐世昌便推三阻四，拒不肯來。其後還是黎元洪、段祺瑞一再函電促駕，王士珍乘搭迎徐專車，親赴衛輝恭迓。徐世昌和王士珍一席長談，方始決定晉京一行。

黎元洪、段祺瑞、王士珍再三的促請徐世昌晉京會商國是，事實上是各人有各人的算盤。黎元洪滿心巴望徐世昌取段而代，出任內閣總理。因為徐世昌老成持重，又是文人，他是北洋要人之中，唯一跟黎元洪合得來的一個。段去徐繼，以徐世昌在北洋軍閥中的威望，可收絕對的鎮撫之效。段祺瑞呢，不問可知，他是在想抬出徐世昌這座偶像，箝制黎元洪，驅走孫洪伊，重新恢復袁世凱死後他大權獨攬的局面。王士珍淡泊名利，已如野鶴閑雲，老僧入定。不過，他在府院之爭大政潮時期，難免也有點憂心忡忡，唯恐孫黎組成聯合陣線，將使北洋系分裂或竟瓦解，他這個本位主義，以北洋團體為重的說詞，是徐世昌所最聽得進的。因此，徐世昌的惠然肯來，他的主要目的，厥在於保全北洋系的固有實力。

在這種情形之下，局勢便一變而為對孫洪伊大不利，當徐世昌尚未肯定答應晉京之先，全國民心久亂思治，對於府院之爭大政潮極為憂慮。因此，都把徐世昌看成「解決當時時局的中心人物」，寄望極其殷切。但是，徐世昌在跟王士珍促膝密談，決計晉京一行以後，他還再拿了個蹻，致電黎元洪，要求黎元洪同意他的下列三項原則，也可以說是三項條件，是為。

一。擁護元首。

二、維持合肥。

三、不入政界。

這三項條件，不但把黎元洪的一腔熱望，全部打消。同時也隱隱的表明了，他在府院之爭正鬥得難分難解，勢不兩立的孫徐之間，他是打定了主意袒徐而抑孫的。孫洪伊終告失敗的噩運，至此可謂業已註定。

然而，妙就妙在以當時的環境而論，黎元洪還騎虎難下，不得不自毀長城，以孫洪伊作犧牲，而覆電答應徐世昌的條件，請他尅期晉京。否則的話，天下喁望解決政潮的唯一人物，因為他的未便合作而爽性不來，黎元洪就難免成為眾矢之的。連他本人都將泥菩薩過江，自身難保，而得下臺一鞠躬了。

一著錯，全盤輸，黎元洪在北京方始掙扎站起，馬上又得大栽其跟斗。

民國五年十一月十六日，徐世昌由王士珍陪同，乘坐大總統府所備的專車，由衛輝直駛北京。當天，北京車站出現盛大熱烈的場面，全北京的議員官僚，大小政客，軍事首長，和商民學生代表，在月臺上萬頭攢動，挨挨擠擠，予徐世昌以最隆重的歡迎禮。

但是，徐世昌抵達北京以後，他卻推說旅途勞頓，亟須休息，立刻驅車五條胡同北京徐寓，他拒絕見客，更不許新聞記者訪問。便在這時，黎元洪又在總統府裏，和他的策士們舉行秘密會議，連孫洪伊都沒有通知他來參加。當時，所討論的緊急議題，是如何彌補黎元洪業已答應了徐世昌的三項條件。

席間，有人提議用黎元洪的名義，電召方於十月三十日當選副總統的馮國璋，和西南實力派人物廣西督軍陸榮廷，一道晉京會商國是。然後利用東南、西南兩方面的力量，箝制徐世昌，壓迫段祺瑞，逕行下令免段祺瑞的職，而舉徐世昌繼任國務總理。當時，黎元洪認為這個想法過於天真，絕無成功的可能，因此他率然的加以拒絕。

## 狗頭軍師的餿主意

徐世昌抵達北京的第二天，黎元洪由於「山雨欲來風滿樓」，他心理上的負荷太重了，一個撐不住，便以堂堂北洋政府大總統之尊，屈駕拜訪徐世昌。他希望能從徐世昌的口裏聽到大事還可能有所轉機，使他稍稍得些安慰。殊不知，徐世昌卻海闊天空，不著邊際，儘在談些敷衍應酬的門面話，使黎元洪反而煩上加煩，愁上加愁，更摸不清、猜不透徐世昌肚皮裏定的是什麼主張？迫不獲已，他便開門見山，主動的提起府院之爭，越演越烈，如今已屆攤牌階段。他身為北洋總統，竟至惶惶然無以為計，他直截了當的求計於徐世昌。

直到這個時候，徐世昌方始臉色一正，說了幾句「正經話」。然而，他卻是端起一副老相國的架子，在用教訓的口胳，說是：「芝泉（段祺瑞的號）自信太過，大總統您左右有幾位人物，也實在不敢恭維。如果您二位長此以往，不能有所改善，對於國家大局，必定大為不利。」

又彆了一肚皮悶氣，回到自已家裏。策士們紛紛問以訪徐經過，黎元洪把他跟徐世昌所談的細細一說，然後便一聲長歎的道：「依我看來，徐東海不會輕易答應出山。這段祺瑞，還是沒法攆他。」

當下，還有大總統的秘書長丁世嶧，哄孩子般的安慰他說：「大總統你莫灰心呀，那半推半就，原是人之常情，徐世昌他怎麼會爽爽快快，一口就答應出任總理的哩。再則，他若真不答應，我們還有一著棋，段芝泉一向胸襟狹小，慣於使性子的，必要時我們乾脆發表明令先免他的職，怕他不負氣出走？到那時候，水至渠成，東海不就可以從容上臺了嗎。」

黎元洪畢竟不是小孩子，他搖搖頭說：「事情恐怕不會這麼簡單。」

也不知道是那一個狗頭軍師，把丁世嶧想勸黎元洪寬心的一席話，當做是驅段擁徐的不二法門。他出了個餿主意，先斬後奏，滿心巴望段祺瑞「負氣出走」，約幾個黎元洪的左右親信，不經黎元洪同意，便拍了個電報給坐鎮南京的副總統馮國璋，揑造「東海已允出山」的消息，請馮國璋打電報來捧徐世昌的場。

這一來，終於弄巧成拙，大糟特糟了。

馮國璋跟黎元洪毫無淵源，且曾一度為交鋒對陣的死敵。辛亥武昌起義，就是馮國璋以清軍第一軍統（軍長）率部南下，燒漢口、陷漢陽，差一點兒就打到武昌城裏去。民五府院之爭，馮國璋每每在緊要關頭給黎元洪這一邊撐撐腰，那是因為他跟孫洪伊的交情，受了孫洪伊的影響。馮國璋是當時北洋軍閥的第二號人物，地位僅次於段祺瑞，他擔不起「出賣團體」、「吃裏扒外」這兩個大罪名。所以，他勢不能公開施段祺瑞以打擊，即使對那孫洪伊，他也只能陰為之助，偶或一壯聲勢。要叫他倒段，那在他是說什麼也不肯、不敢，不能幹。

再加上馮國璋當時已選上了北洋副總統，地位超乎段祺瑞之上，為這個馮國璋已經有點跼踖不安，時刻在想找個機會向段祺瑞送送秋波，籠絡巴結。此外則馮國璋消息靈通，他早已獲知徐世昌這回上北京，是為了幹什麼去的。他那能這麼輕易的上當受騙，個貿貿然的拍個電報去得罪段祺瑞呢？

假使這個電報是用孫洪伊名義打的，馮國璋或許覺得兩難，多少要傷點腦筋。但是電報係由黎元洪拍來的，那他根本就無須考慮。他立刻覆電黎元洪，無情的摑了他一記耳光，他在電文中說：「內閣仍以維持現狀為宜。」

維持現狀就是仍舊由段祺瑞擔任國務總理。黎元洪那位狗頭軍師之所作所為，不但誤了大事，把黎元洪的面子丟盡。而且，偏就讓親痛而仇快，等於自己搬石頭砸自己的腳。副總統馮國璋「幸而」獲有機會發表他對國務總理人選的意見，助長了段祺瑞的氣燄，使他多了一層不得不勉為其難的堅強理由。同時也使黎元洪的決心驅段大生阻礙，因為，即使徐世昌有心問鼎，他也不能不為馮國璋的堅定表示，而多了一重顧忌。

經過這一場瞎鬧的趣劇，孫洪伊啼笑皆非，黎元洪欲哭無淚，反倒是徐世昌認清事實，其志決矣。他密召段祺瑞前來商量，提出他所訂解決府院之爭的腹案。大政潮的兩員戰將，兩位主角，像打麻將扳莊似的換一個位置。徐世昌的腹案是保全兼顧府院、黎段、孫徐雙方的面子。孫洪伊調任農商總長，徐樹錚出主陸軍部。圖一個兩全其美，大家都不吃虧。

## 段祺瑞的一悶棍

但是段祺瑞有嫉「孫」（洪伊）如仇的徐樹錚預為畫策，他當時就回答徐世昌說：孫洪伊雖然不是北洋嫡系，然則他跟北洋團體的首要人物，非親即故，都有交情。祇要雙方開誠佈公，達成諒解。段祺瑞說他深信磐磐大才如孫洪伊，未必不能為北洋團體所借重。祇是，——段祺瑞又盛詞指責孫洪伊志大才疏，做事不擇手段。民四民五以來，專門破壞北洋團體，促成北洋系人物的對立，互衅，分裂，與乎「骨肉相殘」。段祺瑞說得慷慨淋漓，情見乎詞，反使徐世昌將信將疑，無法判定，所以他很慎重的問段祺瑞說：「芝泉，你說這些個話，可要拿到小孫的真憑實據才行啊？」

段祺瑞登時就回答他說：「我當然有真憑實據。」

說時，一面在打開他的公事皮包，取出厚厚一疊的印件，雙手遞給徐世昌，一面說是：「請您細看，這些通訊稿裏挑撥離間，無所不用其極，凡此都是孫洪伊破壞北洋團體的真憑實據。」

徐世昌接過去一看，那是一疊「丙辰（民國五年的干支）通訊社」的通訊稿，由光昇其人主辦。上面所登的，全是北洋軍的動態，部隊調遣異動，軍官黜陟幽明之類的消息。字裏行間，大有挑撥分化，使段祺瑞、馮國璋逐漸形成皖系、直系相對立的意味。段祺瑞又告訴徐世昌說：這一份「丙辰通訊」係由孫洪伊和西南方面聯合出資辦的，它按期發行，免費贈送，直接寄到北洋軍各師、旅、團、營部，因而在北洋軍中發生了廣泛而深入的影響，頗能達成孫洪伊和西南方面所預期的效果。對於北洋團體，則為害極烈。

事隔五十三年，筆者為此曾經訪問高齡八十一歲，刻在臺北主持中國地方自治學會的黨國元老李宗黃先生，證實了段祺瑞當年所提供的孫洪伊破壞北洋團體的證據，確係孫洪伊和他所斥資合辦。民國四年李宗黃先生原在馮國璋的定武上將軍督理江蘇軍務公署擔任上校一等參謀，旋即應雲南督軍唐繼堯之邀，返滇供職。唐繼堯派李宗黃先生為駐京滬代表，負責聯絡各黨各派及各方人士共同勸助並響應雲南首義，護國討袁。當時最機密、最重大、也是最危險的任務，厥在冒險進入南京說服馮國璋在帝制戰爭中按兵不動，進而響應義師，迫袁退位。李宗黃先生之得能兩度入京謁馮，多半得力於孫洪伊之居間聯繫，秘密安排。李宗黃先生尤曾透露一項內幕，馮國璋開府南京，宰制東南之初，孫洪伊即命他的老幹部白堅武供職督署，擔任馮國璋的機要秘書，專門負責馮孫之間的聯繫事宜，由而可見馮國璋和孫洪伊關係之密切。這位白堅武先生畢業於北京大學法學院，曾被譽為北大三傑之一。其後他曾當過吳佩孚開府洛陽時的機要處長，為吳佩孚言聽計從之心腹智囊，所以他也是北洋直系的一位中堅份子。

丙辰通訊不但是由孫、李斥資合辦，且係洪伊所主動提議者。李宗黃先生說他在上海為護國軍進行聯絡各方的工作時，和孫洪伊日夕盤桓，接觸頻繁。曾有一天孫洪伊直率的問李宗黃先生道：「你在上海，能夠支用多少經費？」

李宗黃先生據實以告的回答他說：「唐督軍給我的權限，支款在一千大洋以內者，祇須事後報備。」

當時，孫洪伊就建議的說：「那麼，你出一千我也出一千，咱們用這兩千塊錢，可以辦一件大事。」

他把他的計劃，很詳細的說給李宗黃先生聽。李先生一聽便覺得這事「實在大得不得了」，他欣然應允，立刻便提了一千元交給孫洪伊，這便是「丙辰通訊社」的由來。——孫洪伊當時還曾向李宗黃先生私下斷言：北洋軍閥不倒，國家前途絕無希望。這句話出之於北洋「密友」孫洪伊之口，與乎丙辰通訊成之於孫洪伊之手，在在顯示孫洪伊的雄才大略，高瞻遠矚，及其週旋於北洋軍閥之間的膽識俱壯，手腕靈活，確為民國初年政壇上一位了不起的人物。

## 孫徐下臺政潮暫輟

「丙辰通訊」在分化北洋軍閥陣營，破壞其團結，削減其力量方面，確曾有重大的貢獻。因此，當段祺瑞在徐世昌面前，一說「丙辰通訊」係由孫洪伊幕後主持的時候，他立刻便將孫洪伊視為北洋系的大敵。原先預定的調解方案，也就從而生變。這便是段祺瑞在以孫洪伊之矛，攻孫洪伊之盾，果然奏了効。從此以後，在府院之爭中原有獲勝之望的孫洪伊，形勢便對他越來越不利了。徐世昌改變方針，他在十一月十七日親赴北洋總統府，晤見黎元洪，當面提出他那個不許討價還價，黎元洪唯有全盤接受之一途的解決府院之爭辦法。那便是兼顧府院雙方的威信，兩位躍馬橫戈，臨陣交手的大將，孫洪伊和徐樹錚同時免職，另由徐世昌負責推薦張國淦遞補徐樹錚的遺缺。張國淦原是總統府的秘書長，又曾在段祺瑞民國五年四月首度組閣時出長教育部，他跟黎、段雙方關係都好。徐世昌力言張國淦之出任斯職，必能融和府院兩方的感情。

黎元洪無兵無勇，無權也沒有錢，他那個北洋大總統原就是個空架子。府院之爭鬧得那麼僵，擔任調人的徐世昌，又是他首先主動，懇邀出馬的。在實偪處此，無從抉擇的情形下，照徐樹錚的少君徐道鄰的說法：「此時黎既沒有勇氣拒絕徐世昌的意見，而捨此之外又無更妥善的辦法，就於二十日下令罷免孫洪伊的內務總長。」

黎元洪犧牲了拔刀相助，幫他力抗段徐、支撐大局多時的孫洪伊，換取了政潮的平息，和徐樹錚的去職。當徐世昌提及他所擬的調解方案時，黎元洪對孫洪伊內愧閃深，他也曾面有難色，表示異議。但是，徐世昌馬上就疾言厲色的說：「不照我這個辦法，恐將禍起蕭牆，勢且波及全國。總統不如通權達變，暫歇風潮為是。」

「恐將禍起蕭牆，勢且波及全國」，倒不是徐世昌的危言聳聽，虛聲恫嚇。當時府院之爭的態勢，確實有這麼嚴重。此所以，黎元洪衹好一聲長歎，勉允照辦。

五年十一月二十日，先由黎元洪下令內務總長孫洪伊免職，改由教育總長范源濂繼任。一直到十一月二十二日，又出現一個戲劇性的場面。那便是徐樹錚最後一次向黎元洪「回公事」，他拿了段祺瑞所下的，免他自已之職的一道人事命令，送請黎元洪蓋印。這一幕使老實人黎元洪頗為尷尬，他說了幾句安慰徐樹錚的話，又說他自已還要借重徐樹錚，想聘他為公府軍事顧問。徐樹錚當然明白這是他在敷衍場面，他唯唯諾諾，不置可否而退。孫洪伊、徐樹錚一齊下臺，段祺瑞仍然悻悻的覺得不是滋味，但是他跟黎元洪一般的別無他策，無可奈何。為了替他的心腹親信門生徐樹錚出一口氣，十一月二十四日他在國務院會議席上，向黎元洪轟了一砲。他提出三點質問，指責大總統府的一切措施不符責任內閣制的精神，經常躭誤國務院的公事，每每在應行發佈的命令上拒絕蓋印。——凡此都是發發牢騷，擺擺姿態而已，當然不會影響已定的大局。

一幕波濤壯闊，變化莫測的民五政潮府院之爭就此宣告結束。孫洪伊不失為直隸健者，他失去內務總長的職位後，仍舊回到國會，以中國議會第一尊小鋼砲的淩厲攻勢，運用國會同僚的力量，持續不斷施段祺瑞及其內閣以杯葛與打擊。他一路反段到底，使段祺瑞在去孫以後仍還是傷透了腦筋。民國六年元月十四日，段祺瑞忍無可忍，便悍然師襲袁世凱的故技，命步軍統領江朝宗以孫洪伊京寓藏匿「危險份子」八人，有「陰蓄死士進行暗殺」之嫌疑為詞，派兵到羊肉胡同孫宅進行搜查，硬把孫洪伊攆出了北京城。他逃往南京，托庇於馮國璋。而在民國六年五月二十二日，居然捲土重來，運用妙計真的讓黎元洪罷了段祺瑞的職，報了半年前的一箭之仇。

# 北洋怪傑徐樹錚瑣事逸聞

鍾秋槎

在當年北洋政府裏，有「小徐」之稱的徐樹錚（大徐是稱徐世昌），他在段祺瑞當權時期，是炙手可熱的人物，也是一個傳奇性的人物。他搞「邊防軍」遠戍漠北，縱横捭闔，威臨塞外，將彼時已告獨立的外蒙古重新歸入中國版圖，此一壯舉，在當時人們的心目中，幾與張騫、班超定西域後先媲美。關於他在廊房遇害的經過，以及他與陸承武、馮玉祥之間冤怨相報的內幕，容後有機會再作詳細敘述。本文則僅就若干瑣事逸聞，拉雜成篇，以觀此一民初年代怪傑之超軼拔群。

## 先任總文案赴日學軍事

徐樹錚字又錚，其學業受自庭訓，自幼至長，未從他師。徐氏天資聰穎，讀書能過目不忘，六、七歲時，即有神童之目。十五歲後，為文即宏博恣肆，詞賦亦驚才絕艷，老輩歎為弗及。顧徐氏生有大志，不肯日試帖括，故於食餼後，即絕意舉業。結婚未久，私攜衣物數事，制錢數串，背其家人，逕赴濟南，上書袁項城（按：即袁世凱），洞論時事，項城大賞之，交段合肥（祺瑞）擢用，時袁項城巡撫山東，段氏則為北洋陸軍第三鎮統制也。

徐氏入段幕後，極受重視，不久段氏即畀以總文案職務，此為徐氏在北洋系統內發軔之始。

徐在文案室內處理公務，嘗一手握筆，一腿支椅上，口唱戲詞，手批公牘，段氏見而笑之，時加規勸，然其所辦公事，未或有誤，信用甚專。

徐默察時勢，知軍事將興，蓄志入軍籍，每日軍書之暇，輒短衣荷槍入操場，與兵士同操，段氏知其志，請於袁項城，撥官費送往日本士官學校肄業，仍留其總文案原差，徐遂由文士一變而為軍人，其才則文武兼資矣。

## 學問雖淵博惟不工書法

徐之為人，雖似生龍活虎，其心地實忠厚，且極風雅。初至濟南時，年甚少，眷一妓，而窘於資，友人戲之曰：「若能賦梅花詩二十首，我等當為撮合。」徐氏援筆拈韻，一夕而成，頗為一時傳誦。後雖屢掌政權，手握重兵，其風情猶不減當年也。

徐氏平日手不釋卷，雖公務冗忙，每日亦必讀書一小時。其座車中常置《文選》一部，對人曰，吾正溫〈兩都賦〉，作文而不熟讀漢賦，氣息不能深厚，近實無暇讀書，故假途中片刻之間，一補功課耳。

徐氏購書甚多，不講板本，嘗曰：「買書為讀也，若當古董陳列，有何意味？且一部宋元板，可抵尋常板若干部，多費錢反不能多得書，是殊不值，吾生平講實用，不尚虛文，買書更應如是也。」

徐氏學問淵博，惟不工書，雖腕力剛健，下筆輒乏潤氣，其行書尤差，識者多慮其非福壽之徵，有人勸他稍稍留意，以為字雖小道，頗可以覘人福澤，徐深謂然，而終不能改。徐氏書雖不工，絕無俗韻，筆力堅硬，尤肖為人。天賦固極厚也。徐又工篆刻，渾樸入古，三十以後，以從政少暇，又患目疾，遂不復寫。其平日所用印章，多係自鐫。

## 壯年豪於飲拇戰最精靈

徐氏在北京初辦正志學校，係在彰儀門大街，賃屋授課，越二年，始購地於阜成門外，建築校舍，地初購成，捐款未集，不能遽建房屋，乃先築圍牆，已興工矣，尚短數千金，無處挪借，徐氏忽與友輩作豪賭，麻將天九，一一奉陪，居然手風特旺，連日大勝，總計博進約萬餘元，乃盡撥入建築項下，而學校圍牆遂成。

徐氏卅歲前，豪於飲，白蘭地可連進兩瓶而不醉。其實徐氏並非酷嗜杯中物者，特於賓朋滿座，絲竹盈耳時，藉以發舒意氣，家常則滴酒不入唇也。

徐氏又喜拇戰，每戰輒勝，心靈手快，聲氣兩壯，同儕多畏之，不敢與抗。一夕邀朋儔十餘輩，飲於北京燕春園，先搊戰，繼則對飲，徐一人與合座十餘人輪流角逐，且值盛暑，不覺酩酊大醉，伏身案上，昏迷不醒，乃召館中侍役以籐椅舁之上車，復由二友伴送回家，經一日夜，始漸清醒。自是以後，遂斷然戒酒，十年來遇有應酬，偶一舉杯，從未盡量，雖豪情不似當年，此亦足見其作事之有決心也。

徐氏且素健飯，食物亦不擇精粗美惡，常戲謂人曰：「除生鐵外，吾腹中無不可容納而消化之。」夏日與同人聚飲，必購酸梅湯一壺，中浸以冰，且飲且傾其酸梅湯，與酸鹹葷膩之品，雜然並進，同人多咋舌，勸其注意飲食，徐不顧曰：「在我無妨！」然亦從未生病。

## 平日自恃太過乃其大病

三次長大參劾案，徐居其一（按：徐氏為陸軍部次長），當時議論紛紛，以為將興大獄，迨經徹查，肅政史所參劾各節皆無實據，此案遂結。風聲正緊時，徐氏閉門謝客，搜輯諸家評點《古文辭類纂》，用五色筆手自謄寫，並以所見加批於上，日書數卷始已，雖溽暑不輟，參劾案結而書亦成。其後出資刊印，風行一時。徐嘗笑謂人曰：「肅政史惠我良多，不然我斷無閒暇成此書也。」

民國九年（一九二〇）徐氏自北京東交民巷逃出時，係由某外人以箱盛之，搭火車赴天津，徐氏體魁偉，悶置木箱內歷數小時，比啟箱，已汗流浹背。人問徐氏在箱內感受如何？徐曰：「我沿途正默溫崑曲也。」其遇事故示鎮靜，大都類此；然自恃太過，乃其大病。其一生遇險之次數最多，如日本之大地震，法國之飛機落海，皆生死俄頃，卒得倖免。某次徐氏與諸要人在北京第一舞台觀劇，有刺客數人先至包廂認明座位，然後取出炸彈欲擲，間不容髮之際，幸為警察識破，當場拿獲，始未演成慘劇，徐氏在包廂中始終不動聲色，直至戲終始去。彼嘗謂手槍炸彈，皆無如我何！不料一至廊房，竟臨絕地，設非平日自恃太過，何至如此哉！

## 上書反對帝制稱大元帥

徐氏一生毀譽參半，毀較譽為多，徐亦自知。其在滬時，與人論文書中，有「四海知名，一身叢謗」之語，實不啻為自身寫照也。徐才氣過人，能五官並用，嘗於案頭堆滿公牘，手不停揮之時，仍能一手握電話筒與人談話，一面對屬員區處公事，無或舛誤；且公事隨到隨辦，案無留牘。無論毀譽如何，此才實不多見。

洪憲帝制發生時，徐氏反對甚力，厥後形勢日急，乃思作最後之忠告，一夕不告人知，赴其所辦之正志學校，扃門作書數千言，親自繕寫，上呈袁氏，痛陳帝制之不可為，並將中外大勢，各省情形，以及所有兵力軍實，詳細比較，反覆陳述；是時雖尚未改元，而稱謂已改，覲見者都行跪拜之禮，徐氏書中不便仍稱總統，而又不願改稱陛下，乃稱之為大元帥，以元首本兼陸海軍大元帥也。呈遞時又恐以禮節遭忌，乃默揣老袁將由內宅赴辦公室時，預至府中，鵠候道旁，俟老袁行至中庭，鞠躬以進。老袁收受，留中兩日，於其所陳不可各節，皆濃墨加圈，原件發還；雖未能因此一書，遽爾挽回，而袁氏對之特加注意，於此可見。

## 不信風水命運別有原因

徐氏任西北邊防軍總司令時，練兵五混成旅，平日操演之外，兼講文事，令各旅官長士兵，月作策論一篇，由徐氏親自命題，試畢彌封送京，彙齊後又親自批閱，雖間亦請人代為閱卷，而甲乙仍徐定之，佳者略有薄賞。總司令部亦有設講堂，徐每日講《孟子》約一小時，各職員均須上堂聽講。嘗言軍人不讀書、不識字乃是大病，練兵必須從根本入手。他人多謂徐迂腐多事，徐則謂極有意義。某老輩嘗謂：他人患讀書少，徐則患讀書多。言頗有味！

徐向不迷信風水命運之說，其八字亦從不告人，有詢其年歲者，必少報一、二歲，惟恐好事者為之推算也。有人謂星命之學，傳之數千年，必有其可傳者在，未可一筆抹殺，徐輒笑之。一九二一年徐之太夫人將安葬。須合其八字，以定山向，不得已始寫出，旋復銷而藏之。某君精相法，於廣眾集會見徐氏，細揣其相，歸告人曰：「徐明年必敗，敗必再起，生命絕無危險；然後年實一大難關，恐難逃避也。」有以此言告徐氏者，徐曰：「我並非不迷信，特以所處地位，關係重要，部下如是之多，我欲以八字請人推算，人謂運氣好，部下必生驕心；人謂運氣壞，部下必有怠志。驕足以誤事，怠足以敗事，有一於此，則軍不能治矣。」

## 雖飲食有節卻偏嗜瓜菓

徐氏飲食有節，每日兩餐外不食他物，惟於瓜果則有偏嗜。一九二四年夏間，由滬赴大連轉車赴奉，登岸見售香瓜者，其大倍於尋常，亟擬往購，為同行某君勸阻，乃覓旅店休息。甫入門，即命侍役往購，先食數枚，然後進餐，餐畢赴車站，尚餘香瓜九枚，不忍拋棄，攜之登火車，某君勸其在車中切勿再食，以防腹疾，徐漫應之，車開後，徐笑問某君索小刀，某君心知其意，不便強勸，姑以小刀與之，徐遂坐車中大啖不已，且不時告某君曰：「又盡一枚矣！」不移時，而九枚香瓜，全入徐腹中，某君一路頗躭心，恐因而致病，徐乃若無其事，抵奉天後，且笑某君為無用也。

## 一曲大江東竟成廣陵散

徐氏素精崑曲，且善吹笛，彼於一九二四年從海外歸來，曾往南通訪張嗇翁（按：即張季直），為唱〈大江東〉一折，悲壯蒼涼，聲裂金石，識者已知其非佳讖，蓋〈大江東〉係關壯繆單刀赴會事也。嗇翁作詩贈之，有「將軍高唱大江東」之句，一年後，徐氏遇難，嗇翁在輓聯詞中，屢屢道及，此老誠多情哉！

徐氏最後一次出京前夕，即一九二五年十二月二十七日，頗思高歌一曲，留別京中故舊，特邀吹笛名手某至其寓所，並約紅豆館主同唱，忽喉啞不能出聲，自疑受寒，連飲白蘭地酒兩杯，其啞愈甚，無已，取笛吹之，其聲艱澀而哀厲，且斷續不成腔調，遂亦戛然而止，座客為之不歡，徐氏亦頗覺掃興。不謂自此以後，〈大江東〉竟成廣陵散矣。徐氏在廊房遇難第三日，張嗇翁致電政府，有「締結未深，識為國器，誰賊來歙，孰殺鄭僑，為國為公，悼茲良士」等語，附記於此，以見輿論一班。

# 「安福系」的產生與消滅紀秘

韋榮熙

民國七年秋間，北京突然出現一個政治團體名為「安福系」，一時聲勢浩壯，不可嚮邇，不旋踵間即遍於南北各省，吃政治飯者，亦多以掛名「安福系」為榮，惟該系的種種活動，先為社會所詬病，終致使人側目而視。當時北京的人們，對於強橫霸道不講理者，每以「安福系」三字作為罵的術語。由此一術語推想下去，則該系中人，平日所行所為，概可想見。自然，此時社會人士咸認「安福系」是具有無上勢力的一個政團，但該系崛起不過三年，忽又趨於消滅，其興也勃，其亡也忽，誰為為之？孰令致之？直至今日，相信大多數人們對此中內情，只知其然而不知其所以然！彼時筆者因種種人事關係，置身於「安福系」幕內甚久，對於該系之興衰內幕，由身經而自述之，自非道聽塗說者可比，今日重翻舊案，雖不無明日黃花之譏，但仍足供樂於研究民國史者之參考也。

## 袁死黎繼、黎去馮來

所謂「安福系」，無組織、無政綱，實非什麼正式政黨，不過是當時皖系軍閥、官僚、政客之大集團而已。該系產生之起因，緣於袁世凱稱帝不成，羞憤而死，向以武力雄視全國的北洋派，因袁氏之死，頓成群龍無首，北洋派中之皖系軍人則擁段祺瑞為首；直系軍人，則擁馮國璋為首。一段一馮，隱分二派。段馮二人與王士珍，久在袁世凱幕下，王性淡泊，段性剛愎，馮則狡滑，遂有「王龍」、「段虎」、「馮狗」之稱，所謂「北洋三傑」是也。段、馮兩人在北洋派中，地位雖相等，惟段氏人望則較勝一籌。袁死當時，皖系已欲捧段代袁，惟限於約法上有：「總統任期未屆滿而去位，由副總統代位」之規定，未敢操切從事。結果，只有坐視副總統黎元洪繼袁登台。嗣因內閣總理李經羲誤召辮帥張勳入京，致釀成復辟一幕滑稽劇，經段氏起而討逆平亂，事後，因黎總統避亂曾進駐北京日使館，有辱國體，引咎辭職。復因黎氏代位之期仍未屆滿，馮國璋乃以副總統地位得以繼黎代位，此為袁氏死後的一筆「代位」流水帳也。

## 拉梁士詒、搞新選舉

馮氏代黎出任大總統後，皖系中人以馮因沾「副總統」之光，一躍而居段氏之上，早懷不平之心，復因馮氏一切措施，為世詬病，尤以破壞段氏之武力統一西南政策，故皖系對馮，益加憤恨，遂力謀逐馮之策。當時皖系軍人實力，雖比馮為強，但皖系張懷芝、倪嗣冲、張敬堯、以及盧永祥、李厚基、何豐林等部，皆遠戍京外，有遠水近火之慨，反不若馮氏之心腹劉洵、王懷慶、陳之驥三師，皆近駐京畿，調動至易，皖系苟採武力政變，格於形勢，殊不可能。惟當時舊國會因對德宣戰案，已為督軍團脅迫黎元洪再度解散，迨黎氏下台，馮國璋代位後不久，西南方面又要求再予恢復舊國會，時梁任公以及段氏之左右則藉口復辟後之民國，已非從前民國，舊國會無庸再事恢復。並先組織一過渡機關，修改國會組織法，減少兩院人數，重新選舉新國會議員，俾易收意志統一之效。此一措施，雖經提請臨時參政院修正公佈（時在民七年六月間）。但粵、桂、湘、滇、黔五省，對於這一措施，皆一致否決，不予承認，所以，當時參加競選新國會議員者，實僅十四省，皖系中人擬乘機舉段氏為總統，俾憑政治手段驅逐馮國璋去位。詎馮氏官癮特大，亦欲在新國會中進行競選，惟籌備新國會選舉事宜，大權已落皖系之手，皖系巨頭竟不惜挪用參戰對日大借款之一部份（約二千萬元）為進行選舉經費，經費既已有著，自可放手做去，乃推由王揖唐、王印川、曾雲沛、光雲錦等出而籌備，徐樹錚則在幕後操縱。但議員人選方面，徐樹錚、王揖唐等自知缺乏號召力，乃求能與各黨合作，藉壯聲勢，而此時之北京政壇，祇有交通、政學、研究等系，點綴其間，政學系已聲明在先，不加入新的競選；研究系以勢孤，已加入交通系兩併為一。於是，徐、王等認為領導交通系之梁士詒，擁有全國交通、經濟、實業各界實力，力量雄厚，如無交通系加入，新國會不易產生，遂力挽梁氏出頭幫忙，約定兩院議席，與交通系平分秋色，並讓梁氏為新國會參議院議長。王揖唐則內定為眾議院議長。惟梁士詒當時鑒於中國自經日本提出廿一條要求後，外患日亟，不容長期分裂，他企圖利用新選舉，欲從政治方面達成南北統一的局面，並主張：總統一席，不妨推舉北方人；副總統則必須推舉南方人，可由中山先生指名選出，俾能緩和當前南北雙方之緊張局面。梁士詒既懷著這一大堆的天真理想，遂允與皖系合作，使新國會早日誕生。及兩院議員選舉告竣，眾院議席皖系人馬竟佔百之六十，交通系僅佔百之四十，參院議席，則交通系較多，如梁士詒、葉恭綽、朱啟鈐、陳振先、周詒春、陳介、周自齊及筆者等，皆以交通系人士當選（全部議員名單，已刊載於上海商務印書館出版之《中國十年大事記》）。至於京內外之當選議員，一朝列名，頓成新貴，皆向新國會籌備事務所報到，熙熙攘攘，自然熱鬧非常。待新國會產生後，皖系乃將此國會籌備事務所改名為「議員俱樂部」，因為地址在北京安福胡同，遂掛起「安福俱樂部」的招牌。皖系對於新當選的每位議員，月送津貼三百元至五百元不等，由王揖唐、王印川、梁鴻志等出面拉攏，徐樹錚則為後台老板，時人所稱之「安福系」，即從此產生。

## 段不競選、捧徐世昌

新國會成立後，唯一要務，就是舉段祺瑞為總統，此舉看來已是十拿九穩的，殊不料馮國璋以新國會既是由皖系一手包辦，自知競選總統已告無望，但仍堅決反對段氏競選，在選舉前，特先警告皖系，大意謂：「新國會如選出段氏，駐京畿的三個師，似未必緘默承認。」馮既露骨反對舉段，皖系人士亦不敢造次，乃不得不從頭考慮，捨段而作另圖。皖系既知馮氏仍圖活動競選，段氏雖不出馬，但必須另捧出一位在人望上足以壓倒馮氏的人來，始能叫馮知難而退。初徵王士珍的同意，王以「南北分裂之局已成，各不相讓，縱新國會舉出總統，南方亦必不承諾，跳進火坑，罔裨公私」卻之。於是，幾經密議，大位遂落於徐世昌的頭上。馮自知不足與徐爭，又見段氏，既已知難而退，馮遂無聊地發一通電，內容有云：「……外間流言，有謂國璋有意戀棧，且以競選大總統相謠，此乃局外之揣測，豈知局中之負咎，蓋國璋只渴望新國會之造成，以求時局之大定，其他無絲毫權利之心……。」等語，就此黯然罷手。

馮氏雖已放棄競選大總統的野心，但退而求其次，仍千方百計的欲再任副總統。故馮氏於競選副座前夕，曾密遣心腹葉志安（粵人，原屬交通系），攜帶銀行巨額支票及公府顧問空白聘書多件，面請筆者居中向梁士詒說項幫忙，並作「苟事得成，富貴共之」誓言，但為筆者所婉謝，及今思之，殊可笑也！

## 大送津貼、雙方鬥氣

徐世昌依法被選為大總統後，國會接著便舉行選舉副座，「安福系」知馮國璋復四出運動，恐其當選，再求王士珍出而競選，王答：「本人一向的見解，以為平素反對自己的人，最妙的報復方法，就是捧他登台，讓其吃吃苦頭。」此一婉轉幽默的答復，直使「安福系」巨頭們啼笑皆非！不得不再思其次，乃捧出曹錕競選。曹本低能，亦乏眾望，但與「關外王」張作霖是兒女親家，各擁軍權，在這混沌紛爭的局面，無疑卻具備適合競選的條件，馮氏亦莫能與爭。

「安福系」巨頭們固然針對馮國璋力捧曹錕出馬，無奈交通系人士在新國會之議席，舉足輕重，又要求取梁士詒的支持，曹錕始能當選。不料梁氏仍堅持須舉南方人原議，堅不讓步（曹錕為北人，自然不夠資格），「安福系」見協議絕望，亦無可奈何，祇好一面定期開選舉副總統大會，一面又以利誘議員出席投票，派出幹員，四出奔走，說項拉攏，不遺餘力，並向新議員表示：如曹錕得選，每人致送二千元，其不出席者，則停止津貼。此舉既已成為公開的秘密，梁士詒勢難默爾而息，梁氏在一氣之下，亦在「豐盛胡同」另組「議員俱樂部」，名為「豐盛胡同俱樂部」，又聲言：「凡加入本俱樂部者，每月亦致送津貼如安福數。」以示對抗。這麼一來，反將原隸安福系旗下的百多名議員，吸了過來，結果新國會一再開會，皆以人數不足而流會，「安福系」至此亦無法可施，最後，搬出了「關外王」張作霖，請張作霖向梁士詒施壓力（時張正在北京），張即帶同衛隊到甘石橋（梁士詒寓所）與梁交涉，奉張開口就說：「曹仲珊（錕）是我們的把兄弟，又是兒女親家，它運動競選副座，兩次都因流會，致選不出，令到大家都失去面子，聽說是由於燕老左右（梁號燕孫，張尊稱之為燕老）從中作梗，相約不肯出席。現在又定期開會重選，務請燕老多予維持，使交通系議員出席，不再流會，選出仲珊，免得長此不安，不然我就出關，以後若發生甚麼事故，我是不管的了，請燕老在三天內切實答覆吧！」

## 議員老爺、花天酒地

張作霖雖露出威脅之意，但梁士詒仍決定置之不理，及到三天限期，正考慮如何答覆奉張時，估不到駐京各國使團，突向北京外交部致送了一通南北和平勸告照會，大意是：「……貴國南北糾紛，足令各國政府極度關懷，務請貴國政府予以注意！……」等語。當時我國還是處於「老百姓怕官，官怕洋大人」時代，張作霖見「洋大人」已出頭說話，竟不等待我們答覆，於即晚便溜出關去了，瀕行且對人說：「梁燕孫勢力真大，反對仲珊選舉，連各國駐京使團都幫忙他。」其實，各國使團勸告之來，不過是適逢期會，連梁士詒和筆者等當時都出乎意外。「安福系」則感到開會一再失敗，至此才死了舉曹錕的這條心，也不再進行選舉副座了。不久，梁士詒亦感調和南北政策失敗而辭職。

此時的新國會，既由「安福系」一手造成，操縱一切，而大總統徐世昌，亦是由「安福系」

一手選出，政由寧氏，祭則寡人，其滋味亦自難言。而各省方面大員或權要，則不斷進京，聯絡國會，拉攏議員，皆以吃花酒、賭博等為聯歡工具，所謂新議員也者，又多非出於民意，不過藉權要或豪富關係，運動得來，對於國計民生，根本漠不關心，更談不到什麼抱負了。彼時這一般新貴，聚集京師，群居終日，流連於花天酒地，勢所必然。頓使北京市面，畸形發展，不獨「八大胡同」頻添不少名花異草，而梨園老闆們更用盡心機，禮聘名班名角，爭取觀眾，當時有一個唱崑曲的名旦韓世昌，聲色佳絕，在北京演出，轟動九城，不料他與「安福系」一議員韓世昌，同姓同名，一字不差。韓議員的同事，自不免因此而大開玩笑，使韓議員非常尷尬，結果，韓議員認為伶人與己同姓名，惹人戲謔，有損尊嚴，居然公函內政部，請飭令韓伶改名，偏偏內政部那時的辦事人員還懂些道理，以「姓名不同商標，既未註冊，各有自由，應無庸議。」為答覆。詎知韓議員沉不住氣，竟將此函公開，並痛罵內政部蔑視議員。鬧得滿天神佛，笑話連篇。「安福系」在這段時期，日益專橫，已不視國會為代表民意機關，而視為奪取權利地盤的工具，故有不少法案，原須經過三讀的，常祇一讀，便算通過，對於有關民生問題等提案，則多留難擱置，諸如此類，不一而足。大總統徐世昌亦為之側目。外則皖系軍人，橫行霸道，諸多不法，尤以湘督張敬堯之弟張敬湯（師長），性情暴戾，在防地強賣強買，奪取民間婦女，湘民恨之刺骨，屢請撤換，國會則為之包庇，使大事化小，小事化無。

## 佩孚北歸、安福解體

時吳佩孚駐防湘中，當民七西南護法軍興，奪去了長沙、岳州，旋由北軍克復長岳，吳佩孚實居首功，咸認為段祺瑞必以湘督酬吳，結果，反為段氏嫡系張敬堯所得，吳甚不平，後以久戍衡陽，屢請北歸，總不邀准，吳乃益怨段氏之不公。吳本剛愎，好鳴不平，恰好此時「安福系」已成民怨之府，正好借題發洩，遂以清君側為號召，撤防北上。張作霖亦以屢受段氏輕視，每次請餉請械，多不邀准，內心早已不慊。乃決心聯合直系通電清算「安福系」，由此演化，一幕直皖之戰終告上演，結果，皖敗直勝，吳佩孚揮軍進京，即請總統徐世昌下令，懲辦「安福系」禍首徐樹錚、王揖唐、梁鴻志、王印川、曾毓雋、朱深、姚琮、光雲錦等多人；立即解散「安福俱樂部」。徐樹錚等避匿於北京東交民巷日本駐華使館，經外交部數度要求引渡，日使公然表示諸人受政治庇護，拒絕引渡，吳佩孚對之亦無可如何，衹令將諸人照相，高懸於東交民巷外之通衢大道，懸賞通緝罷了。稱雄一時的「安福系」，也從此烟消雲散了！

後來王揖唐、梁鴻志常對人說：「直皖之戰，如果當日安福系能替曹錕在國會競選副總統成功，得以結歡直系，即使吳子玉反對安福，曹錕也會制止，不致弄成戰爭了，但曹錕競選，竟被交通系議員破壞，可說安福系的失敗，梁士詒應負其責！」

他們絕不檢討自己失敗的原因，不知此時「安福系」已成群怨之府、眾矢之的！一個失盡民心的政府或政團，而能長久存在的話，中外歷史，是沒有的。安福就在這定律下倒下來。

# 北洋時代的北京新聞界——從薛大可、林白水、邵飄萍說到成舍我

老鐵

如果要作新聞歷史探源，則中國可以說得上是世界上報學先進國。我國在商、周時代，朝廷就設有專官，到諸侯之國去採風問俗，回來呈給太史。那時太史所掌，就是這些官員們採訪而來的地方的詩歌民謠，今天流傳下來的那些古詩歌，也就是古時的新聞資料。到隋、唐兩代，已經正式有所謂《邸報》，距今有著一千二百年以上歷史了。這種邸報，一直流傳到元、明，才改稱《邸抄》，到了清朝，又改稱為《京報》了。

清室遜位後的初期，北京仍是民國的首都。雖然中國民營報紙以上海創行為最早，但北京為政治中心，也自然是新聞事業的重鎮，以前我國的那些名報人多數都是在北京磨鍊出來的。

北京的確是一個文化的大海，無所不包。北京大學裏有胡適、錢玄同、陳獨秀等一派倡導新文化的人物，也有辜鴻銘留著辮子大談「中國文化第一」的守舊份子。北京社會上，有行文明鞠躬禮的時髦人物；也有依舊叩頭打扦的勝朝遺老。各行其是，構成一種不同旋律的文化交響曲，很奇怪，當時我們覺得不但不衝突，反而顯得出乎意外的和諧。

## 《亞細亞報》辦給一個人看

話又說回當年了，從民國肇造到抗戰發生一段時間，北京新聞界也是同一情形，有跟著時代前進的報紙；也有我行我素無視時代的報紙。譬如薛大可主辦的《黃報》，你可以在這張報刊上嗅到五十年以上的舊文學氣息，那張用四號字刊印的對開報紙，永遠供給那些戴著深度老花眼鏡的老夫子們一種精神糧食，讀得搖頭幌腦，發思古之幽情。《黃報》報社在順治門外大街江西會館對面，可惜它於民國十五年便停刊了。

薛氏的出名，不是因為辦《黃報》，而是辦《亞細亞報》。這個報是為袁世凱鼓吹帝制的喉舌，由那時的準皇太子袁克定所支持，上海有分版。該報創刊之初，倒是確有過一陣子「皇恩浩蕩，文治光華」的氣象。上海雖是造反的革命黨人集結地，但《亞細亞報》的上海分版是很技巧的避免對民間的刺激，它每天只印幾張紙，寄到北京給袁「大皇帝」個人看，而滿篇所載都是殷望帝治的群眾之聲。這分版在上海只要不公開發行，就不會招來人民和革命黨的怨毒，袁世凱看到上海《亞細亞報》辦得如此地「有聲有色」，反映民心是如此贊成帝制，自然津貼按月照發，這是《亞細亞報》的如意算盤。那曉得上海革命黨人完全不了解薛氏的苦心，仍死硬地反對帝制，並且牽怒《亞細亞報》，投了該社一顆炸彈，把薛大可嚇個半死。至於該報北京總社，是隨袁世凱帝制失敗而收場的。

## 辦通訊社不發新聞稿

此外，更有些滑稽可笑的報紙和通訊社，光怪陸離，不可方物。其內幕情形約如下述：他們搭上外省甚至邊疆省份的軍政首長，如督軍、省長或龐大獨立如鐵路局、統稅局等機構的關係，讓這些人逐月拿個千兒八百的銀元，本來算不了一回事情，承辦者既按月有了固定的收入，便設立一個專門對外的報館，僱上一二個編輯，時時在報上選擇那方有關的消息，用大字從新編排一下，另將其他印好了的報紙，換上自己報頭，將上項新聞拚排去印上十張廿張，寄到那逐月津貼的地區去，如此便算功果圓滿，目的到達。這個玩法，同時可與若干機構發生關係。

辦通訊社也是一樣，從社長到工役，祇要一個人，用一架油印機，一副鋼版，一枝鋼筆，東抄西襲，油印了以後就寄出去領津貼。他們在北京照樣掛著某報社或某通訊社的牌子，而北京城內卻讀不到他們的報紙，報館收不到他們的新聞稿，他們的生活過得怪安適的。

等他們的後台老板晉京述職，他們也活靈活現地以新聞界同業的姿態，為之迎送奔走。

就像這樣一類新聞界的混混兒，也養活了不少人。不過，這種旁門左道，只能說是民初年間古城百態的另一典型，我們還是談談有幾家對古城文化有代表性的人物和報紙吧！

## 潘復殺林白水的經過

在中國新聞界數十年來所一直流傳的兩個悲劇人物：一個是林白水；一個是邵飄萍。

林白水字少泉，原籍福建，民國十年創辦北京《社會日報》，日出對開紙一張。他是一個擅於捕捉新聞的人，肯在版面上用功夫，使讀者每天能從《社會日報》上讀到與眾不同的消息。憑這一手，《社會日報》的銷路就打開了。那時候報紙上是沒有社論一欄的，只把頭條新聞做成一篇論文性的新聞報導，夾敘夾議的登在上面，《社會日報》就用這條新聞來吸引讀者。

當民國十三年直系被奉系打敗，張宗昌的部隊配合奉軍進駐了北京，林白水卻在《社會日報》上大罵當時的國務總理潘復。潘氏在張宗昌左右，向有「智囊」之稱，林白水譏笑他不夠稱為「智囊」，只可說是隨張宗昌下部擺動的「腎囊」，罵得也夠刻薄狠毒了！

潘復當過財政次長代理部務，又兼過永定河堤防督辦，林白水又挖苦他只知道挖泥，水利工程談不上。就在那篇文字裏，赫然有「腎囊總長」、「挖泥督辦」這八個字，一時傳為佳話。這種刻毒文字，本來就有傷忠厚，只會使讀者一時發發笑而已，林白水做夢也想不到因此而招致殺身之禍！

這篇文字一刊出，潘復可恨透了。因潘復在私交上對林白水是很好的，他主持「南北統一善後委員會」的時候，曾任林白水為該會秘書，並不視其為部屬，而待以客卿之禮，每月照送薪水，極盡拉攏之能事。《社會日報》之創辦，潘復曾投資不少。《大公報》的胡政之也是《社會日報》的發起人，其後胡政之和林白水合不來，即退出該報，另創「國聞通訊社」。從這些地方，也就說明林白水的為人，修養確是不夠。

張宗昌進入北京，潘復便請求張宗昌槍殺林白水，以洩私憤。張宗昌對此自然是依從的，於是就手令憲兵司令部往拿。憲兵司令是王琦，王以前是潘公館的賬房先生，由潘氏一手提拔出來的，所以潘復示意王琦非把林白水置之死地不可，王當然奉命惟謹，馬上親自帶著衛隊到《社會日報》去捉人，可巧那時林白水正躺在床上抽鴉片，王琦走進去對林很恭敬的打招呼道：「社長，你好！」

林白水帶著瞧不起他的神情笑道：「大司令怎麼肯屈尊到小報社來走走呢！」

王琦說：「我們督辦（指張宗昌）想請社長去談談。」

林白水輕蔑地說：「呵，你們那位督辦要請我去談談，好吧！等我抽足了兩口再去。」

林白水過足了癮，大搖大擺地跟王琦走出去，門外停了兩部汽車，王琦伸手讓著說：「社長請上車！」林白水就上了第一部汽車，兩個便衣便跟上去，押著開往憲兵司令部，王琦則坐上另一部車子。

林白水要好的朋友薛大可，得到這個消息，知道事情很嚴重，馬上跑到張宗昌那裏去磕頭求情，張宗昌答應了，下了個條子給王琦，要他從緩執行。

王琦可難了，不殺林白水，對不起老東家潘復；殺吧，督辦又已經改變了批示。這怎麼辦呢？抓了一陣頭皮，想出來一個缺德的主意，把張宗昌第二次的手令壓在辦公室桌上，當作沒有看見，袋起第一次手令，躲著不露面，當晚就把林白水槍殺了。

這是當年軍閥官僚無法無紀，草菅人命的醜惡行為。林白水為人固然有缺點，用文字侮辱他人人格與名譽，潘復儘可訴諸法律，其罪尚不致死。所以，當時社會輿論譁然，群起反對潘復之違法。那時候雖說軍閥政府不講理，究竟還有幾分畏懼輿論的指摘，結果，潘復下台了。

## 可憐邵飄萍大劫難逃

至於邵飄萍和林白水的情形又不一樣，邵飄萍的確是一個令人想念的人。他是浙江嘉興人，日本留學，完全一派風流才子型，而其眼光、文筆，與乎對新聞的分析力，雖不及民國初年的黃遠生，但求之後來的記者群中，還是不數見的人才！民國七年他在北京創辦《京報》，一直是支持馮玉祥，反對奉系的。馮玉祥慫恿奉系的郭松齡倒戈，邵飄萍很幫郭氏說話，大事替他鼓吹，因而張作霖對邵氏卻恨之刺骨。

張作霖俘殺郭松齡之後，必得邵飄萍而後甘心。及直奉聯合打擊馮玉祥後，直軍前敵總司令田維勤帶著少數部隊，深入北京城與馮部將領鹿鍾麟面商和平解決戰爭辦法，那時，適邵飄萍亦在鹿鍾麟的房子裏，鹿氏還特別給田維勤介紹，請田多多照顧他。

爾後因為吳佩孚堅決要馮玉祥的部隊繳械投降，馮部遂退出北京向西北撤走，北京便成了奉系的天下，田維勤也無法幫邵飄萍的忙了。

張作霖到了北京，邵飄萍的耳目也是很多的，聽見張作霖不肯放過他，就馬上進入東交民巷使館區，以避其鋒。他在六國飯店開了一個房間作幌子，德國醫院也住過，另外俄國駐華公使加納罕又掩護他住在俄國商務代辦處，可以說是狡兔三窟，很夠安全的了。

然而邵飄萍又何以大劫難逃呢？說起來還是擁有多房妻妾壞了事。原來邵飄萍有一妻二妾，大太太湯修慧，二太太是北京名女伶小桃紅，另外一位三太太記不清是叫什麼名字，一個槽拴不了三匹叫驢，妻妾之間，勃谿時起，他躲在德國醫院的時候，大太太和二太太又鬧得不可開交，邵氏想要親自回家調解，又怕出不得東交民巷。

恰巧那時有一個新聞界的同業張漢舉，此人綽號「夜壺張三」，在直奉聯軍總司令張宗昌面前很吃得開，他當時對邵氏拍胸說，他可以保鏢，決無問題。邵飄萍信了夜壺張三的話，一個傍晚，從東交民巷溜出來，想回家去一趟，剛踏進騾馬市大街魏染胡同《京報》館，就被警方的眼線偵知，許多軍警馬上便湧了上來，把《京報》館包圍，邵遂被捕。第二天就被張作霖加以「赤色間諜」的帽子，在天橋公開槍斃了。

## 費覺天送命冤哉枉也

另外有一位和林白水同樣以文字賈禍的，就是費覺天。他是北大學生，此人行為很不檢點，又愛信口雌黃，造謠生事。他不是正式新聞記者，只在北京各小報投投稿，寫些酒後茶餘消遣的小品文字，談不上文章，而且他那些玩藝，又多半無中生有，暗箭傷人；即或有那麼一點影子，他一定添枝加葉的渲染一番，聳人聽聞。對一個新聞記者來說，這是要不得的。那時國民第二軍正在北京，馮玉祥部下的平漢路護路司令龐炳勳，是個跛子，不知何時得罪了費覺天，費的筆下專門挖苦老龐，有時說，跛子將軍日昨挾妓遊北海，時而又虛構一些故事，反正以破壞龐炳勳的名譽為能事。

在北京城內，龐炳勳奈何他不得，只好憋著一肚皮悶氣，忍下去了事。後來龐炳勳部在平漢路中段駐防很久，又兼任平漢路南段護路司令，恰巧費覺天因事回湖北原籍，消息給龐部的駐京辦事處知道了，當即電告龐炳勳，費覺天坐平漢路火車到了鄭州龐的防地，護路部隊上車檢查，把費捕獲，也以赤色間諜罪名，就地槍決。

北洋時代的記者不好幹，動不動就吃官司、喪性命；而記者不尊重自己的人格與職務，也是有的，胡說八道，言論自由，逾越了法律範圍。而一班當道者，又視新聞記者為洪水猛獸，一舉一動，都在提防著。兩方面都犯了絕大錯誤，社會又怎麼不糟呢？

## 成舍我二百元辦報紙

至於當年在北京辦得成功的報紙，當推成舍我先生主辦的《世界日報》和《世界晚報》，尤其日報，那也可以算是華北報界之權威。《世界日報》的成功，亦即是主持人成舍我先生的成功。我先介紹成舍我先生這個人：他原籍是湖南湘潭，因為他的祖上宦遊安徽，他生長在安慶，長成之後，又一直在北京讀書作事，所以，他是一個說北平話帶安徽腔調的湖南人；而其作事的精神，則道道地地的保存著「湖南騾子」那股堅韌的幹勁。

民國十二年他把求學時代半工的薪水積蓄拿出來，開始創辦《世界晚報》，次年又出版《世界日報》。說起來真是奇蹟，他的開辦費，只是二百元資本起家。那時候賺錢不是容易的事，一個剛出學校大門的學生，能拿得出二百元銀元，這數目可是不少！

《世界日報》所爭取的讀者對象，大部份是文化教育界，報刊內容，的確是相當精彩而豐富，最高銷數，曾到三萬多份，以昔年中國社會文化水準之低，光是在文化教育圈子裏求發展，能達到這麼一個銷數已經很了不起！《世界日報》能在中國新聞界異軍突起，決不是僥倖的事。

除了《世界日報》，它的姊妹刊《世界晚報》，在北京也執報界之牛耳。該報在北洋軍閥時代，曾經出過一個很好笑的亂子，那是民國十四年，吳佩孚與張作霖聯合打馮玉祥，馮的國民軍已退往張家口，直系又重據了北京城，成舍我因為與馮玉祥比較接近，深恐稍一不慎，引起直系的挑剔，所以他對每天的報紙編排，總是小心翼翼的要親自看過大版才付印的，字裏行間，也不敢有半點刺激直系的意味。可是有一天成舍我要出去開會，但大版還沒有印出來，正在焦急的時候，他一位幫手說：「你忙，讓我替你看大版好了。」成舍我就離開了報館。

開了會歸來的途中，認識他的報販，就把一張當日的《世界晚報》送給他，翻開一看，天哪！大標題把直軍前敵司令張福來的「福」字，誤植為「禍」字，赫然成為「張禍來赴前線督師」，你看糟不糟？成舍我知道這個亂子闖得不小，馬上開溜。後來《世界日報》只受封閉的處分，總算是萬幸了。

北京《世界日報》直到抗戰發生，才自動停版，以後隨戰局轉進，本來想在漢口出版的，但沒有成功，到了重慶才正式復刊。

# 從馮國璋說到張作霖

司徒重石

北洋政府的政治首領，從袁世凱起至張作霖止，一共七人；時間則由民國元年袁世凱出任大總統起，至民國十七年北伐成功張作霖退回關外而結束。

現在且從民國第三任大總統馮國璋開始，至張作霖為止，就筆者目睹耳聞之軼聞趣事，筆之於書，以實《春秋》。

## 北洋一「狗」馮國璋

馮國璋、段祺瑞、王士珍三個人，都是袁世凱在天津小站練兵造就出來的。誰都知道這三人有「北洋三傑龍虎狗」之稱。老實忠厚、人格清高的「龍」——王世珍，只做過陸軍總長及總理；手握政軍權、為皖系首領的「虎」——段祺瑞，亦只不過「執」了幾天「政」而已。這龍虎二將均未曾一過大總統的癮，反而是馮國璋因緣時會，得以繼黎元洪而為中華民國第三任大總統，真所謂天下事不可強求，是有幸與不幸的。

馮國璋是三人中最先受命做方面大員的一個，而且兼管三省，其職權直同清末的南洋大臣。袁世凱對馮國璋是依賴他來監視長江上下游而坐鎮金陵，使反袁的勢力不敢蠢動。

馮受袁知遇遠過王、段，惜馮屬庸材，雖有地盤，卻以之謀私人小利，終其任未做過一件足以令人稱道的事。

袁既依馮撐持東南局面，但是對他仍未能十分放心，乃密施美人之計，以示羈靡，並予監視。公府中有女教師周道如，乃袁之家庭教師教其子女者，年不過卅，貌中姿，袁對之頗為信任，乃為作伐使為馮氏妻。馮中年喪偶，正乏人主中饋，對袁之命，欣然同意，即在南京成婚。周女士得偶方面大員，大感滿意，究竟是夫妻，兩人結合後，早已將袁之密命置之腦後；幸而袁氏在大總統任內四年之間，倒是勉強維持了半統一的局面，太平天下就用不著周女士的密報了。

袁世凱經二次革命後，已統一了大局，馮國璋坐鎮金陵，他夫妻二人過著太平日子，對於金錢，周氏夫人也有同好，於是夫唱婦隨，據說連南京城內外的柴米油鹽店他倆夫婦都開到了。等到後來馮國璋就任了民國的第三任大總統，聽說北京城中三海裡的魚類甚多，乃招商承辦撈魚。於是康有為就大寫其「馮國璋賣三海之魚」。其實康有為所聞，只是片面的，馮志不在賣魚，其志在撈獲奇珍異寶。據傳庚子年八國聯軍入都，慈禧倉皇出走，乃將未能攜帶的貴重物品，俱墜以秤佗，沉於三海中（中海、南海、北海）以便回鑾後撈取。馮據此報告乃有賣三海之魚一舉。後因格於輿論而中止。

第一次世界大戰爆發後，北洋政府對於對德國宣戰有兩派截然不同的意見，段祺瑞是主戰派的首腦，理由之一是宣戰後立即可以沒收德國在中國設立之德華銀行及所有在華財產，並沒收在華船隻。段為此曾徵詢時在南京的馮國璋的意見，馮在南京時曾堅決反對對德宣戰，但入京後則不表示意見。其中自有原因在。時德人明知其在華財產，必因中國參戰而被沒收，就以為不如散之北洋政府之有權力者，或可挽回對德宣戰一舉。當時馮坐鎮金陵，具有相當政治力量，德人乃不惜以德華銀行資財運動之，使反對宣戰。孰知馮在南京時堅決反對，入京後則不作任何表示。段堅持對德宣戰，曾徵馮意，又不置可否；及宣戰成事實，德人亦無如之何。馮一生行事，往往如此，不只對德宣戰一案而已。

## 徐世昌老奸巨猾

徐世昌之取得大總統，是投機博得的。他不過是北洋政權中一個文人，由於善於投機，操縱直皖兩系之間而得位。徐曾以民國總統的身份而兼亡清太傅，並向遜清兒皇帝溥儀稱臣，不能不算奇聞吧。在他的任內，某師長駐兵湖南，曾派代表晉京謁徐，正事報告完畢將行，徐拍拍這個代表的肩膀說，你們師長想做督軍是時候了。這代表回湘後，某師長乃叛其長官而獨立。這就是徐在兩派中騎牆的手法，但結果終為直系推翻。

當時的北洋政府領袖，例有一項特別費，是不列入預算和決算的，那就是北京崇文關的關稅。崇文關既非海關，也非常關，實為中國最特別獨一無二的稅關。在清末慈禧時，此款月約四十萬元，定為西太后脂粉費，戶部是沒有案的。民國成立後，北洋政府將此款劃為大總統的特別費，歸公府（大總統府）支銷。

徐世昌出任總統後，手下有哼哈二將，一個是常州人張壽齡（字筱松），他任之為財政部次長兼菸酒專賣署督辦。張專門在菸酒印花稅票上作弊，重印號碼交各省領用，譬如同一號碼，分使甘肅、吉林、或貴州等省具領，地區遠隔，永無查出之日。此一筆額外收入，遠在崇文關稅收之上，而張筱松卻分文不敢中飽，祇每月領取徐給的津貼數千元酬勞而已。余與其子為兒女親家，故知之甚詳。

徐的另一大將乃是當時北京衛戍司令王懷慶。王為支持徐世昌的惟一武人，徐恃王之武力以固位。王久任司令，苦無地盤，徐為酬勞，乃任之為熱察綏巡閱使。綏遠都統姜桂題乃淮軍老將，不甘居王下，並不買王的帳，王以巡閱使地位與衛戍司令一樣沒有自己的地盤，無法搜刮報命，乃藉口大將犯地名為由，仍回衛戍司令原任。原來熱河巡閱使衙門對著一座大山，山名「磬捶」，王以磬捶是敲磬用的，「磬」、「慶」同音，因此到任未及一月就辭職了。

徐世昌一生無子，不得已由乃弟名下過繼一姪為嗣。此子筆下不錯，原在司法部任參事兼簡任秘書職，忠厚老實，聞山東肥城蜜桃名滿天下，為口福而不惜降格謀一縣令。就任時正值新桃上市，匆匆三閱月，桃季一過，徐縣長乃不辭而去，仍返司法部服務，縣事交總務科長代理，不久他就保那代縣長真除了肥城縣缺。人或叩其何以來去匆匆？是否小縣缺不足以施展大才？他回答得很妙，他說我原不是去做縣長而是專為吃桃子去的，桃季過去就不足留連了。他與東坡之「日啖荔枝三百棵，此身願作嶺南人」似有不同，他不想明年再啖蜜桃了。此雖風雅之事，亦奇聞也。終北洋政府之世，彼並未因父親為大總統而晉升官職，不似其他北洋要人之公子追逐名利也。

徐世昌有弟世章，以兄之力得任交通部次長，國內之有自動電話，即徐世章開其端，最先由天津開始，繼之是北京，其他地方俱在津京之後。徐世章此舉並非為民興利，乃是看上了外國洋行的一大筆佣金。但到電話裝好後，市民稱便，因此也就沒有追究。到了北洋政府壽終正寢，便一了百了。

## 曹錕出身布販

庸碌無能的曹錕竟會做到北洋政府的大總統，是無人會猜想到的。曹錕微時曾推獨輪車賣布，那時候袁世凱正在天津小站練兵，因緣時會，得以報効，從此便成北洋嫡系。

曹錕雖是庸材，但為人忠厚，是一個無主張的人，他信任他最得意的部下吳佩孚，永遠不變，不管他的弟弟曹銳、曹鍈等怎樣與吳作對；不管他做大總統後最寵信的吝臣李彥青、周夢賢如何在他面前說吳的壞話，他仍是無條件的加以信任。曹錕一生崇拜關羽，吳佩孚也崇拜關二爺，在信仰上他二人更是同志。吳佩孚本不贊成曹錕賄選總統，但無法說服曹銳、曹鍈、王承斌及邊守靖等，到既成事實以後，吳勢不得不擁曹，然非其本意也。

吳佩孚開府洛陽時曾派親信牛處長赴保定謁曹錕，勸曹不可賄選大總統，極言非其時不宜亂動。曹謂本無做總統之心，都是他們要胡鬧，（指曹銳、曹鍈、邊守靖、王承斌等）我是不會做的。吳當時深信曹言。不知曹已為左右所惑，勢成騎虎，瞞騙吳佩孚也。

曹吳直奉之戰敗亡，由於馮玉祥之倒戈，而馮之倒戈，種因於曹免馮玉祥河南督軍職，改任為陸軍檢閱使，使駐北京近郊南苑，所謂有職無權。當年北洋政府欠薪欠餉是常有的事，當馮據河南地盤時，予取予求，何等便利，如今轉而求人，且求而不得，遂生怨望。加以李彥青從中作梗，更使之難堪。茲略述李彥青對馮一二事使馮不快而結怨於曹。

一日馮請謁曹，曹因李彥青不在，即令承啟官傳馮入見。馮正由外客廳走入，恰巧李彥青返，見承啟官引馮入內廳，李即奪過名片，怒氣沖沖，持片入室大聲對曹說：「馮玉祥來你能見他嗎？他是來索餉的！財政部沒錢，我剛從那裡來，那裡擠滿了索餉的，你也想索餉的人都到府裡來嗎？」李盛怒之下，將名片往門外一扔，對承啟官說，不見！曹錕說他來了好幾次，不好不見吧？這一幕經過，隔著大玻璃窗，馮是看得清清楚楚的。承啟官交回片子給他，他在忍無可忍之下，仍然忍了下去，一言不發，退出公府。其後直奉之戰，他就以倒戈來作報復。

曹以大總統之尊，對李彥青竟畏之如河東獅，寧非怪事？李彥青那時名義上不過是北京市官銀錢局督辦而已，曹錕何以畏之如虎？原來李原是保定府澡堂裡修腳的，曹錕駐保定時，常去澡堂洗池湯，認識了李彥青，曹喜其柔媚而嬖之，收為孌童，從此不離左右，嬌妻艷妾不如也。曹出任賄選總統後，公府中財政，自然由李一手把持，而無論政治、軍事、經濟、人事，他都可以左右曹錕。曹曾派李充代表赴洛陽，為吳佩孚所辱，乃聯絡曹氏兄弟及邊守靖等反吳。曹錕之倒，可以說一半倒在李彥青手上。

吳敗曹囚，馮倒戈回京，覓得李彥青，將李用水澆成冰人，活活凍僵而死。曹錕囚延慶樓，直至段祺瑞登臺充執政，才釋放回天津，未幾竟憂鬱以終。

## 北洋之虎段祺瑞

曹錕既倒，北京的新局面與以前不同了。民國以來北洋政府的大總統這一名稱，就此中止，繼之的，稱為臨時執政。因為總統是要選舉的，曹錕賄選已不合法，又沒有副總統，就有不也是賄選的嗎？人們總是會巧立名目的，就想出一個「臨時執政」的名目來。但是由那一個來做執政呢？

北方軍人是要講資望，論功績的，於是由關外王張作霖作主推舉北洋重臣段祺瑞出來做臨時執政。因為當年張勳復辟，段祺瑞馬廠誓師，入京平亂。張勳敗逃入東交民巷荷蘭使館，段有再造共和之功，北方軍人沒有任何一人的聲望、功績比得過他的。

自從直皖戰爭皖系失敗，曲同豐代表皖系投降直軍，皖系早已瓦解。段祺瑞現時已無武力，張作霖馮玉祥等實力人物也就利用他手無寸鐵，擁他做個空頭領袖。他既不能繼承曹錕的賄選做大總統，又沒有其他法律根據，謀士們才想出一個臨時執政的名稱來。

段以臨時執政名義，召集善後會議，分電全國邀請各地軍事領袖如總司令、總指揮、軍長等；文人如各省市知名之士、大學教授；地方官如各省督軍、省長等來京，共謀國是。其實際左右這個會議的，還是張作霖、馮玉祥、閻錫山等擁有槍杆子的大軍閥。

段祺瑞想由善後會議制定國民大會條例，召開國民大會，選舉參、眾兩院議員，再由兩院選出合法總統。無疑的段祺瑞有當選為這一新的而且合法大總統的打算。

前面說過，善後會議雖然由全國代表組成，內容仍是張作霖、閻錫山、馮玉祥等三大巨頭主持一切。會議開幕未久，即發生地盤的爭執，結果張宗昌督魯，褚玉璞督直，方解決了地盤問題，才由流會而再開會。

此會最要緊是通過國民大會召集條例。其中關於大會代表資格，大有爭執，因為曹錕的大總統由賄選而成，當時國會議員中有受賄的，也有拒賄的，於是一班拒賄議員推李申甫為代表發言，拒賄議員應在國民大會為當然代表。反對此案的以善後會議會員李某最為激烈，他反對承認拒賄的國會議員為國民大會當然代表。兩派爭執不決，因而停會。翌日李某將當日提案宣佈，遂掀起絕大波瀾，且至法庭相見。此一提案是敘述拒賄議員不能以拒賄為理由，不經民選即為當然國民大會代表，其理由是：譬之男子不作賊，女子不為娼，那是人格問題，而非資格問題。於是拒賄議員大譁，以為李某犯了侮辱罪，訴之於法。後來經同仁調停，按議會例，會內發言，會外不負責任，公然侮辱罪不能成立，此案才得告無疾而終。

議及男女性均應當選國民大會代表問題，在會議中又起風波。照以往選舉例：凡男子年滿二十歲。能書寫名姓，無犯罪紀錄，不良嗜好及惡疾者，均有選舉權；年滿二十四歲均有被選舉權。文中卻無女性。有一位會員以為不公，因為現代女性多有受高等教育者，豈只僅能書寫本人名姓，何以不付與選舉權及被選舉權？此一案討論後，全體無異議通過，此為女性有選舉權被選舉權之始。由於會中無關軍人爭地盤之案——這些均早已在幕後協調好了——故均甚易通過。

善後會議制成召集國民大會條例及地盤分配完畢後，又議設軍事委員會、財政委員會、臨時參政院等三大機構，均為特任職，由大會會員推舉，分別由執政任命之。當時善後會議會長為趙爾巽，副會長湯漪，秘書長許世英，開會為期兩個月，閉幕後，即成上述三大機構。各代表有地盤者紛紛言旋，留北京任職者，多數為原地不負重要責任者。

段執政政府秘書長是閩人梁鴻志，後來做了偽維新政府的行政院長，汪偽政權成立改任偽監察院長，勝利後槍斃於監獄中。

某日，段執政行文善後會議，竟用執政府秘書廳名義，會員顧鰲大譁，以為有辱大會尊嚴，反對接受。他表示執政府秘書廳只能與大會秘書廳平行，行文應致大會秘書廳而不能竟致大會，譬如兩家人家的門房（即傳達室），彼此行文，而門房不能對對方主人行文。此一譬喻一出，遂引起了軒然大波。最後經過幕後協調，由許世英秘書長致函執政府秘書長梁鴻志，請將致大會公交改由大會秘書廳收，了此一段公案。因為許世英、梁鴻志均屬段系人物，彼此都有私交，也就算了。

在善後會議中有一位會員林宗孟字長民，福建人，奉張部下郭松齡倒戈時，林充郭之幕僚長，郭失敗，與林在山海關內被擒，死於非命。此人能文章，善詞令，與川人顧鰲同屬當年議會風頭人物。顧亦善辯而兼滑稽。兩人某日在會場上辯論法制問題，互不相下，林自稱是在日本學法律的，我的理由比你充足，你懂得什麼？顧大怒說，我也是在日本學的法律。你是日本那間大學？我是明治大學，學校聲望已經比你高，我還做過法制局局長。你能懂得多少，敢在老前輩前吹牛！林此時下不了台，面紅耳赤，幾乎要腦充血。在座會員也無法排解。這時，顧才對林說，長民，何必生這樣的氣，我怕你會氣瘋。算咯！算咯！長民兄，我方才說的話，不算行不行？林長民也不好再爭執下去，也跟著說，算就算了吧。一場辯論，就此了結，滿場會員，皆大歡喜，議長趙爾巽也在大笑中宣告散會。這種自我和解方式，倒是值得今日在議會中動輒揮拳的議員諸公效法的。

# 大元帥張作霖

張作霖以鬍匪起家，二十年竟據北方十數省而稱雄，自命為大元帥，可惜時間很短促，與曹錕、段祺瑞兩人的命運一樣。張而且還送了一條老命，可見大元帥的癮是不好過的。張作霖雖是馬賊出身，在東北的建設是了不得的，以鐵路來說，一個外債沒借，他建築了數千里的鐵路，更有些是與南滿路平行的，使中國鐵路貨運搶盡南滿鐵路的生意。東北奉天還有北大營的兵工廠為東亞最大、設備最新的武器庫，佔地數十里，連日本也自嘆不及。

東北兵工廠多由總參議楊宇霆設計，規模宏大，能製大砲。東北有砲兵總司令之設，鄒作華被任為第一任砲兵總司令，所用大砲多數由東北兵工廠製造。其他作戰武器，應有盡有。不過楊竟視東北兵工廠為私產，韓麟春的三四方面軍團在河南作戰，損失甚重，雖有老帥之命，他也拒予補充。如此跋扈，因此才有被殺於老帥死後之事。

張作霖就任大元帥後，北京的財政總長是閻廷瑞。此人不學無術，亦從沒有做過大官，他原是銀號伙計出身，只配在店舖裡當一名帳房，如何可以使之掌財政。閻亦有自知之明，不敢受命。大元帥非彼不可，閻不得已，乃商之大中銀行總經理川人孫宏猷，孫允為幕後策劃，閻始敢就任財長，而聘孫為高等顧問，一切均聽命於孫，甘為傀儡而不辭，時人稱為太上總長。所以終大元帥之世，華北財政是不堪聞問的。但是卻便宜了大中銀行，倒了再開，開了又倒，如此循環不已，存戶苦，銀行卻發了財，倒閉一次，存戶方面由會計師清理，股東打折收回；銀行再開，更換幾個董事，再作一次欺騙存戶的勾當。

北京之有稅務處，是前清留下來的，張大元帥時改處為署，與財政部的稅務署不同，這署雖屬財政部，卻是獨立的。孫鴻猷兼任該署督辦時，筆者適為提調，提調有四人之多，位置僅次於督辦，等於部中次長，乃輔助督辦者。

這一年的端午節前一日，會計科長入室請示：「提調過節要借幾個月薪水？」筆者答以過節發双薪，當然領兩個月，怎麼還要借嗎？科長說：「提調會錯了意，是請示除双薪外另外再借幾個月？」筆者說不必再借薪，因為借了，下月一樣照扣不是嗎？科長說：以後仍然按月發薪，並不須扣的；要是提調不借，低級職員就不便借，這是歷年的例借呀。提調至少要借三個月的薪，多些也可以。筆者不得已借了三個月薪，會計科長才高高興興到銀行提款發借薪去了。筆者要不說這段事，恐怕世界上也沒有人相信有此種奇特的事情。後來研究這筆錢的來源，才明白其中內容。原來在清朝時，凡有河道的地方，都設有河泊所，專收內河船隻的經過稅，（在厘金稅之外）此款例解京師，作為宮廷特別用度，是不入度支部帳的（度支部即戶部，也就是財政部）。民國後，此款已超過千萬，每月利息可觀，而部中卻無帳可稽，所以才用作借薪之用。名義上是借，其實就如劉備借荊州一樣，永遠不還的。

# 張作霖生平祇怕一個人

慧桐

民國初年，我國軍閥囂張，犯上作亂，寡廉鮮恥，其中節操較優者，僅有王士珍、張錫鑾、閻錫山等寥寥數人而已。王士珍能急流勇退；閻錫山知保境安民；張錫鑾則操守廉潔、猶有老成典型。本篇係述張錫鑾當年奉命招撫東北胡匪張作霖與馮德麟之舊事，是為北方政局重大轉捩點。

## 張錫鑾赴海城招撫胡匪

自清末日俄兩國在我國東三省開戰之後，山海關外，地方糜爛，馬賊猖獗，民不聊生。清廷對東北之匪患，則實行剿撫兼施之政策。光緒三十一年，趙爾巽出任盛京將軍（按：盛京指奉天），張錫鑾充營務處總辦，趙氏依據清廷政策，實事求是，乃命錫鑾親自招撫海城一帶之馬賊。馬賊又稱胡匪或紅鬍子，強悍絕倫，匪酋三人：張景惠居首，高拱而已，宛如梁山泊之晁蓋；其次馮德麟，權威煊赫，似盧俊義；又次張作霖，城府最深，頗似宋江。以下之頭目則為張作相等人，此時錫鑾招撫之對象，實為馮德麟與張作霖，事先已有所接洽也。

張錫鑾以營務處總辦之尊，是次赴海城招降，乃乘四人綠呢大轎前往，隨從甚少，馮德麟與張作霖得知張氏駕到，出寨跪迎，張景惠雖為大頭領，但其人胆小如鼠，不敢出面，因李鴻章曾在蘇州盡殺太平天國降將，景惠恐蹈其覆轍，所以存心觀望。詎知招撫之事，進行順利，南澳總兵段有恆且願為馮德麟與張作霖作保人，馮、張以是德之。段有恒為段芝貴之父，芝貴以後之得任奉天巡撫，又任盛京將軍，實以作霖為護符也。

馮德麟當時儼然以鬍匪首領自居，原來當日俄戰爭之時，鬍匪助日軍作戰，搖身一變而為義勇軍，主其事者，確為馮德麟，有案可稽。彼時張作霖地位較遜，殆無疑問。惟作霖敢作敢為，在接洽招撫之際，又敢大言炎炎，使馮德麟相形見絀，無形中，張作霖喧賓奪主，竟變為招撫一幕之主角。此與往後政局之演變尤大有關係，非但馮、張二人之命運從此註定也。

按馮德麟與張作霖受撫之後，初任千總，不久即因軍功授騎兵營管帶，等於新軍之營長。作霖受撫後，福至心靈，尤能與民眾打成一片，防區之內，路不拾遺，兩年之後，趙爾巽調任四川，徐世昌繼任東三省總督，奏陞張作霖與馮德麟為前後兩路巡防營統領，張作霖為前路，儼然位居德麟之右矣。

## 不再作老上司政治資本

宣統三年，趙爾巽又回任東三省總督，作霖大喜，趙問招撫之後，作何感想，作霖答曰：「祇想陞官發財。」趙氏嘉其爽直，頗多呵護。迨入民國後，時移勢異，鬍匪與總督竟結成兒女親家，趙氏之獨子天賜娶作霖幼女為妻。

按武昌起義之前，趙在東三省整頓軍事，延用蔣百里訓練新軍，新軍將領張紹曾、藍天蔚等，皆日本士官學校畢業生，自武昌起義，新軍皆附從革命，藍天蔚一度自稱關東都督，趙見事急，乃調前路巡防營統領張作霖入衛長春省垣，作霖奉令後，如飛而至，大獲趙氏嘉獎。藍天蔚避鋒遁往烟台，此乃作霖投順清廷後之第一功。不久，新軍進關，舊軍得勢，從此作霖飛黃騰達，全省已在其掌握中。

迨民國成立，作霖所部改編為第二十七師，馮德麟部改編為第二十八師，二人皆陞為師長。民國元二年之間，張錫鑾調任盛京將軍，張、馮二師長初對這位老上司，頗為恭順，不久二人羽毛漸豐，態度突變，蓋欲自打天下，不願再做老上司之政治資本矣。旋因移防問題，張錫鑾與張作霖之間裂痕更深，作霖且致電袁大總統，大意謂：「大總統注意南方，皆作霖坐鎮北方之力。……」叛將面目，躍然紙上。蓋在袁項城晚年，北方軍閥已跋扈不可制矣！

## 擁護帝制謁袁行跪拜禮

民四年袁世凱醉心帝制，籌安會成立，袁氏為了收攬人心，輪召各省師長入京，徵詢意見。當時張錫鑾最具老成典型，他認為東三省為遠東火藥庫，日俄兩國皆待機而動，為袁氏打算，不可造次。此乃金玉良言，而袁氏反以為張氏不忠，轉起厭惡之心。隨召張作霖入京覲見，作霖初謁項城，即輸誠悃，不惜行跪拜大禮，視袁氏如皇上。返防後，又即上「速正大位」之密電。

張作霖由京回防不久，袁氏即調段芝貴繼張錫鑾為盛京將軍，蓋以芝貴之父，當年曾作張作霖之保人之故。作霖因擁護帝制，且破格得封二等子，惟照例中將師長應授輕車都尉，作霖雖受封，意猶未足，憤請病假，段芝貴踵門視疾，擋駕不見，許以綏遠都統，又不就。袁世凱因稱帝心切，不惜對之百般遷就，陸官之命令，立即頒下，於是張作霖達到目的，獲任盛京將軍督理奉天軍務。此後，步步高陞，由督軍而巡閱使、而蒙疆經略使、而海陸空大元帥，北方戰事，作霖幾無役不與，發言權之高，無出其右，恣睢跋扈，亦無出其右者。

## 天不怕地不怕祇怕馮某

作霖為人，反覆無常，其雄據東北期間，忽而尊段（祺瑞），忽而倒段；忽而借重徐樹錚，忽而驅除徐樹錚；忽而與曹錕聯姻，忽而與曹氏兵戎相見；忽而聯絡馮玉祥，忽而討伐馮玉祥；忽而與中山先生訂盟，忽而又與北伐軍隊大戰；忽而與日人合作，忽而拒日人要求。當第一次奉直戰爭時，吳佩孚通電全國，破口大罵曰：「作霖不死，大盜不止。」然當作霖被日人炸死於皇姑屯時，東北人士哀悼實深，若干年來皆盛稱其治跡，足見其尚留遺愛於東北民眾，正所謂翻手為雲，覆手為雨！得不謂為人傑也哉！

按張作霖天不怕，地不怕，日本人亦並不怕。察其平生，只怕一個人，受盡委屈，而且不敢還手，此人為誰？馮德麟是也。

民五年作霖抓住機會，貌似矢忠於袁，得任盛京將軍督理奉天軍務，但尚不能節制吉林與黑龍江二省，因其手下祇有一師也。馮德麟被委為幫辦軍務，與作霖同級為師長，惟作霖此時已得楊宇霆為參謀長，楊字麟閣，馮亦字麟閣，故作霖呼楊為參謀長而不名，其內心實乃敬憚馮麟閣，恐犯諱也。當時，馮德麟被委為幫辦，見作霖竟高踞督理寶座，憤不就職，亦不賀張，悻悻然曰：「他好意思居我之上嗎？他媽的巴子！」作霖聞之，侷促不安，躬往拜會，說盡好話，馮始提出條件曰：「幫辦公署須與督署同樣組織，同樣職權。」張自無法接受。馮回廣寧原防，將生劇變，幸張態度軟化，馮率所部抵瀋陽，作霖先來拜會，馮不還拜，為馮設宴洗塵亦不去。作霖喟然歎曰：「先前張錫鑾與段芝貴所受閒氣，我今加倍承受矣！」

## 打麻將是軍閥萬應靈藥

作霖為討好馮氏，特犒賞馮軍，並將第二十八師辦公處大事修葺，迎馮居之，馮仍不肯讓步，條件有增無減。張來拜會，擋駕不見，其時又值袁世凱逝世，張失奧援，誠恐禍起蕭牆，下令架砲瞄準馮師辦公處。馮大怒，提出哀的美敦書，張又軟化，請出吳俊陞作和事佬。以論兵力，馮氏實非張之敵手，以論氣燄，馮佔上風，吳俊陞來到見馮，欲下說詞，剛說出「將軍」二字，馮即破口大罵曰：「他是什麼東西，對我擺臭架子，叫他趕快率領全師營長以上，到此登門道歉。」

作霖知馮條件越來越兇，果然率領部屬，掛笑而來，馮覺過意不去，遂邀張作霖一同打麻將，打牌為當時軍閥萬靈之藥，確有意想不到之妙用，不料此事為當時上海報紙盡情刊登而出，作霖為之大窘。

張、馮兩人雖然同桌打牌，嘻嘻哈哈了一陣，誰知馮德麟火氣未消，媾和了無誠意，不久回防，即盡拘作霖所委縣知事，令彼等供出曾向作霖納賄多少，繼率全師官員通電辭職，對張極盡揶揄之能事。作霖乃打電話問馮曰：「二哥！條件都依了你，究竟你要怎麼辦？」馮答：「我要兼任省長，與盛京將軍平行。」作霖忍無可忍，於是雙方備戰，幸人民團體出面從中勸解，作霖應允不以武力解決。段祺瑞又請出趙爾巽，出關調停，亦無眉目。此時作霖走徐樹錚路線，通款於段祺瑞，為主戰派台柱。馮德麟因此反段，竟應張勳之召，晉京參加復辟。復辟失敗，馮喬裝日人，逃出北京，在天津東站被捕，勢力遂告瓦解，作霖如釋重負，喜可知也。

## 張不念舊惡營救馮德麟

從此作霖正式為東北王，遂以孫烈臣任第二十八師師長，另編第二十九師，以吳俊陞為師長，武力擴至三師之眾。不久吉、黑二省亦歸於作霖之掌握。此時馮夫人乞援於張夫人，請作霖設法營救馮德麟，作霖為示寬大，乃電請段祺瑞將馮氏釋放，旋即開復馮官。

按馮德麟係秀才出身，與吳佩孚、齊燮元相同，乃軍閥中不可多得之上流人物，值得傲睨儕輩。民國七、八年間，黎元洪與張勳等，家居無事，乃創辦中美實業公司於北京，馮德麟、馮玉祥等一班失意軍人，皆屬該公司之董事。德麟寄居北京羊肉胡同王芝祥家，筆者當時與德麟不時敘首，為忘年交。德麟脾氣甚大，但亦嫵媚可親，短小精悍，與張作霖同型，惟其膚色較張黝黑，眼神微露，吃虧在此。常御黑色長袍，腰佩手槍二支，鴉片癮過足之時，即對我等追述其一生經過，滔滔不絕，毫無隱諱。

## 馮張哥兒倆原是生死交

據馮氏自稱：他在家鄉，不堪壓迫，一怒為匪，因通文墨，擅射擊，被推為首領，旋以反對帝俄，被逮入獄，日俄戰爭時，彼為義勇軍首領，張作霖無法與彼抗衡，招撫之時，不敢多言，胡裏胡塗就吃了虧。他又認為：張作霖不夠義氣，無論如何，應與平分疆土。但於復辟後被捕入獄，吃盡苦頭，作霖肯為彼開脫，彼深感激，而今化敵為友，自認晦氣矣。

馮又云：「我與雨亭（張作霖別號）鬧翻，幾次皆為添置飛機之事，雨亭是粗人，有些不開竅，可也難怪，然咱們哥兒倆是生死交，立有鐵券，他居然架砲轟我，教我怎麼不生氣！」

又云：「你們可知道我們為何推崇趙次帥（爾巽），因為他老人家廉潔可風，某次跑來替我們調解糾紛之時，他乘三等火車，我們找不到他，原來他坐人力車直奔督署去了。你可知道復辟之役，張勳為何一敗塗地，原來他誤信徐樹錚在徐州簽字，以為老段不會反對的。」

馮氏所述類此，令人神往。按馮氏腰纏甚富，伊子馮庸曾在法國研習航空，返國之後，創辦馮庸大學，蜚聲於時。迨民十五年德麟逝世於瀋陽，極盡哀榮。馮氏生前確曾致力於教育事業，造福桑梓，時人歙然稱之。伊雖中歲蹉跎，克葆晚節，塞翁失馬，焉知非福！故濡筆記之。

# 張作霖學良父子與日本的恩怨

譚逸

張作霖、學良父子一生的行為，無論其對國家民族是功是過？在近代史上是少不了要寫上一筆的角色。

日本，這個國家，近百年來對我國人的關係，只有民族仇恨，很少個人恩怨，惟有作霖、學良父子與日本的恩恩怨怨交纏著不清。雖然我國近代史上的當權者，與日本有恩怨關係的，也大有其人，如稱洪憲帝的袁世凱，稱執政的段祺瑞，但沒有作霖、學良父子與日本恩怨關係的深刻。不過這是有其時代性與地方背景的因素使然，非作霖、學良父子的主觀造成的。

日本，古代文化，受我國影響極深，如日本人精神糧食的宗教——佛教淨土宗，大眾文化藝術的圍棋，便是由我國傳去的。但自明治維新後，接受了西方文化的民主與科學，廢除了軍閥幕府政制，其國力便日益強大，躋向世界列強之林。彼時又值滿清國力的弱點暴露於世界，日本即對鄰近的國家，伸出侵略的魔爪，首當其衝的，是我國藩屬琉球，廢國而改為沖繩縣，次一侵略的矛頭，則是我東北屏藩朝鮮。且因此釀成中、日甲午戰爭，清廷在戰敗後，即簽訂喪權辱國的馬關條約，且因而引起日人對滿洲的垂涎。日本戰勝俄國後，更發展到「要征服世界，必先征服中國，要征服中國，必先征服滿蒙」的野心。侵略者為了事半功倍，自然要找傀儡。作霖處在這樣一個時代，這樣一個地區，為了發展個人權利慾，自然而然會走上日本人的陷阱。

作霖，遼寧海城縣人，身材並不魁梧，鄉人以張小鬃子呼之，後來發達了，就有人譽為北人南相的貴格，年未弱冠，即向毅軍馬隊管帶（今之營長）趙得勝部下投軍，當一名列兵，作霖二字，便是趙的師爺（書記）代取的，因精明強悍，所以槍法騎術練得兩佳，這是他後來做馬賊頭子的本錢，二年後便由列兵升到了哨長（今之排長），雨亭二字的別號，是當哨長後才有的。

甲午（一八九三）中、日戰爭，毅軍在朝鮮平壤慘敗後，調回關內，東北籍兵士多脫離隊伍，攜械去當馬賊，作霖也與同哨的弟兄十餘人，去過綠林生活當鬍子（這是馬賊別稱）。在戰時清軍遺落民間的武器，多為壞人所得，亦去作打家劫舍的生涯，因此東北遍地皆是鬍匪，地方被騷擾得不寧，紛紛起而組織鄉團自衛，作霖乘機與台安縣桑林子父老接洽，願為鄉團，並結合盤踞八角台的張景惠等十多人，合併成為桑林子鄉團組織，這是作霖第一次受招安由匪而為團。自被推為鄉團練長後，對地方父老所付給的任務，尚能認真做到，被匪綁票勒贖，或貨物被劫，騾馬被盜的事，一天一天減少，深得地方信賴，有保險團的稱譽。後來又將杜天覊、沙海子等巨匪擊斃，兼併其眾，已有人槍二百餘，小股鬍匪更不敢來犯，故台安一帶尚稱安靜。

庚子（一九〇〇）拳亂，俄人除參與八國聯軍侵入北京外，復以東北清軍與拳民燬教堂、殺教士及破壞鐵路為口實，以阿穆爾省兵攻我吉林以北，以關東省兵攻我鐵嶺以南，出兵達十五萬人以上，自七月二十五日迄十月一日，即將我東北大部份土地佔領，俄軍在侵佔過程中所表現的野蠻殘暴，更屬慘無人道，如有我僑胞六千餘人，被俄兵夥同俄國流氓，驅至黑龍江邊大肆屠殺，僅百多人游水逃生，其餘非被屠殺，即葬身魚腹。且俄軍紀律之壞，無以復加，其足跡所至，婦女無不遭奸淫，財物無不遭劫掠，稍有抗拒，則廬舍為墟。作霖便利用大眾仇恨俄兵心理，以義勇隊名義，對俄兵展開游擊，予俄兵以莫大威脅，因而得到大眾好感，爭先捐送給養，實力亦隨之擴增。各地為了自衛，亦紛起組織義勇隊，使俄兵到處受阻，俄人憤怒之下，見騎馬者即認為是馬賊，而加以槍殺。東北人多以馬代步，致外出者多遭此橫禍，故恨俄人尤甚。

辛丑（一九〇一）清廷向八國聯軍簽訂了喪權辱國條約，俄軍被列強干涉，退出東北以後，地方破壞不堪，自稱為義勇隊游擊隊的武力，遍地皆是。盛京將軍錫良宣佈所有游雜團隊及大小股匪，棄暗投明者，均一律收編為巡防營。新民府知府增韞將作霖及馮德麟等收編，分委作霖及馮德麟為巡防營管帶；張景惠、張作相、張海鵬、湯玉麟等為哨官（今之連長）、哨長等職，此為作霖第二次受招安為官軍。

清光緒三十年（一九〇二），日俄火併，侵犯我國中立，在我國領土領海作戰，日人廣給武器於地方駋匪，委為征俄義勇隊，作霖亦暗中接受日人接濟，此為作霖第一次與日人打交道。當俄軍繞道遼西企圖攻擊日軍後部時，日軍尚茫無所知，作霖已聯合馮德麟埋伏於遼西新民至溝幫子一帶，向俄軍襲擊，俄軍受到重大損失，事後俄人向列強宣佈清廷不守中立，偏袒日本。雖被俄人所利用的駋匪亦有十多股，但無不被作霖剿撫兼施，消滅殆盡。所部實力已擴充至二千餘人，不僅新民府屬各縣安靜，連鄰近各府亦受惠無驚。

日、俄戰後盛京左翼翼長兼巡防營軍統（如軍長）張勳及奉天營務處總辦張錫鑾，考核日俄戰時維護地方治安出力人員的檔案內，作霖及馮德麟升為巡防營統領，此時作霖已有步、騎七營，後以擊潰蒙匪陶什陶，已增到九個營兵力。

辛亥（一九一一）武昌起義，各方紛紛響應，從滿清二百多年統治下，光復了漢族河山。當時東北的兵力，有新軍第三鎮統制（如師長）曹錕駐長春（吳佩孚是該鎮營長），第二十鎮統制張紹曾駐灤州（馮玉祥是該鎮營長），第二混成協協統（旅長）藍天蔚駐瀋陽，舊軍有中路巡防營統領劉德昌駐瀋陽，左路巡防營統領馮德麟駐彰武，右路巡防營統領馬龍標駐通遼，前路巡防營統領張作霖駐洮南，後路巡防營統領吳俊陞駐遼源。

東三省總督趙爾巽是漢軍旗人，自然反對革命，恐新軍不足恃，便利用未受過新思想薰陶的舊巡防營武力，為對抗新軍鎮壓革命的工具，但以瀋陽中路巡防營武力，不足以抵抗新軍，特調由行伍出身的吳俊陞率部來省增防，營務處擬撰調遣令稿時，為張景惠所見（時任職作霖駐省辦事處），即將省垣空虛趙督恐懼新軍調吳拱衛事，專人通知作霖。作霖得訊後即離洮南來省，並令部隊作開拔準備，抵省後即晉謁趙督，謂局勢緊急，擬率部來省拱衛總督。正中趙的心懷，對作霖獎勵有加。旋劉德昌因病請假，趙又派作霖兼代中路，隱然執巡防營牛耳了。加上有馮德麟等同聲相應，便敢作敢為，為趙爾巽撐腰。

瀋陽新軍協統藍天蔚及奉天諮議局議長吳景濂，均為革命黨人，擬逼趙爾巽宣佈獨立，趙則擬用保境安民的騎牆手法，以應付變局。作霖在軍事會議時手持炸彈，用同歸於盡的姿態，以威脅新軍將領，贊成趙的保境安民主張；在諮議局應變會議上，率領便衣身懷手槍，以恐嚇吳景濂取消獨立提案。而奠定了趙爾巽保境安民政策。趙遂於九月二十四日宣佈就奉天保安會會長。後來藍天蔚在北大營起義被擊敗，便是作霖一馬當先去幹的，革命黨人趙蓉及同情革命的旗人知府恒和、陸軍小學教官田亞斌先後被害後，趙對作霖更加信任。

清廷宣佈贊成共和退位後，趙亦由保安會長改稱奉天都督，迨新軍調駐關內，趙便將巡防營改編為正規軍，委作霖為陸軍第二十七師師長，馮德麟為第二十八師師長，並將巡防營各路騎兵編為獨立騎兵旅，委吳俊陞為旅長。隨作霖一道的張景惠、張作相、張海鵬、湯玉麟等一班綠林好漢，均當了旅、團長，真所謂一人得道，雞犬皆仙了。

趙爾巽調任清史館館長，張錫鑾繼趙督奉，對作霖更屬倚賴有加。民國四年（一九一五）袁世凱謀稱帝，特命親信段芝貴任奉督，段是清末以坤伶楊翠喜進與貝子載振而換得黑龍江巡撫醜案的人物，在東北聲名惡劣，已為人所鄙視，段到奉後且想直接控制部隊，更激成巡防營系將領們的反感，遂推作霖為首與段抗衡。段為除此肘腋之患計，密請袁調二十七師南下入湘，並召作霖入覲。作霖知是段的詭謀，除面袁表示服從外，回奉後即暗示各公法團以治安為由電京挽留，復向段要求餉械及人員補充，以遲遲其行。段又薦作霖為綏遠都統，滿以為此獨當一面的釣餌，可達調虎離山心願，料不到作霖竟拒不接受。袁稱帝已引起全國反對，瀋陽竟有籌組保安會變相獨立的謠言，段芝貴知難戀棧，便席捲軍事節餘款二十萬元辭職離奉，臨行命作霖護理督篆。袁世凱為拉攏計，便於民國五年二月特派作霖為盛武將軍督理奉天軍務，但為埋伏一顆定時炸彈在作霖身旁，於次日令派馮德麟為奉天軍務幫辦，這是老袁一貫的手法，果然後來馮與作霖發生磨擦，不過這是老袁死後才發生的。作霖真除督理後，增添第二十九師，以吳俊陞為師長，旋又利用黑龍江師長許蘭洲逐走朱慶瀾，以所部孫烈臣督黑，壓迫孟恩遠離職，以鮑貴卿督吉，雖然東三省已在勢力範圍內，但名義仍只是奉天督軍，到民國七年（一九一八）段祺瑞內閣時，索得東三省巡閱使，始正式將東北軍政大權置於掌握中，儼然東北王矣。

袁世凱乘辛亥革命武昌起義機會，抱著潛竊的野心，重為馮婦。就任清內閣總理大臣後，嗾使部下段祺瑞、馮國璋四十二個軍人，聯名電請清廷贊成共和，逼宣統退位。雖中山先生已就任民國臨時總統，以不願兵連禍結，特讓位於袁世凱。袁因為不願離開北京老巢南來，則唆使第三鎮曹錕在京、津譁變。京、津各團體以北方治安為由，阻袁南下，遂改在北京就職。這種教猱升木的把戲，從此養成軍人跋扈氣焰，尾大不掉而自食其果。袁死後北洋軍系統由段祺瑞、馮國璋兩人掌握，段為安徽合肥人，馮為直隸河間人，所以有皖系、直系之稱。民國六年（一九一七）張勳復辟，黎元洪下台，馮以副總統扶正，段祺瑞組閣，未幾，段、馮便因權利衝突各不相下，段祺瑞組織安福系收買議員，舉徐世昌為總統，以拆馮的台，皖、直門戶之見益深，遺害所及，便造成北洋軍閥割據局面，使國家政治、經濟更不能步上現代建設道路。在軍閥間爭權奪利火併中，帝國主義者遂得操縱其間，以致內戰不息。

日本人在甲午戰爭中侵佔我東北，這一塊吃到口中的肥肉，被俄、法、德三國干涉吐了出來，始終是不甘心的。在日俄戰爭時日本人與作霖打上了交道，在新民襲擊俄軍，幫了日本的忙，日人對作霖自然要加以重視，由當時牽線的日本浪人町野武馬與作霖經常聯絡，一個是浪人，一個是草莽英雄，自然一拍即合，成了莫逆之交，到作霖做了奉天督軍時，町野武馬便是督軍府高級顧問，成了作霖與日本交往的橋樑。日本滿鐵第一任總裁後藤新平男爵，在一本小冊子對作霖的月旦是：「張作霖在滿洲有一種特殊的地位，並無任何官歷，也與中國中央政府，沒有多大因緣，張離滿洲，即失地位，故可以說滿洲是他惟一地盤，他的心中只有權勢和利慾，別無何等經綸。」所以日本人認為作霖可資利用。

第一次歐戰後（一九〇四－一九〇八）段祺瑞內閣承認日本在山東的利益，日本派西原龜三與段締結參戰軍械借款三千五百萬元，吉會鐵路和滿蒙四鐵路墊款及濟順、高徐鐵路墊款五千萬元，吉黑兩省金礦和森林借款三千萬元，電報收入擔保借款二千萬元，還有其他借款共為三億日元。日本建築鐵路所至之地，則是日本勢力擴張區域，以助長日本貫徹蠶食我國野心，所換得來的代價，是日本扶植段祺瑞政權的武力統一政策。北京學生反對段內閣出賣山東權益及喪失權利的借款，激成「五四」愛國運動，全國輿論不滿段內閣壓制學生的賣國行為，一致起而反抗，釀成全國大都市罷課、罷工、罷市大風潮。

直系軍人吳佩孚，也是一個自命不凡的野心家，因段內閣一意培植皖系徐樹錚邊防軍，自然對直系不利，便與段的武力統一政策唱反調，並派廣西人張其鍠聯絡南方軍政府總裁岑春煊，由國會議員孫洪伊在上海聯絡國民黨，直系頭子曹錕派曹瑛出關聯絡作霖，利用全國反段祺瑞賣國高潮，通電籲請解散安福俱樂部並免除徐樹錚職。由衡陽回師北旋，高唱和平及召開廬山國事會議的迷人高調。段亦予以反擊，罷免吳的師長職，並予曹錕撤職留任的處分。於是直、皖戰爭，便於民國九年（一九二〇）秋打起來了。

權利慾隨地位而增高的作霖，因段祺瑞將東北許多利益送與日本，使其無置喙餘地，東北又是日本的垂涎物，恐將來段與日本勾結緊了，對他在東北統治更為不利，所以便與吳佩孚合作，派兵入關，參加直、皖戰爭，問鼎中原。

直、皖戰爭是七月初發動的，雙方主力在高碑店、涿縣一帶激戰，以皖系邊防軍武器裝備而言，是優於直系的，自作霖奉軍加入後，邊防軍第一師在琉璃河敗退北苑，曲同豐被俘，直系軍隊進入北京，所謂總統徐世昌則免段職及通緝徐樹錚等，以敷衍直系。作霖則分得了察哈爾、綏遠、熱河三省地盤，加了滿蒙經略使頭銜。

吳佩孚到京後，高唱聯省自治，勾結陳炯明以牽制中山先生北伐，企圖將勢力侵入兩廣，此時直系已擁有湘、鄂、直、魯、豫、陝、蘇、皖、贛九省地盤。這一形勢，自然使作霖問鼎中原的野心，起了不安的反應。加上長江是英國經濟勢力圈，在日人眼中的直系，是多少偏於英國的，吳佩孚的日顧問岡野中佐對吳的動向，自然也有情報，所以日人便一直在做作霖與段祺瑞言歸於好的媒介。此時曾在段內閣中的交通系要人葉恭綽為作霖幕中嘉賓，也可以作一葉而知秋的看法。

段祺瑞是不甘雌伏的，被吳推下台後在天津，鑑於吳的成功，是利用民意的力量，於是想到了眾望所歸的中山先生，派吳光新徵得作霖的同意，聯絡中山先生，所以吳光新、徐樹錚分赴滬、粵活動。段的目的，不過借中山先生名望來號召，以作東山再起的陰謀，並非真心為國家而輸誠於中山先生的。這便是所謂孫、段、張三角聯盟的胚胎。

直、皖戰後的次年，奉、直雙方並未公開破裂，作霖已派人四處活動，拆直系的台，由張宗昌建議派程國瑞到宜昌直系長江上游總司令孫傳芳處活動，策動孫傳芳奪取武漢以反吳，並謂可在北方策應。雖然孫傳芳也派了秦德純赴奉天報聘，終以格於形勢，孫只有心領作霖厚情了。

直、奉同床異夢的合作，經過了一年多的時間，權利的衝突，一天一天增加，到民國十年冬（一九二一）靳雲鵬內閣對財政無法支持，積欠軍政費甚鉅，作霖經葉恭綽策劃，親到北京向徐世昌推薦交通系領袖梁士詒為內閣總理，徐世昌政府，夾於兩大軍閥之間，只有唯命是從。梁士詒於是年十二月就職，吳認為梁將來財政上必先濟奉，對本身不利，便向梁索積欠糧餉，並截留京漢鐵路收入，復聯合齊燮元等指梁借日款贖回膠濟路，是賣國行為。梁即稱病辭職，作霖為梁辯護，一定要梁復職。於是彼此通電發動罵戰，互揭瘡疤。到民國十一年（一九二二）四月各在瀋陽、洛陽召開軍事會議，預備一決雌雄，雙方形勢，有如箭在弦上，一觸即發。吳經張紹曾（曾任二十鎮統制）拉得馮玉祥合作。日人即慫恿作霖先發制人以維護京畿治安為名，調遣大軍入關。作霖動員了二十萬以上的兵力，總司令部進駐距天津四十里軍糧城，初步奉軍攻勢甚銳，到五月四日馮部李鳴鐘攻至京漢路長辛店，奉軍十六師師長鄒芬倒戈，西路奉軍有了缺口，全線受到影響，作霖於六日趕至天津，下令總退卻，只打了六天，便退出關外。馮部向山海關追擊時，日使以南滿鐵路二十里以內不得用兵為由，向北京政府提出警告，馮即奉令停止追擊，吳僅迫徐世昌免作霖本兼各職。

作霖退出關外後，自稱東北保安總司令，宣告保境安民。六月底曹瑛赴奉講和，停止軍事行動，但作霖仍以半獨立狀態，杯葛直系把持的北京政府。並銳意整軍經武，大力軍事經濟建設，重用楊宇霆、郭松齡、姜登選、李景林等留日軍人，以為捲土重來之準備。

吳佩孚擊敗奉軍後，不滿徐世昌袒奉，由張紹曾策劃恢復舊國會法統，迎黎元洪復職，以迫徐世昌下台。馮玉祥雖替吳出了大力，但馮與吳的意見始終格格不入，吳竟將馮調為空洞的檢閱使虛銜，以河南督軍位置自己部下張福來，馮即率部南苑練兵。後來張紹曾組閣，引國民黨人黃郛參加，張是馮的老長官，黃、馮雖是初交，但志趣相同，遂成為志同道合的心腹朋友，兩人在內閣中對馮的維護，馮部實力反有增加。

直系頭子曹錕，於十二年十一月五日，當上了賄買選票而來的總統，中山先生即通電指責，並籌備北伐。曹以一個布販出身，而登上了中南海寶座，自然心滿意足，但吳佩孚的假和平真武力統一的迷夢尚未達到。遂於民國十三年（一九二四）夏由直系江蘇督軍齊燮元，福建督軍孫傳芳向皖系浙江督軍盧永祥發動攻勢，盧永祥部師長陳樂山不願作戰，盧敗後偕日顧問逃赴日本，國民黨北伐軍又在江西贛南為方本仁食言反攻，退回粵境。當時直系軍勢甚大，因此，段於九月十日特派袁良持親筆函請黃郛（時為教育總長）導馮玉祥與作霖合作反吳，其函云：「膺白總長閣下：關心國事，景仰奚似。大樹沉默，不敢稍露形跡，是其長，亦是短也。現在縱使深密，外人環視，揣測無遺。驅之出豫，已顯示不能共事，猜忌豈待至今日始有也？當吳到京之時，起而捕之，減少殺害無數生靈，大局為之立定，功在天下，誰能與之爭功也，豈尚徘徊歧途，終將何以善其後也？余愛之深，不能不策之也。一、爆之於內，力省而功鉅。二、連合二三兩路，明白反對，恰合全國人民之心理。奉方可不必顧慮，即其他二三處代為周旋，亦無不可。宜早勿遲，遲則害不可言。執事洞明大局，因應有方，尚希一力善為指導之。人民之幸，亦國家之幸也。餘由文欽詳達。」蓋當時黃與馮玉祥、孫岳早有計劃，藉「三角聯盟」倒直系後，迎孫中山先生北上，完成辛亥革命未竟之功。惟須俟有利機會而行，固不待段之函促。亦可見段是權利慾的急色兒。但吳仍蒙在鼓中耳。

作霖此時已得日人支援保證，故傾巢而出，於十月初以安國軍名義第二次揮軍入關，吳佩孚自稱討賊軍總司令亦以全力分三路抵禦，並調張福來至北京以監視馮玉祥（時馮為吳的討賊第三路總司令），兩軍接觸後，奉軍攻勢甚猛，於十月十九日佔領山海關，直軍王懷慶又敗於朝陽、開魯，沙河寨、二郎廟等要隘又失，吳迫得將監視馮的張福來部亦調赴前線，吳基本精銳第三師也敗了下來，大砲亦損失不少。馮玉祥以時機已到，並將直系的直隸督軍王承斌拉了過來反吳，改所部為國民軍，於十月二十一日由熱河回師，以日夜二百里急行軍，於二十三日午夜回到北京，將曹錕囚禁於延慶樓。馮回到北苑即請黃郛組織攝政內閣，電迎中山先生北上解決國事，段亦通電響應，中山先生遂於十一月一日由韶關回到廣州，發表北上宣言，主張召開國民會議，廢除不平等條約。直奉雖是爭奪權利的軍閥內戰，但中山先生北上目的，據他自己說：「這次北方同志，推翻了曹、吳軍閥，國家又露出了一個統一建設的機會，我這次北上，是要促進國民會議的召開，如廢除不平等條約，以謀國家的獨立，要把本黨第一次代表大會的宣言，政綱提到國民大會予以通過，來重奠國民革命的基礎。」但作霖與老段則不是這樣想法。且攝閣中有李烈鈞等著名國民黨員，對馮更有些駭怕，首先由作霖將接近馮的直督王承斌部包圍繳械，王即通電辭職。

作霖電邀馮玉祥到津與段會商國事，各省實力派齊燮元等通電擁段，於是會議中推段為臨時元首，既無法統根據，又非選舉，名稱頗費周章，旋由章士釗、林長民咬文嚼字仿羅馬西庇阿（Scipio）及法國拿破崙初任元首例，用「執政」名稱。段原定十二月一日就職，聞中山先生取道日本北上，即提前於十一月二十二日入京就職，通電主張召集善後會議，和尊重所訂各國條約，與中山先生主張背道而馳。到二十四日作霖抵京時，奉軍李景林已率部分駐北京城內外各要點，郭松齡部一團駐城北黃寺，控制了北城，張學良率一營駐順承王府為作霖護衛。作霖到京後要國民軍讓出宣化、北京、天津、保定防地與李景林，與馮合作的裂痕更深。經段調解以盧永祥為直督以作緩衝，國民二軍和三軍調赴河南，以胡景翼、孫岳分任河南督軍、省長，馮任西北邊防督辦駐張家口，國民一軍分駐熱、察、綏三省，馮部鹿鍾麟為京畿警備司令，所部三個旅仍駐北京，如此分贓，才免發生衝突，而作霖亦亟欲獲取長江富源，便離開北京揮軍由津浦路南下。張宗昌率白俄軍打先鋒，獲得山東、安徽、江蘇三省地盤，張宗昌、姜登選、楊宇霆分任魯、皖、蘇督軍，使奉軍飲馬長江，躊躇滿志。作霖更一意聽從日人意旨與段一鼻孔出氣，將當初三角聯盟之成議，置之不理。

民國十四年秋（一九二五），奉軍因爭奪上海，與浙江孫傳芳火併，但奉軍各將領自到蘇、滬後，立刻墮入紙醉金迷環境中，毫無戰鬥精神，孫部鄭俊彥乃順利攻入上海時，奉軍統帥邢士廉倉皇撤退。由於奉軍紀律不佳，大江南北悉遭糜爛，故孫傳芳軍如秋風掃落葉，將奉軍逐出蘇、皖。楊、姜等率殘部退集長城內外，僅張宗昌守住山東。

奉軍將領中郭松齡最清廉，甚得兵心，且訓練有方，因任東北講武堂教育長有年，各軍下級幹部多出其門下，且極有好感。郭自負甚高，喜接近知名之士（與其同難的林長民便是當時段執政善後會議和國憲起草委員會的委員），平日與楊宇霆等同僚意見不投，突於十一月二十二日在灤縣叛變，大概是由林長民通過黃郛關係與馮玉祥聯絡，將姜登選槍斃後，以清君側為名通電回師向瀋陽進軍，馮即響應通電請作霖下野。

此時奉軍精銳均為郭掌握，作霖遂向日關東軍請求援助，當國民軍孫岳、李鳴鐘打敗了奉軍李景林佔領天津，解除了郭軍後方威脅。郭軍亦進至白旗堡，瀋陽在望時，日本即出而干涉，以南滿鐵路二十里不准駐軍為由，阻郭軍前進外，復由日關東軍白川大將遣砲、步兵會同吳俊陞騎兵將郭軍擊潰，十月二十四日郭夫婦及林長民均死軍中。作霖始解除了逃亡大連的危機。

作霖經由張宗昌拉得吳佩孚棄嫌修好，於民國十五年三月（一九二六）以討赤為名第三次揮軍入關，張宗昌率部向天津進攻，奉方海軍也出現於大沽口外，向大沽口國民軍砲兵陣地轟擊，國民軍當然還擊，日方以大沽設防違反辛丑條約，向外交部提出限二十四小時答覆的通牒，並有五項無理要求。因日人是幫助奉軍以來，段即令國民軍拆毀工事撤出天津。三月十七日北京各團體代表向執政府請願，勿向日人屈服，代表即被衛兵毆傷。次日北京學生在天安門集會，要求取消辛丑條約，再到執政府請願時，衛兵開槍，打死學生四十餘人，傷百餘人，血染鐵獅子胡同，造成全國憤怒的「三一八」慘案。段以民眾的舉動，遷怒於馮玉祥，便約奉軍與他的衛兵旅包圍北京的國民軍。鹿鍾麟事先得知，便於四月九日將段的三個衛兵旅繳械，段逃入東交民巷托庇於日人，始免被國民軍拘捕，步曹錕後塵。

北京由王士珍、趙爾巽、熊希齡等元老組織治安維持會，鹿鍾麟為了避免北京遭戰禍，於四月十六日率部退往南口。奉、直軍先後抵京，各派北京警備司令，幾致火併，經治安會調停以張宗昌所委的王翰鳴充任，始免一場戰禍。奉軍使用的軍用票充斥市面，釀成商人罷市。張宗昌軍紀甚壞，年青女子不敢外出，報紙批評即被封，報人被殺的有邵飄萍、林白水，被捕的有成舍我、龔德柏，京津治安混亂不堪，王士珍等三個元老開會痛哭了一場將治安會解散。

作霖、吳佩孚先後來京，會議一致向國民軍追擊，此時馮玉祥已通電下野，同於右任由外蒙赴俄，國民軍由張之江統率，雙方軍力是一與五之比，奉、直兵力在五十萬左右，雖然兵多糧足，但同床異夢，貌合神離，打了三個多月，到八月底才將南口、平地泉、多倫攻下，國民軍退到陝西五原，馮由俄回國，加入革命軍，於雙十節日解了西安之圍。

民國十五年夏（一九二六）國民革命軍北伐，出兵湖南，吳佩孚由長辛店匆匆回到漢口指揮。革命軍的武力和裝備，雖遠遜於直系，但因得到人民的愛護，不到半年時間，便將直系吳佩孚、孫傳芳打垮，佔領了長江上游的武漢及下游的南京，解救了湘、鄂、贛、皖、蘇、浙、閩七省的人民。直系勢力瓦解後，川、滇、黔、晉先後易幟，西北的陝、甘亦為馮玉祥佔領，僅關內的直、魯、豫和關外的滿、蒙在奉軍手中。作霖便於此際受日人慫恿，於民國十六年（一九二七）六月登上中南海寶座自稱大元帥，與南京國民政府唱對台戲。並搜查俄使館，大捕國民黨、共產黨人，殺路友於，李大釗等。

日本軍部派滿鐵總裁山本到北京威迫利誘簽訂了「鐵道借款密約」（此為二十一條中的一部份）後，復迫作霖訂「日滿經濟同盟」及「日滿軍事同盟」，作霖恐此項行動為東北人民反對而影響其統治地位而推延，此時雖對日人侵吞東北的咄咄逼人的野心有所煩厭，但欲自拔已不可得矣。

日本侵略我國的國策，不管那個政黨執政，萬變不離其宗，均是不變的。其所不同的，則是緩急之分，民政黨執政時，是用緩和的經濟侵略，政友會則主張急進的軍事侵略。一九二七年政友會總裁田中義一組閣出任首相，便主急進佔領東北，於是年六月召集駐我國的使、領、特務人員、關東軍事長官，南滿鐵路總裁等在東京會議，是為「東方會議」。討論佔領東北後政治經濟措施，及如何懷柔作霖和對國民黨諸問題，會議討論十天，至七月十七日結束。八月十六日田中又親蒞大連，再召集駐我東北的軍事外交人員和滿鐵總裁，研究東方會議各點實施方案，討論了四天，名曰「大連會議」。田中將兩次會議的結果，上奏天皇，即震驚世界「要征服世界，必先征服中國；要征服中國，必先征服滿蒙」的田中奏章。田中於會議後對外僅宣言「中國內亂能波及滿蒙，紊亂治安，帝國因有特殊地位與權益，不論亂自何方，帝國決予以適當之處置。」無異對正在北伐的國民黨警告，不得將戰事帶入東北。次年我外交部取得田中奏章後公佈，英美諸國則信日使松岡洋右之謊言，謂係捏造。

國民黨內部經過了寧漢分裂又復合作，於民國十七年春揮軍北伐，經激烈的戰爭後，卒將在河南的奉軍張學良，韓麟春部，及山東的奉軍張宗昌部等擊潰。雖然日本插手干涉，造成「五三」濟南事件，野蠻地殺我外交交涉員蔡公時，但阻不住革命軍的攻勢，迨革命軍繞道攻佔河北，迫近北京，作霖要求停戰未獲，作霖於六月一日通電下野，於六月二日專車起程，六月四日車行至皇姑屯站，為日人河本大作等人所置炸彈炸斃。同時遇難的尚有當時任黑龍江督升的吳俊陞。

據當時任奉天政務廳長的闞又安所著四十七年之回憶云：「國軍北上，奉軍不支，張氏通電息爭不應，未幾逼近京畿，六月一日通電回奉，二日晚劉省長（尚清）派余率各界代表迎之於山海關，張氏抵山海關後，各界代表乘另車先回，黑督吳興權留余隨張車同返，張略詢地方事畢，余以在座皆要人，因退往其他車廂，與常蔭槐攀談，時六月四日上午五時二十五分，車行至南滿鐵路皇姑屯，一過交道口，忽聞巨響如雷，余正倚窗外望，幾被震倒，炸聲響後，列車停不能進，隨車人員及衛隊均紛紛下車，將交道口兩側包圍，不准任何人接近，余趕至出事地點，見張氏車廂被焚，吳黑督身首異處，張受重傷不省人事，待日本路警趕到時，常蔭槐已將張氏運回帥府，余亦趕往，見劉省長面如死灰，但故持鎮靜，密告余曰，元帥至府，氣息已微，移刻即逝。劉言未了，見府內副官多人在廳要排後事，劉故厲聲曰：『元帥不過受震昏迷，現已蘇醒。』某副官人頗機警，隨應聲曰：『六姨太恐不測，故來此為安排後事耳。』因此一班在場文武官員，知張氏尚在，故人心稍定，並一面封鎖消息，一面電張學良速回，並將張之頭部，用繃帶紗布包紮，僅露面目，橫躺床上，旁陳鴉片煙具及水菓點心，以偽裝尚在人間，日人來訪者，只准在臥室外遙望，連張之日顧問亦不例外。故日人咸信張未死，遂未敢發動大難，否則九一八事變，將提前三年矣。」

又據當時計劃炸死張作霖的日本關東軍高級參謀河本大作事後的自白云：「大正十五年（即民國十五年）三月我被任為關東軍高級參謀。等我到了滿洲一看，已經與從前的滿洲大不相同。當時的總領事吉田茂到張作霖那裏去談判，張作霖每遇到對自己不利的話頭，就立刻推說『牙痛』退席，弄得急待解決的問題堆積如山。實際上當時東北排日的空氣，是比中國其他各地還要濃厚。我想，如果長此以往是不可以的，必須在現在想辦法幹一下才行。昭和二年（民國十六年）武藤中將以軍司令身份來赴任，武藤中將在昭和二年六月舉行的東方會議席上曾主張『滿洲問題惟有以武力來解決，別無途徑』。而國家的方針也就決定了武力解決，在此之前，張作霖在大正十四年十二月郭松齡事件發生時，失去武力討伐的自信，一度曾想逃亡日本，但危機一過，張作霖既沒有到關東軍那裏去道謝，也沒想解決『土地問題』。昭和三年（民國十七年）五月下旬，關東軍從旅順進入奉天，我軍是七千人，而與此抗衡的軍隊是三十萬人，為了處置這三十萬大軍，是有佔領地形上要點的必要的。中國軍隊的上官與下屬的關係，有如秘密結社幫會中的頭目與手下黨徒的關係一樣，只有將頭目幹掉，手下黨徒就立刻七零八散。因此獲得一個結論，應該採取手段，除了幹掉張作霖以外，沒有其他手段，而為計劃的實施，幾經研究的結果，故無論從任何觀點來看，都以南滿鐵路與京奉鐵路的南交　點為惟一最適當的地點。不過因為滿鐵的列車，是在京奉鐵路的上邊通過，想使滿鐵絲毫不受損失而達到目的，是很難做到好處的。因此決定安裝三個『出軌器』，如果炸車失敗，就使列車出軌，叫『敢死隊』衝殺進去。當時中國方面常常盜用滿鐵擔保的修建洮昂鐵路的材料，去修建瀋海鐵路，因此日本方面從那一年三月的前後起，為了防止盜用，堆積起沙袋來。我們就利用那些沙袋，將沙土換上炸藥，等待機會行事。

「後來獲得情報，六月一日張作霖要從北京出發回到東北。按時間計算，二日夜間應該抵達已經佈置好的地點。可是張的專車在北京天津之間加速前進，在天津至錦州一段，又將速度降低，又在錦州停了半天，所以專車到皇姑屯比預定晚了很多，在四日五點二十三分才到佈好炸藥的地點。在此之前我們老早就在為防止偷竊車貨而建築的瞭望台裏等待，左等不來，右等不來，一時曾經得不耐煩，大家都要回去，但是張的專車終於來了。我們雖然知道藍色的客車是張所乘的車，但在夜裏是很難辨別出天藍色的，好在我們早已安裝好了電燈。當張的坐車開到佈置好炸藥的地點，我們立刻就將電流接通到炸藥上去，炸藥爆發了，在時間上遲誤了一秒鐘，那輛列車在剛要走過去的時候被炸，客車的後半部全毀，張作霖被炸死了。在事發之後，我就從關東軍借調石原中佐來作助手，從那時起，我便籌劃『滿洲事變』的方案」。

當晚張學良乘機趕到，次日張作相率軍回瀋佈置妥當後，始公開發喪。日派林權助來弔，殷殷以是否易幟相詢，並謂如繼續作戰，日本願如前年郭松齡事變助老帥一樣，拔刀相助。學良以不共戴天之仇，自然拒絕蠱惑。

作霖死後的東北統治權，自然是父死子繼，落在學良身上。當張宗昌、褚玉璞殘部數萬人由山東退至津東一帶，受日本接濟再圖掙扎時，學良曾派人前往制止，並令退回奉天，張、褚拒不受命後，即約白崇禧的革命軍前後夾擊，悉被繳械，張、褚偕日顧問逃赴大連。日本人雖有向學良黃袍加身企圖，終亦未能實現。

學良拒絕了日本諸多的威脅和利誘，毅然就中央所委的東北邊防司令長官。且毫不考慮東北地位處在日本勢力中，仍作種種反日措施；在經濟方面建築與南滿鐵路平行縱貫的鐵路，減低南滿鐵路的侵略作用，興建葫蘆島海港，以與大連港對抗。民眾抵制日貨的運動，和學生反日空氣的濃厚，均是足以驚人的。復資助日本皇道會（即保皇黨）牧野仲顯伯爵組黨經費六十萬日金，以擴充反對田中內閣武力侵略政策力量；且利用金錢拉攏床次二郎冀知關東軍對東北的動態，楊宇霆、常蔭槐的預謀叛變，即係從此線索而獲知，始得防患未然的。民國十九年秋擴大會議戰爭，學良受了權利的引誘，得了海陸空軍副總司令頭銜，忘了日人的虎視眈眈，而揮軍入關，以致瀋陽防務薄弱，使日人有易乘之機，日人便天天製造事端以為藉口。二十年七月間唆使萬寶山朝鮮農民與當地農民衝突，八月間又捏造中村大尉失踪事件，提出嚴重抗議；突於九月十八日夜由石原參謀指揮先破壞瀋陽附近柳條溝鐵路，砲轟北大營，這便是震驚國人的「九一八」事變。而依照田中奏章：「要征服世界，必先征服中國，要征服中國，必先征服滿蒙」的指南，開步走第一步了。這也便是張學良自謂「痛恨日本對華之侵略，年幼時親見日人在東北之橫暴，及長也，明國家之大義，先大夫之遇難，『九一八』之暴行，致痛恨無已。」此即為張學良家仇國恨的呼聲。

作霖以草莽匹夫，當逢日本侵略，軍閥爭權奪利之際，便因緣時會步明末李自成後塵登上中南海寶座，可說是時勢所造成的英雄，也可說是時勢所扮成的丑角，祇以不敢過甚為害國家而遭殺身之禍，亦可說是時代的犧牲者。

# 張作霖魂斷皇姑屯的珍貴史料

耕野翁

一九二八年（民十七年）國民革命軍北伐，軍次濟南，日本軍閥製造五三慘案，當時在北京城自封為安國軍大元帥的張作霖即感覺內戰不能再繼續下去了；加上他所屬的兩個外圍雜牌軍，張宗昌和褚玉璞節節敗退，已退至平津附近。張作霖鑒於革命氣氛彌漫全國，自相殘殺，徒使生靈塗炭，損傷國家元氣；何況奉軍本身既已無抗拒能力，徒然予日俄以「揀便宜」的機會。於是他毅然宣佈奉軍撤出關外，回東北老家。

## 日公使芳澤自討沒趣

奉軍要撤出關外的消息一經傳出，當時北京東交民巷的歐美各國公使都來和張老將話別，尤其日本公使芳澤謙吉最為殷勤，連日走訪不已。張作霖定於六月二日晚，專車啟程。這天，芳澤來到順城王府（張家私產，張作霖即在此辦公，並不使用舊總統府）三次，第一次在上午九時；第二次由下午三時半一直到四時半才走，可是六時又來了。張雖行色倉卒，仍然接見了他。會客室裏，楊宇霆、常蔭槐、劉哲等東北籍高級幕僚俱在，芳澤從手提包內拿出大批文件，向張一面解釋，一面請張在文件上簽字。張的答覆很簡單，他說：「這些文件必須仔細看看，現在很忙，等我回到瀋陽再說。」

芳澤又重複的說：「這些文件都不是新的，多是陳年老案，只要大元帥簽個字就結束了（事實上倒真是舊案，都是袁世凱所訂喪權辱國廿一條中有關東北的條件，如東北各鐵路建築權、南滿鐵路合同，及旅順、大連租約延至九十九年。滿洲中日雜居、各縣鎮設日本警察所等等……）。補簽了字，日本當保證大元帥回程的安全，並保證國民革命軍不能開出山海關外；如果不簽，則恐有未便，請多考慮。」

此時張的態度陡然嚴肅，聲色俱厲的說：「怎麼的？我是東北人，回東北家鄉是我的自由；革命軍也是中國人，打不打，是我們的家事，何勞外人操心。安全不安全，我是不在乎的。我這個臭皮囊可以不要，叫我姓張的賣國，辦不到。好啦！時間不早了，貴公使請回吧，我就要上火車了，咱們東北見。」

這時已是六點廿分，芳澤垂頭喪氣的輕聲告辭；張送到會客室門邊，芳澤走到室外衣帽間，副官把帽子手杖遞了給他。芳澤戴上帽子，拿著手杖，站了一會，又對副官說：「我還有幾句話向大元帥說，請再進去報告一下。」副官入內，見張與楊、常諸人還站著說話，副官報告後，張頭向旁邊一扭，大聲說：「叫他滾吧！沒有什麼可說了。」

副官轉身出室，芳澤不等副官開口，就很快的開步走了。原來張叫他「滾」，芳澤早已聽得清清楚楚了。這個老侍從副官，跟隨張十幾年，當時稱侍從副官為「承啟官」。張、芳兩人這一段對話，是後來閒談中，這位老副官親口告訴筆者的。

## 六月二日專車離北京

又：蔡秘書長供芝曾與筆者談及張老將的專車到達山海關，與日本領事會談經過；及到瀋陽時被炸情況，都是極珍貴的史料。

蔡說：「撤退之先，我本想不走，因我信佛教，北京許多廟裏僧侶，都勸我留下講經。六月二日，張決定出關，我也改變主意，想隨軍回瀋陽家裏看看，過些時候再來；於是臨時趕到東車站，幸好，還未開車，可是車廂裏都是擠得滿滿的，乃沿著月台走，看看那節車，可以擠上去。尋到第四節車廂，看見瀋陽商會會長張惠臨是代表商界來迎張回瀋陽的，與我相識，大聲叫我上車，我正求之不得，擠上去，找得位置坐下。

六月二日正是農曆四月十五日，月色皎潔，人影重重，月台上送車的人山人海，奉軍來時威武，去時倉忙，大家心中不免有一番感慨。特別是專車以十二節頭等車廂組成，於八點四十分準時開行。為安全計，一小時前先開出一列壓道車，隨後再開一列兵車，大元帥專車排在第三列。張作霖隨員趨承如雲，氣概非凡。第一節車全是衛隊，第二節車廂是高級軍官，如楊宇霆、常蔭槐等，第三節才是張大帥單獨使用的車廂，車身漆的深藍色，稱為「藍鋼車」，是津浦鐵路訂製的貴賓車；車內設備完善，有臥室、辦公室、及相當大的會客室。第四節車廂都是文職人員，如奉天省長劉海泉、已故考試院長莫德惠，及已故監察院副院長劉哲、王秘書長樹翰等許多文人，以及從瀋陽來的各團體代表，加上奉、吉、黑三省議會議長、議員，都是來歡迎張回東北的代表人物。第五節是餐車，再其次是廳長秘書們的車廂，最後就是衛隊車了。

專車行駛極快，中途很少停留，不到十一點即抵天津，又是各國領事外賓、中國政府機關首長、各工商團體在站迎送，躭擱時間很久。十二點多，再向前開，大家多已睡了。

## 榆關日領事苦苦糾纏

三日早七點，抵達山海關站，站上迎接的人不多，只有黑龍江督軍吳俊陞及吉、黑兩省政府首長遠道來迎。吳上車坐定，日本駐山海關領事帶同隨員翻譯三人亦至，張在車上接見。寒暄數語，日本領事即拿出大包公事，同芳澤一樣，要求張在這些文件上簽字，張也像對付芳澤一樣，答以「必須仔細看過內容，才能處理，現在行程中，沒有時間。」可是日本領事賴著不走，於是就在車上開起會來。張把車上高級幕僚都請到他的車廂中，在客室同日本領事談判，窗簾都拉下，談的時間很久，看樣子屋裏很熱，氣氛也很緊張，有些從會議室出來的人，都是滿頭大汗，不言不笑，換換空氣又進去。直至十點，休息一會，繼續開會到十二點，日領事們回去，車上也開中飯，飯後休息。下午兩點半，日領事又來，繼續談了兩個多小時。快五點了，祇聽見日本領事說：「請大元帥簽字好了，否則將來你要後悔的。」

張高聲說：「我決不後悔！決不後悔！你們願意怎樣就怎樣，我決不賣國！」

日領事這才無可奈何的下車走了。張專車馬上飛奔疾馳而行，這已是六月三日下午六時了。按正常行車時間，這時已是到達瀋陽之時。平時京奉路快車從北京開出，一天一夜就到瀋陽，這次因為日本領事在山海關糾纏不已，所以延誤了一天，專車行駛了一整夜，已是四日早晨。吳俊陞悄問：「天氣稍冷，大帥需否加衣？」張作霖視腕錶，已五時卅分，漫應道：「算了，馬上就下車了。」

## 天崩地陷張大帥遭殃

車到皇姑屯中日鐵路交叉地點，機車已進入陸橋下。因為日本鐵路在上面高架橋樑，中國鐵路從橋下通過。日本軍閥利用沿途與張糾纏時間，乘三日夜間已把炸彈安置橋下，接通電流，靜待藍鋼車駛過。京奉路客車一向都是紫檀色，使用多年，設備陳舊，只有津浦路幾年前向外國訂製一部份藍色鐵皮客車，這次張回瀋陽，鐵路局特別借用津浦路比較現代化的藍鋼車，以示隆重，不料反作為日本人最顯明的攻擊目標。

當時在張車廂中的人，陪張老將打了一夜牌（張喜歡在車上打牌消遣），因為快到行程終點，才各回各的車廂去換衣整裝，準備下車，所以張的車廂中只留下吳俊陞及幾個侍從副官衛兵。驀然間，炸彈一響，有如天崩地陷！張的專車前後三個車廂立時翻倒，前後猛烈撞擊，面目全非，後半段倒臥起火，車上人向車下跑，歡迎人們分頭四竄，秩序大亂，傷者呻吟，雜以槍聲四起，有如戰場。同時鐵路兩旁有大批武裝日本軍隊出現，幸而在場的軍政人員十分機警，當時聽見有人大聲喊不得開槍，聽聲音知道是常蔭槐在喊。中國軍隊幸未開槍，日軍也失了擴大肇事的藉口了。

這時瀋陽憲兵隊趕快跑到被炸的車廂前，搶救傷亡，吳俊陞與潘復及弁從多人當場炸死；另外莫德惠、劉海泉、劉哲等都受輕重傷。張景惠雖受重傷，事後醫好，大難不死，三年後出任偽滿洲國總理。張大元帥則受重傷，人們趕快把張、吳兩人抬上汽車，開入城裏督軍署（即張住宅），經過急救後，張慢慢清醒過來，睜眼就問：「捉著沒有？」

眾說：「捉著了。」

再過一會又問：「六子（張學良乳名）來了沒有？」

眾答：「就到哪！」

一會兒，張即重傷逝世。一代強人，死於倭寇陰謀，享年五十四歲，惜哉！

## 秘不發喪待少帥歸來

當日瀋陽城內，群情惶惶，經元老政要們議定，在張學良未到瀋陽前，暫不發喪，使人心歸於安定，使強鄰莫測虛實。四日上午十時，日關東軍司令部參謀長前來慰問，當由省長熙洽接見，告以大元帥遇險微傷，正在安睡休息。日參謀長走後，駐瀋總領事吉田茂又來，由外交秘書某君代見，也照熙洽說詞答覆。不久，日總領事太太來訪張的五姨太（即壽夫人），她正披頭散髮，哭得像個淚人，但非親身接見不可，乃命副官陪入客廳稍候，自己趕緊梳洗打扮，艷裝華服如平日，走進客廳，連聲道歉說：「因為大元帥遇險輕傷，並受驚嚇，我侍候他抽過大烟（鴉片），安置睡下，致勞久候。」一面命副官開香檳相互舉酒乾杯，共慶大元帥鴻福齊天，得逃大難。談笑風生，毫不露悲戚之狀，盡歡而散。

但張雖秘不發喪，吳俊陞家卻從早晨八點就開始去找棚舖綁紮，蘆蓆木杆，車運頻繁。北方習俗，婚喪大事，必須搭棚，以廣延納，吳家院落大，所以搭棚也大。正在忙亂不堪之際，有人建議，張未發喪，最好吳家也莫忙亂，但已運了半天蘆蓆木杆，市面都知道吳公館辦喪事，現在怎麼解決呢？後來有人出主意，特在大門外貼一張紅紙「啟事」，說是：「今早皇姑屯炸車，吳大帥受傷，暈迷回家，流血過多，由西醫急救，頃已復甦，脫離險境，仍待靜養，敬謝親友承問。」

翌日，日本軍閥所辦之中文報紙《盛京時報》，在第一版頭號字宣布：「京奉路皇姑屯車站發生炸彈案，張元帥吳督軍專車中彈，除張吳外，莫德惠、劉哲等要員遇難。」當時炸車，除張吳外，確有十餘人死傷，但係副官隨從，莫、劉等因回自己車廂整裝，得免於難，雖受傷害，均不嚴重，都入醫院靜養。見報立即打電話給該報社要求一面在報上正式更正，一面要報社派人來訪問，證明都是健在無恙。這樣一來，一切大出關東軍原訂計劃之外，關東軍以為炸彈一響，張被炸死，群龍無首，瀋陽政局必致大亂，他們好乘火打劫，實行武力佔領，所以專車火起，皇姑屯至大西關附近預伏之武裝日軍，四面出現，準備武力行動。及炸車當時，除少數無知市民奔竄，旋即歸於平靜，而軍警政要人員立即傳令戒嚴，禁止行人，截斷交通，從容把傷亡者搬上汽車，運送入城，除各家屬外，車中人生生死死，外人絕不能詳。

六月八日，各方始微知炸車時，張左腿胸部因撞擊出血甚劇，因恐再遭伏，歸家途中座車又多方迂迴，搶救無及而死。其間日方既不敢強力侵壓，擅開兵端；又不能外交勒索，劫取權利，一時無所措手，只好暫且觀望，以待局勢明朗，再作計較。因而得予六月六日張學良由北京秘密潛回瀋陽，終於安然到達。政要元老們並共同決定，依照中國傳統，父死子繼，凡張老將生前所任公職，除大元帥外，其餘奉天督軍、東三省巡閱使、東北邊防司令長官等職，全部均由少帥繼續擔任。一切安排妥當，始於六月九日，正式發喪。而日本少壯軍人已失去了興風作浪、渾水撈魚的機會了！

## 日方發聲明欲蓋彌彰

列車爆炸後，張作霖致死的原因，雖盡了最高保密的能事，但消息仍不脛而走，各地報紙對日軍拒絕共同調查肇事真相，深表不滿，並直率指責爆炸行為係出於日軍陰謀，一時輿論譁然，極受國際間之注目。日本政府難保持緘默，乃於六月十二日，以陸軍省名義，發表聲明，原文如下：

北寧與滿鐵（即長春路南段、日俄戰後轉讓日本）兩線交點，設有陸橋，滿鐵線在陸橋上方通過，故該橋應視為滿鐵線之一部，由日管理之。張作霖元帥返瀋之前日，中國憲兵曾要求於右述地點設置警戒，我滿鐵守備隊認為係適應事機之舉，遂予許可；惟中國軍方於配置警戒之際，進一步要求將哨兵配置於陸橋上方，因超出容忍範圍，未予認可，因此陸橋下方之警戒由中國軍方擔任，陸橋上方之警戒則仍由日軍負責。其警戒方式：晝間由分遣所瞭望台之哨兵行目視警戒；夜間則由分遣所人員行游動監視。六月四日凌晨一時許，陸橋附近有可疑份子三名，攀登滿鐵線路基，幾經喝問，突遭射擊，我游動哨兵於還擊中射殺兩名，經我軍檢查被射殺者屍體，搜出手榴彈兩枚，及書信三封，其中二封為私信，一封則為國民革命軍東北招撫使之信件，並記有張之列車行動時刻；據此研判死者顯係革命軍之便衣人員。四日拂曉，我方警戒自游動位置撤回瞭望台監視中，北寧線上適有列車通過，當近陸橋瞬間，突然發生爆炸，一時烟塵瀰漫，遮蔽現場，左近並時有槍聲。我守備隊不明真相，乃進入掩體，注視狀況之發展，並準備應戰；但未幾槍聲停歇，一切靜止，爆炸現場迄今仍在嚴密調查中，而目前所可判明者，為鐵橋之雙軌橋樑被炸毀，橋腳上部傾塌，列車之部份車廂頂端被擊破，其破壞力顯非投擲性炸彈所可能，想像中必為大量炸藥預置於橋樑下引發所造成。張之特別列車，行動時刻既屬機密，其前後並有警衛車二列，且連日軍隊移動頻繁，北寧路上兵車充斥，日軍豈能預知張之行動而行爆殺？

以上聲明，顯係日軍搪塞性之謊言。在日軍嚴密警戒下，安裝大量炸藥，進行爆炸，談何容易？其為日軍掩耳盜鈴欲蓋彌彰之舉，昭然若揭！

## 河木大佐的狂妄主張

但是日本軍閥何以突然對張作霖遽下毒手？事實真相又如何？此中秘密幾於冷藏了二十年之漫長歲月，直至第二次世界大戰結束、日本投降後之東京審判中，始由日本前陸軍省兵工局長東宮隆吉少將全部揭露。

原來炸車時，東宮隆吉任瀋陽獨立守備大隊中隊長，駐陸橋附近。溯自一九二七年（民十六年）亦即昭和二年四月二十八日，政友會（日本政黨之一）擊敗若槻內閣，取得政權後，由總裁田中義一領班組閣，田中為日本長州軍閥山縣有朋元帥直系，於大正十四年（民十四年）四月，繼高橋是清出任政友會總裁，積極主張「對華強硬政策」，甚合少壯軍人派脾胃。組閣後，適值我國民革命軍第一次自南京渡江北伐，日閥鑑於中國統一將影響日方既定之大陸西進政策，乃斷然向山東出兵，強加干涉；並於六月十七日，在東京霞關官邸，召開震撼國際的「東方會議」，會後，於七月七日發表對華政策綱領八條，其含義如下：「一、敵視中國之國民革命。二、將滿蒙地區置於特殊地位，以為征服中國稱雄世界之基石。」並於七月二十五日，依對華政策綱領，擬具上奏文（即震驚國際之田中奏摺），懇請宮內大臣一本喜德郎代奏於日皇裕仁。

自此，日本政府悉改過去作風，對中國國民革命行動加強干涉，各地駐軍更橫行無忌，也由此激起了我全民愛國意識，各地排日怒潮風起雲湧，抵制日貨運動如火如荼；即日本視為「特殊地位」之東三省地區內，排日事件亦層出不窮。

張作霖身為東三省軍政首長，因久居京華，逐鹿中原，自謀不暇，自無對日人積極負責之表現，有關日人權益待決案件，堆積如山，甚少過問，終於引起了日人之疑慮，及關東軍之不滿。

一九二八年（民十七年）五一八，田中聲明發表之同時，關東軍司令部密議，乘張敗退出關之際，迫其下野，但在會中，有高級參謀河本大佐憤然吼道：「殺死張作霖豈不是一切問題迎刃而解！」他並作進一步的解釋說：「迫張下野，誰能保證其繼承人之改弦易轍？若較張更難控制又如何？殺死張作霖，其子張學良必不善罷干休，其部下亦必騷動，我軍可藉維護治安名義，解除奉軍武裝，一舉佔領滿洲，進而另覓屬意人員，在我軍保護下，組織政府，滿洲權益問題豈非一勞永逸？」

河本的言論一出，與會少壯軍人群起響應，關東軍司令松岡中將面對激動之群情，又曾屢獲田中首相「放手而為」的指示，遂裁定照河本主張行之。而皇姑屯炸車，及一舉佔領滿洲之計劃，於焉開始。

## 日本人恨透了張老將

河本大佐在關東軍司令授意下，首先派遣竹下及田中兩參謀，藉向北京武官處聯絡名義，從事調查張之列車編組，及行車時刻，並飭關東軍特務機關，於山海關錦州沿途各站，密佈偵探，以傳遞張之行動情報。炸張地點，經圖上詳究後，選定北寧與滿鐵兩線之交點皇姑屯，現場佈置及執行，則交由駐留當地之守備隊長東宮上尉負責，並自朝鮮新義州調遣兵工一組，携電氣發火之五百磅高爆炸藥箱兩個，配屬其作業。五月二十日關東軍為配合佔領東北計劃，將司令部自旅順推進於瀋陽，並將獨立守備隊第十四師團，第二十七旅，外山旅團、安田混成旅團，及大刀飛行聯隊之一個中隊（戰鬥機十二架）等先後集結於瀋陽。又自滿鐵線調往瀋陽車站機車十部、客貨車廂百部、作業手兩百人，以便關東軍自瀋陽向各地出兵。在部隊集結之同時，關東軍即向大本營呈出「滿洲佔領行動計劃」，其要旨如左：

（一）將主力自瀋陽調至錦州義州方面，以止拒關內之中國革命軍；並適時解除撤退中奉軍之武裝。

（二）以一部進出新民屯、新家屯方面，以掩護主力之行動。

（三）請大本營增遣兵力，配合滿洲駐屯軍，相機向哈爾濱、齊齊哈爾方面出動，以完成滿洲之佔領。

然日軍越出滿鐵沿線地區，形同向國外興兵，須奉日皇裁可之命令（日入簡稱奉勅命令），故關東軍於瀋陽集結後，因靜待「奉勅命令」之下達，而並未行動。關東軍預定向各地出兵之開始時日，計劃中已訂為五月二十二日夜十二時正，是晚全軍官兵床前待命，各部隊受頒命令之軍官則澈夜守候於司令部內。但迄二十三晨，「奉勅命令」終未到達，雖經電詢大本營，並未獲出兵之許可。何以奉勅命令屆時不下？緣田中首相已暗中委派小川鐵相及町野武馬大佐（張作霖顧問）與張作霖在北京密商滿洲鐵道借款條約。五一八田中聲明之後，日方已加緊迫張接納條約中各項條件，待張返瀋即行換文儀式，約定，則日將貸張鉅款，在滿洲地區增建五條鐵路，由日人管理，並沿線駐軍保護，從而兵不血刃囊括全部物資，支配整個東北。（按：這個新條約的提出，張是絕不接受的，所以張老將在北京對芳澤，在山海關對日本領事都大聲喊說：叫我姓張的賣國是辦不到的！）但恐國際間之干涉，故在未成事實前，極度保密。可是張老將決不守密，每次說到此事，就大聲喊，所以日本恨透了張老將。

## 五十元代價送三條命

是時關東軍調度就序，不見「奉勅命令」，以中樞對華政策之躊躇，甚感不滿；而奉軍之撤退開始，可利用之機會不容稍緩，乃決先單獨進行列車爆炸計劃，以引發全面之軍事衝突。河本大佐進行爆炸計劃時，為掩飾世人耳目，曾導演了一齣雙簧：五月二十七日，河本於司令部約晤日本浪人安達隆集，託覓效死華人三名，安達轉託瀋陽黑社會老大劉戴明，並引見於河本，以二萬元成交。當時瀋陽下流社會中，多吸毒之無業遊民，些微代價，即可驅使赴湯蹈火，劉即以五十元薄酬，覓得吳貴生、張文才及查大明三人，並命於「六月四日晨一時，往皇姑屯陸橋附近日軍哨所，密將日人交付之信件取回。」屆時查大明因腹痛未往，吳、張兩人按時出現，遽為哨側日軍伏兵所刺殺，屍體則被利用，一變而為國民革命軍之特務工作人員。

虎口餘生之查大明，於炸車後第五天，終被日軍特務捕殺，瀋陽黑社會老大劉戴明則被押至旅順。但此一機密，劉已洩露於外，東北當局深感事態嚴重，乃全力約束其軍隊勿與關東軍衝突，故車炸後，關東軍肆意挑釁，並驅使日本浪人在瀋陽濫製糾紛，亦未釀成事端，終使關東軍之出兵計劃擱淺，預期之滿洲事變苟延了三年，也終於助成了東北易幟，中國統一之大局。

一月後，田中首相洞悉事件真象後，對關東軍妄為，痛心疾首，曾向宮內大臣意懶心灰地說：「唉，一切完了！」

# 張學良殺楊宇霆與東北易幟

金典戎

「東北王」張作霖在國民革命軍北伐前的那一兩年中，誰都知道他身邊有一位最紅的人，是總參議楊宇霆。早在張學長（漢卿）建議乃父張老將實行軍政改革的時期，便由楊宇霆兼任了瀋陽兵工廠總辦。迨第二次奉直大戰，吳佩孚一敗塗地，奉軍大舉入關以後，楊宇霆且一度充任江蘇督軍。他當時在東北軍中的人望之高，無出其右者。

自張老將在皇姑屯被炸身死，張學良子承父業之後，楊宇霆更以東北元老自居，居常倚老賣老，並不把漢卿看在眼內。

有一次楊宇霆的老太爺做七十大壽，東北的要人紛紛趕到楊府稱觴祝嘏，張漢卿因為同他的關係不同，所以那天去得很早，上午十一時便到了楊府，楊宇霆把漢卿招待在內室小客廳裏之後，便又忙著到大客廳招待其他的客人去了。

## 呼「阿斗」氣煞張少帥

漢卿那時已是東北軍政的最高負責人，能夠隨便陪他聊天的人也不多，有資格的，也只是到小客廳向他敷衍幾句，又出到外面玩鬧去了，誰也不願意同他坐在一起，受些無謂的拘束。

這時，張氏父喪未久，心情鬱悶，加上彼時身體健康欠佳，一個人悶在小客廳裏，不知不覺就睡覺在沙發椅上了。正當張氏小作瞌睡的時候，楊宇霆同常蔭槐（彼時的黑龍江省省長）一同走了進來，此時張氏其實已經醒了，不過迷迷糊糊地不願意立即睜眼而已。不料就在此時，張氏卻聽得楊宇霆對常蔭槐低聲地的說：「阿斗！」這兩個字雖然聲音低，卻說得清脆有力，不消說，楊宇霆所謂的「阿斗」，意思當然是指張氏而說的了。這個時候張氏反而只好裝睡到底。楊、常二人張望了一下，也未再說什麼，又相將走出了小客廳。

張氏是一個有作為的人，而今居然被人把他指為「阿斗」，叫他如何受得了！他內心對楊氏的憤恨，當可推知。而在事實上，楊宇霆這個人，也並非對東北毫無野心者，平常又有依俯楊氏的人從旁推波助瀾，楊氏那時對張，也就存有取而代之之心。

自從奉軍退出關外，張作霖被炸身死後，對於未來的決策，當時在內部顯然分了兩派：一派是以少帥張學良為首，主張擁護國家的統一，以犧牲小我。另一派則以元老重臣楊宇霆為首，主張憑藉日本的勢力，以閉關自守，不再接受中央的命令。

## 「小爺」把楊常幹掉了

那時，中央、兩廣以及閻錫山、馮玉祥等各方面，都派有代表前赴奉天做聯絡工作，中共派去的大員是吳鐵城；兩廣派去的代表是劉震寰（劉氏為民國初年四大總司令之一）；閻錫山派去的代表是趙戴文；馮玉祥派去的代表是他的參謀長邱斌（邱氏於三年前病歿於九龍新界）。在這些位代表之中，張氏的左右似乎對吳鐵城氏都抱有相當好感。

楊宇霆當時為了阻止張氏歸順中央，便積極的發動倒張運動，在當時的東北軍中曾有好多高級人員接到楊氏的任命狀。

有人把這種情況報告給張學良，張氏覺得這件事非常嚴重，但為了避免洩露，又不便同旁人去商量，其間，只曾把他的兒女親家鄒作華將軍請了來，同他秘密的商討過一次。

隔了沒有多久，楊氏的陰謀，終於被張氏偵察得清清楚楚了。張並且知道參預楊氏陰謀的人，在高級人員方面，只有常蔭槐一人。

張氏此時的心情，最為痛苦，他如果不剷除楊、常兩人吧，他本人就隨時隨地有被打倒的危險；倘如對楊、常採取斷然手段吧，他又投鼠忌器，怕引起東北內部發生問題，而變生肘腋。

我記得有一天晚上，我同張氏左右親信的一班朋友們如黃顯聲、張振鷺、譚海等人，在奉天國民銀行有一個小小的聚會，時間大概是當日下午五點鐘左右，不久張氏的承啟官裴某，慌慌張張的走了進來，一見黃、譚二人就說：「總司令到處找你們，還不快去。」

黃、譚二人就這樣被裴承啟拉走了，我們只是四五個人的小聚會，他們兩個人一走，其餘的人再也鼓不起興緻了，只好一面吃酒，一面等候他們兩人回來。

黃顯聲那時的職務是宣傳總隊的總隊長，譚海則是張氏的副官長兼衛隊旅長，都是經常不離張氏左右的人，所以張氏特別派人把他倆找回去，原是常有的事，我們再敏感也想不到是發生了旁的事件。

一直等到了八點鐘，還沒有消息，張振鷺打電話一問，得到的答覆，都是說他們到總司令辦公室去了。那時張振鷺身任財政廳廳長，也是張氏左右紅人之一，此刻有點忍耐不住了，就對我說：「你在此等一等吧，我去把老黃和老譚拉回來，你可千萬不要走，我們要在這裏玩個通宵才能散場的。」

張振鷺去後，我一人等到了十點鐘，才見張振鷺興冲冲的跑了進來說：「我們玩不成了，我告訴你一個消息，小爺（指張學良）把楊宇霆和常蔭槐已經幹掉了！」

我因為那時在教育機構服務——任東北高等軍學教育班教育處處長——對於楊、常的事，事前所聞無多。所以乍聽這項消息，覺得非常詫異，立即問道：「為什麼事？」

張說：「我剛才跑到帥府，等了一會，才看見老黃出來，他說小爺找他和老譚回去，是叫他們辦一件大事。」以下是張振鷺轉述黃顯聲告訴給他的話：

## 一塊銀元向天「打卦」

原來，當張學良證實了楊、常兩個人的陰謀以後，經過了兩三天的考慮，卻不知如何處置的好。直到了出事那天的下午，楊宇霆陰錯陽差地忽然給張氏打來了一個電話，說他準備在下午四點鐘，同常蔭槐省長一起來見，要和他談談。

楊宇霆這個人，身體矮矮胖胖的，上半身生得特別長，下半身就顯得格外的短小，他坐在椅子上，雙腳時常懸在空中擺來擺去，因此有人說這是主賤之相，似乎註定了橫死的命運！

另外也有人說，楊宇霆這個人雖頗有才幹，但就他被殺這件事而論，他自己確實有「取死之道」。據譚海事後透露：自張老將死後，楊宇霆根本沒把張學良看在眼裏，他每次同張氏見面，都是大言不慚的，指摘張氏左不對、右不對，氣燄之盛，常使張氏受不了。他這次和常蔭槐一起來看張氏，在言談之間，又和張氏頂撞了好一陣，使張氏難堪之極，終至使張氏忍無可忍，拂袖而起。

張氏氣呼呼地回到內室，臉部蒼白，一言不發，在無可發洩的情形下，只好抱著老帥的牌位，號啕大哭一場！

黃顯聲和譚海這時已被召回府了。譚走進內室，親眼看到張氏哭了一陣，又見他跪在地上，拿著一塊銀圓向天打卦，也真是巧得很，他一連向空拋了三次，銀圓落下來的都是陽面（據說張氏跪下卜卦的意思，是暗中禱告天地，楊、常二人該死則為陽面卦，不該死則為陰面卦）。

這個時候他便住了哭聲，整了整衣服站起來，當面交代了黃顯聲和譚海，要他兩人負責處決楊、常的任務。

當時張氏向黃、譚兩人說：「我已經證實楊宇霆和常蔭槐兩人連結一起，圖謀不軌！我命令你們兩人，現在就到小客廳裏面去，把他們兩人當地執行槍決，執行之後，速來回報。」

黃、譚兩人奉命後，立即走了出來，除派人把楊、常帶來的衛士先解除武裝外，他們兩個就每人手裏拿著一挺手提機關槍，站在樓梯上，用一頓亂槍，居高臨下，把楊、常兩人當場擊斃在小客廳裏沙發椅子上。

張振鷺講完了這段故事，還特別的給張學良加上一個評語，說他「有担當，有魄力。」認為我們捧像他這樣英雄性格的人，就是有什麼犧牲，也是值得的！

## 吳鐵城是送禮「專家」

我在前面已經說過，在張老帥被炸身故以後，各方面派在東北的大員很多，他們的主要目的，都是想來爭取張學良的合作。但論起作風來，各方代表卻各有各的一套手法。

先說閻錫山的代表趙戴文，趙氏在山西做過省長，山西人的節儉是有名的，趙戴文到奉天來只帶了一千銀圓的旅費，連吃帶用，兩三個月下來，所餘也就有限了，那個時候正趕上張氏卅六歲的壽辰，據說趙氏連致送一筆壽禮，都得向太原去電請示。這種寒酸相，還談得上什麼對外交際和拉攏。

邱斌是馮玉祥派來的代表，他只帶來五百銀圓，景況比趙戴文還差，他住在商埠地一家小旅館裏，每天都是省吃儉用的維持著，更說不上對外展開交際工作。

兩廣的代表劉震寰雖比較好一些，但也說不上什麼從心所欲，和揮金如土。

其中唯有中央派來的吳鐵城，據說吳氏在臨到東北來的時候，蔣先生當面交給他一個交通銀行提款的摺子，並且交代他，只要他認為有價值的用款，是不限制數目的，可以任意支取。

那次蔣先生給他暫時撥來的款項是銀元二百萬元，不足時還可以隨時加撥，氣魄之大，一時無兩。

那時各方面來到奉天的代表，有的人是光桿一個人，有的人也只是帶一兩名隨從人員，只有吳鐵城帶來的有隨員、有秘書、有譯電員、有副官，陣營強大，儼然是一個小型的「外交代表團」的姿態。

在用錢方面，吳鐵老更是闊綽異常，據我所知道的情形，那時東北稍為知名一點的人，只要地位在上校課長以上的，每人都可以得到吳鐵老的一份禮品，至於價值方面，普通禮品亦必逾千，較重者甚至累萬，出手之大，可以想見！

吳鐵老那次住在張氏招待他的一家賓館裏，一到傍晚，那裏常常是賓客如雲，東北的大員，除了張學良本人外，幾乎都成為吳鐵老座上的嘉賓，參謀長榮臻、省長臧式毅、師旅長王以哲、何柱國、工兵司令柏桂林、輜重兵司令牛元峰、屯墾督辦鄒作華、財政廳長張振鷺、機要秘書朱光沐、電話局長康瑞符、軍長胡毓坤等，都是每天必到的客人。

當張氏壽誕那一天，張本人老早就跑到北陵別墅避壽去了。我們一群部下，自然也是追踪而往，我記得就在那一天早晨，我同譚海副官長正在北陵別墅大門口眺望風景，看見吳鐵老遠遠的坐著一輛汽車，從城內風馳電掣而來。

他到了門口，先同我們兩人打招呼，這時他看見了大門上懸掛的國旗——此時還是掛的五色旗，便笑著對譚海說：「這旗子是誰掛的，告訴他們趕快向上拉一拉，喜慶的事，怎成了下半旗啦！」

老實講，我同譚海站在那裏很久，都未曾注意到這個問題，一被吳鐵老指了出來，都覺得有點不好意思！

由這件事看來，可以說明那時吳鐵老和我們的關係已完全打成了一片，到了無話不說的地步，彼時東北雖未改懸青天白日滿地紅的國旗，但東北的未來動態如何，已經可以從這件小事上看得出來了。

## 「易幟」會議喜氣洋洋

張氏壽辰過後不久，為了東北的易幟問題，張學良還特別召開了一次會議，以聽取大家的意見。但誰都知道，那時的東北易幟，已成定局，所謂會議，不過是一個形式而已。

張氏那次在會議席上說：「自從老帥歸天以後，我認為老帥被害這件事，雖是我張學良的家仇，但也是我們的國恥！日本軍人為什麼必須要把老帥置諸死地？說穿了，還不是因為老帥有強烈的愛國心，不肯做日本軍人的走狗以出賣國家。刻下經過我長久時間的考慮，我覺得我如果想要報仇雪恨，就必須擁護國家的統一，你們大家都是追隨老帥，和同我共事甚久的袍澤，我希望聽取你們寶貴的意見。」

張氏的開會詞說完後，我當時曾暗中察看了一下與會各人的神色，見大家的面孔上都是喜氣洋洋的，沒有人顯出不同意的樣子。

沉默了一段短時間，屯墾督辦鄒作華站起來說了幾句話，他說：「各位先生！總司令對楊宇霆、常蔭槐處置的內幕，雖已公佈，但其中楊、常最主要的一項罪名是：『勾結敵國，破壞統一。』當時考慮外交上的因素，並未對外公開，我今天特別把他提了出來，是為的要使大家明瞭總司令擁護政府統一的決心。」

經過鄒作華一解釋，就是內心裏有點疑慮的人，此時也不便表示異見，立刻會場中的空氣，又顯得沉默起來了。

參謀長榮臻此時卻站了起來說：「各位如果對總司令提出來的意見，和鄒督辦補充的報告沒有意見，大會就按照總司令的指示去執行了。倘各位有持不同見解的，請現在發言。」可是，在會議席上，並沒有任何人提出反對的意見。

那次會議以後，張氏立即採取了左列三項重大措施：

第一、立即下令取消東北自行宣佈的「東北保安總司令」名義。

第二、立刻通電聲明懸掛青天白日滿地紅國旗，擁護政府統一。

第三、同日宣佈就任中央所任命的「東北邊防司令長官」職務。

東北易幟問題，就這麼完滿達成了。

# 胡漢民勸阻張學良下野一幕

秦嶺雲

民廿一年冬月，張學良離平到滬，準備出國。不久，放洋成行。至此，東北軍不惟因失去地盤早成其為流亡部隊，即由老帥張作霖所遞嬗的統帥權亦告中斷。自東北淪陷於日寇之手，全國人民，固無不痛心疾首。但演變到張學良因此下野出國與東北軍由此陷入群龍無首，則當時或有人私衷稱快。政治上的恩怨，實在太難說了！

## 張少帥揹不住十字架

東北之被強鄰覬覦，其最大原因，在於它的大而且富。正合著「匹夫無罪，懷璧其罪」那句古話。日本人對東北眼紅了幾十年，也就經營了幾十年。除非中國有突然強大的奇蹟發現，或遲或早，日本人必將攫此大片沃壤，原自不在話下。猶憶民十九年吳鐵城在東北說服張學良歸來後，既發表「不到東北不知東北偉大」的名言，又於其報告中陳說瀋陽兵工廠須經兩小時的汽車行程才能窺其全貌等壯觀之語。山海關外，情況如此，在當時來說，確令人聽了暗地吃驚。彼時東北雖已易幟，歸順中央，但有如此根深蒂固的地方勢力綿亘其間，這一部份的土地人民主權，仍有似鼻尖上的飯顆，看得見而舐不到。反之，若此一地方勢力一任其繼續擴展，則終有一日，尾大不掉，將不止於榻旁鼾睡。何況北洋政府時代東北軍的飲馬長江，其印象猶自新鮮活跳。所以當中樞對東北猶在疑懼交縈之際，日本人卻不管三七廿一，掀起「九一八」瀋陽事變，輕而易舉地乾脆將它囊括以去。

迄至東北既失，東北軍雖皆成為喪家之犬，退駐華北，但仍擁有數十萬眾，猶屬不可忽視。張學良雖仍擁有軍事委員會北平軍分會之高位，但彼時他實已處於外感內鑠之苦境。

所謂內鑠者：「九一八」事變以前，張學良對日態度原屬相當強硬。單就其推翻老帥成規，取消日本派駐東北官員的津貼一點而言，已可概見。至於當時對日方不抵抗的決策，實為中央在幻想國際聯盟出面干預下的產物，原非出於張的本意。張學良當時以受禍最烈的人，睜眼看到田園廬墓，化歸烏有，白山黑水，敵騎縱橫；於舉國惡咒毒罵下，還要揹上不抵抗的十字架，忍辱負重，自始至終地不敢片言分辯。這份內心苦悶，試問如何忍受。所以唯有一走，以謝國人。

## 鄒魯忘不了奇恥大辱

所謂外感者：（一）當時太原的閻錫山、張家口的馮玉祥，在輩份上，都是和老帥張作霖一字平肩的兄弟行。張學良原在子姪之列。但在名份上，則學良以副帥之尊，凌駕於閻馮之上。此在民十九年東北軍入關之初，少帥聲威，猶可無視一切；但自瀋陽變作，形勢全非，他成為國人交謫之「不抵抗將軍」，猶以晚輩掌握華北軍權，寧不芒刺在背，坐難安席。何況民十九年汪精衛與閻、馮等在北平所搞的擴大會議，是由東北軍入關弄垮的。閻老西的山西王國，垂拱廿年，那次竟大栽觔斗，逃往大連，亦即由於東北軍入關的影響。此時閻、馮等不待正面報怨，只須遇事與張採取不合作態度，已收掣肘之功。可是華北全部責任卻偏落在張學良的身上，如此局面，試問他怎樣担當得起？

（二）南京方面的汪精衛、鄒魯等，又各以政治上的恩怨，皆不惜借題發揮，對張嚴厲抨擊。汪、鄒抨擊的動機，除如上所云出於東北軍弄垮擴大會議之餘恨外，鄒魯又滲雜著其私人洩忿的成份在內。事因民十九年擴大會議期中，鄒魯曾去瀋陽，擬向學良遊說。不料閽者見鄒氏服裝樸素，態度寒酸，狗眼窺人，已先把他看低三分。及見其所示名刺，僅著「鄒魯」兩字，並無赫奕頭銜。儘管他的大名，響遍華中華南，而在大部份東北人的腦海裏，尤其在東北低級軍人的腦海裏，壓根兒便沒有這兩字的踪影，於是肯定地估斷他為打抽豐的江湖遊客，漫不為禮，拒絕通報。如此無禮，自是鄒魯生平的奇恥大辱。後來雖經學良賠禮謝罪，這心頭上的疙瘩總難抹去。此時抓住不抵抗的大題目，為了公仇私怨，自然要大做文章。

## 胡漢民對張的愛與惡

（三）至於胡漢民呢，論政治地位，胡和蔣先生、汪先生同為國民黨的核心領導人物。論政治手腕，胡、汪卻嫌不夠高明。自北伐起以至胡氏下世，在政海中，不過是汪去胡來，胡來汪去，總搞不出一個什麼名堂來。論到反擴大會議之役，蔣胡二氏倒原是站在一條邊的。吳鐵城之出關遊說張學良，據傳也是由於胡的保舉。故於東北軍之入關弄垮擴大會議，胡對於張學良原認為是「孺子可教」的。但因後來蔣張之間，關係倍形密切，以胡氏的褊激，已不免介介於懷。及至他因反對不抵抗的主張，一度被禁湯山，揆之「愛其人者兼愛屋上之烏，憎其人者惡其餘胥」之義，此時胡漢民心目中的張學良已由「屋烏」變為「餘胥」，則其對張之不免於醜詆怒罵，固為事所必然。

此外，馬君武所寫的「溫柔鄉是英雄塚，那管東師入瀋陽。」及「瀋陽已陷休回顧，再抱佳人舞一回。」等絕句。雖皆為不盡不實的浮言，但以馬氏在政界和學界的地位與聲望，當時南北傳誦，誰也不敢說他是向壁虛構的。因此，張學良又由「不抵抗將軍」，進一步被人認為是毫無心肝的陳叔寶。到此境界，張學良縱是鐵漢，也經不起這般銷鑠。天壤茫茫，直是容身無地了。

## 劉震寰赴北平作說客

正當張學良醞釀下野出國之際，其時劉震寰以西南方面（兩廣）軍事代表的身份留駐上海，並負責與華北方面謀取聯繫，齊一步驟，俾向南京構成南北夾擊之勢。這一舉措是胡漢民於湯山脫險後，離京過滬返粵時與劉震寰及謝持、鄒魯等所定的策略。謝、鄒兩人隨胡氏赴粵，劉則獨留上海担負此項聯絡任務。胡漢民既返抵穗垣，蕭佛成、鄧澤如等一班老同盟，均以同仇敵愾心情，決定與南京分裂，組織西南政務委員會，成為對立局面。而留在南京的粵籍同志，激於義憤，雖以王寵惠與蔣先生關係之深，亦竟撕毀了五萬元的鉅額支票，毅然南下。這時的張學良，坐困北平，積鬱萬般，值此變局，不覺靈機一動，乃遣顧維鈞赴上海，迎劉震寰前往北平一談。張的這一舉措，和胡漢民等所預定的策略恰相契合，劉氏於行前先與胡漢民函電密商，決定先到北平與張見面後，再轉太原與閻錫山密斟，期能團結北方力量，並以支持張學良為第一步。此時的胡氏之對張學良，已從抨擊一變而為支持了。

劉、張在北平晤見時，張學良除詳為訴說其處境外，並謂：「東北之失，老百姓不知箇中真相，對我指名叫罵，情有可原。而展堂先生們都是參預密勿的人，乃亦不能稍予假借，實在令人痛心。何況山西方面，因擴大會議舊嫌，宿怨未泯。各方對我節節進逼，已非我所能招架。形勢如此險惡，恐非一走無以了事」等語。劉氏當時自然對張大加慰藉，並多方解釋胡先生以往對張之誤會，及中說此來用意，勸張切莫灰心出走。

## 閻錫山擋駕誤了大事

劉一面對張下說詞，同時又專函太原閻錫山，告以即將前往訪候。旋接閻氏覆信，頗使劉氏失望，原來覆函內容，多屬浮詞，結筆始畫龍點睛，指出：「中央於足下行踪，不無注視。遠道辱訪，掃榻未遑。道路多艱，還祈審察」云云。所謂似迎實拒，語婉而諷。劉氏閱後，很不好受，惟為了此行任務，又不能就此罷休，經考慮後，決定再度函閻，開門見山，促加警惕。其致閻第二函之內容大意為：「……編遣會議以後，迭興大波。閣下如不欲再蹈覆轍，必須外結連雞之勢。否則逐箇擊破，閣下終難自保。西南向為革命策源地，有其政治立場。濱海之區，一切取便。彼此合作，在西南不過於浮面上增其氣勢之雄。而華北結此外援，則野心家為防人躡其後，將不敢渡河北進。以故與其謂西南之必須爭取華北，毋寧謂華北之必須倚重西南。以今日華北的局勢言，東北淪亡，熱河告急，在在予人以可乘之機。閣下之與漢卿，合則並存，分則兩敗。漢卿已難安於其位，南京勢力，若果直達河北，恐娘子關之天險未必終可恃也。何去何從，希加抉擇……」

閻氏接得此信後，大為感動，急遣其參謀長傅覺民由太原來北平速駕，陪劉氏往太原。其時南京中樞已接諜報，探知劉氏行動，眼看華北將有變化。於是何應欽與蔣先生先後北上。劉震寰離平赴山西剛過石家莊，何應欽已經抵達保定。迨劉氏抵太原，何已抵達北平，而蔣先生亦已到達保定。劉抵太原晤閻，當閻錫山向劉承諾以全力支持學良之際，何應欽已坐鎮北平，張學良已奉召趕赴保定謁蔣。劉震寰雖曾接獲張學良告急電報，但那時張離平時限已極迫緊。閻錫山見情勢不妙，急派其憲兵司令以小汽車陪送劉氏去張家口，囑劉與馮玉祥密洽後即遄返北平，阻止張學良下野，劉、馮在張家口匆匆洽談後，旋由馮派其大兒子及顧問劉定武護送劉震寰乘汽車逕駛北平。迨劉抵平，張學良已赴保定，並已面向蔣先生表明心跡，決定下野出洋。至此，劉氏見大勢已去，不免懷有戒心，在平不敢公開露面，秘其行踪，微服去天津，再轉回上海。

劉抵滬後，首先接到由閻錫山轉來胡漢民在粵所發急電，促其回粵。事因當時盛傳南京方面將以武力解決西南政務委員會，已派專使去雲南與龍雲商量，待中央軍攻廣東時，雲南軍即出廣西，驅逐李（宗仁）白（崇禧）。漢民知劉氏與龍雲有舊，乃促劉去滇遊說，藉以打破南京方面的軍事計劃。此是另一事件，原與本文無干。但為說明劉之行踪，於此略略提及。

## 蔣胡雙方互爭張學良

張學良於民廿一之冬下野出國時，道經香港，曾與胡漢民一度晤談。到了民廿三年春，張氏在歐倦遊歸國。反旆前先後接到蔣、胡兩方促歸電訊。蔣先生且派陳策遄往歐洲，陪伴張氏同歸。那時正值農曆甲戌殘冬，當張氏返抵星加坡，胡氏又派劉震寰於除夕前趕往迎候，可見當時蔣、胡雙方對張爭取之烈。張氏過港時，南京已派來大批東北同鄉集港歡迎，意在包圍張氏使其無法與胡漢民會面。但胡仍派其女公子木蘭偕羅旭龢先生登輪訪問，並拉張下小電船駛岸登陸，與胡在妙高台上促膝深談。直至胡氏病故前，胡。張之間關係始終不絕如縷。

統觀此一內幕經過，當時劉震寰如不遭閻錫山一度擋駕，則時間猶有餘裕，張學良或不致下野去國。胡漢民如不猝然病故，則其後局面亦將有不同的演變。張學良或不致於國法之外受管教至於今日也。

# 我怎樣替張學良戒毒？——在華服務半世紀的密勒醫生訪問記

張之龍

去年（一九六五）十二月初，有一位美國基督復臨安息日教會的「中國醫生」在九龍總統酒店受獎，授獎機構是該教會的遠東區會所，目的在對他在六十年前所創辦的《時兆月報》表示紀念與敬意。

《時兆月報》創刊於一九零五年，一九六五年正是該月報的「花甲大慶」。

## 密勒醫生的生平事跡

這位「中國醫生」其實是美國人，原名哈里・韋廉士・密勒（Harry Willis Miller），今年已達八十六歲高齡。其中約有五十年係在中國服務，濟助貧病，治癒疑難雜症不知其數，受到無數人的歌頌敬愛，可是其中有許多人連他的姓名也弄不清楚，異口同聲地稱之為「中國醫生」。

密勒醫生的生平事跡值得報導的實在太多，其犖犖大者，至少應有下述十項：

（一）他於廿四歲開始行醫，不久即來中國。
（二）來中國後，即為基督復臨安息日教會負責醫療工作，在中國內地，與貧病大眾生活在一起，為他們忠誠服務。
（三）創刊《時兆月報》，並自任編輯。
（四）自行籌款，在中國各地興建醫院，前後共達十五間之多。
（五）一度返美，歷任塔虎脫、威爾遜兩總統醫藥顧問。
（六）放棄二十五萬美元遺產，重來中國。
（七）戒除了張學良將軍的毒癮。
（八）首創製造豆乳，代替牛奶，使營養不足之人得到適當營養。
（九）迭遇盜賊、戰爭、饑饉之險。因其聲名遠播，獲得舉世尊敬，故於對日戰爭中，日軍特許我軍傷兵在其醫院中獲得庇護。
（十）一九五七年，獲蔣介石總統頒賜藍星寶鼊勛章，在台服務後又來香港。

筆者久聞密勒醫生之名，但直到去年年尾——他在九龍總統酒店受獎，才知道他在香港，於是便安排和他會晤作了一次長談。知道他去年又曾返美一行，專門研究素食營養，提倡以菜蔬代替肉類。目前仍為香港基督復臨安息日教會所屬的香港療養院服務，並主持籌設香港司徒拔道分院事宜。

密勒醫生生平事蹟雖然可紀的太多，但其中以替張學良戒除毒癮一事最為突出，為了篇幅關係，我只能將大部份予以簡化，而把為張學良戒毒一段敘述得稍為詳細一些。

密勒醫生接見筆者的地方，是香港療養院萬宜大廈市區診所，亦即他現在經常診治病人的地方。他今年已經八十六歲，但從精神與體力看來，好像還祇七十出頭。他至今不肯退休而繼續要為大眾服務，就是為了他雖然承認年紀已老，但尚未到不能工作的地步，而更重要的是今日香港的貧病大眾，就像當年中國大陸的貧病大眾一樣需要他，至於他之所以年近九旬而猶若七十許人，則是為了他一生不抽烟、不喝酒、以及注重個人衛生的緣故。

## 發明營養豐富的豆乳

密氏於一八七九年七月一日生於俄亥俄州魯特羅瀑布地方，中學畢業後，入美國教會醫藥學院就讀，畢業時成績優異，對解剖一科尤有擅長，不久懸牌行醫，但仍繼續研究外科手術與食物營養學。

一九〇三年，他忽發奇想，欲來中國，因為他久聞中國貧困，缺乏醫藥治療，基督復臨安息日教會嘉其濟世宏願，助之成行，並行文通知各地教會予以各種協助，他便搭上「印度皇后」輪啟程東來。「印度皇后」輪噸位不大，設備簡陋，航程中顛簸不堪，連好好的飯也沒有吃過一餐。自從啟程以來，第一頓舒適的餐食是在日本橫濱吃的，東道主是從前醫學院的一位同學洛伍德夫人。密勒醫生說他永遠不會忘記這頓晚餐，不僅為了友情溫暖、烹飪精美，更為了他第一次知道了一種特殊的東方食品——大豆。

那晚的菜單裏有一樣東西叫作「豆腐」，主人告訴他是用大豆做成的。豆腐的價廉物美以及它的營養價值，引起了以後密勒醫生對於大豆詳加研究的興趣。後來他終於發明以大豆製成現代化豆乳，用以代替牛奶，每一公分的豆乳，含有蛋白質五三・四公分，脂肪二六・四六公分，它所含的熱量也遠比雞蛋、牛奶為高。據密勒醫生回憶說，船過日本，便到中國，那時他對於中國可謂一無所知，只知道中國當時有兩個大城：北京和上海。密勒醫生先到上海，教會已有人相迎，勾留數日，即去漢口，由一位瑞典牧師帶他前往中國內地。

從此以後，他便在中國內地開始了行醫，並且出版《時兆月報》（Sign of Times），自任編輯、校對及推銷之職。他的足跡遍及長沙、開封、北京、西安、蘭州、西康、察哈爾、瀋陽、哈爾濱、福州、汕頭、廣州各地，造福貧病，並且和他們生活在一起。為了促進了解，他學習中國語言，主要是普通的北方語，因為他在中國北方的時間遠比南方為多。他也改穿了中裝，這倒並不是故意要把自己扮成中國化，而是為了他所穿的西式襯衫和硬領在鄉村僻壤無法洗熨。這對於他是個極大的意外，因為據他在美國所聞所見，旅美華僑中以經營洗衣和飲食兩業者為最多，可是他萬萬想不到，在面積廣大的中國內地，卻連一間洗衣鋪也找不出來。

## 建立了「上海療養院」

由於中國內地生活困苦，他在美國的雙親一再來信叫他回去，但是他都拒絕了，因為他覺得在中國，有更大的使命等待完成。一九一一年時，密勒一度因病回國，癒後有人請他留在美國任教，他答應了，但只担任了一個短時期。此外，他又曾任塔虎脫與威爾遜兩總統的醫藥顧問，但他對於這些職位與名譽都不甚留戀。最後，他終於又放棄承繼一位有錢姑母的遺產，重來中國。因為他覺得為貧病的大眾治療，比什麼都重要和實際。

密勒重來中國，最先仍到上海，時為中華民國十四年。次年孫中山先生逝世，未幾，北伐成功，全國氣象，為之一新。這時密勒醫生在中國的艱苦奮鬥與服務，已為美國國內所週知，各方對他竭力支持，使他在上海建立了他在中國的第一間醫院——上海療養院。

密勒醫生一生中最大安慰是為張學良將軍戒毒成功，但這件事情曾使密勒醫生費盡心力，因為當時張學良中毒之深，將近不救，非有靈丹鐵腕二者並進，無法成功，主要是張學良原來所請的私人醫生都寧可他永不戒絕，因為必須如此，他們才能從張學良身上獲得鉅利，所以名為替他戒毒，實際上陽奉陰違，只是治標而非治本。密勒醫生當時下決心要替張學良把毒癮戒掉，無形中違反許多人的利益，因而他的困難也就可想而知。

## 張學良捐款十萬大元

要談密勒醫生替張學良戒毒，得先從基督安息日教會在上海所辦的上海療養院談起。上海療養院係在密勒醫生努力下於一九二八年開幕。那時張學良尚在瀋陽，他聽說上海療養院的設備和服務出色，希望瀋陽也能開一間這樣的醫院出來。在張學良的腦筋中，錢有的是，成為問題者是配置醫院的人事和設備。

上海方面聽到這個消息，密勒夫人瑪麗和她的一位女友奧斯太太便自告奮勇的奔到瀋陽去見張學良，向他要求撥贈一筆款項在東北開設醫院。她們兩人帶有一封當時上海市市長張群寫給張學良的一封為密勒醫生介紹的親筆信。張學良立予接見。

其時張學良毒癮已深，密勒夫人和奧斯太太看見張學良面色蒼白，孱弱無力，頗感訝異，因此對於此行目的，遲遲不敢啟口，結果還是張學良向她們先提出問題：「你們要我做些甚麼？」

張學良此問加強了她們的勇氣，於是她們便說：「基督安息日教會中國分會希望在東北作些醫藥服務，我們很想在瀋陽之北一百五十哩附近開設一間醫院，因為瀋陽已經有一個臨時診療所。不知你能否告訴我們，有些什麼人可能對於此事感覺興趣，冒險投資？」

「你們需要多少錢？」張學良直截痛快的問。

「我們希望有三萬元。」她們回答。

「在東北開醫院，這點錢是不夠的。」張氏的口氣說得很著實。「東北地方很大，不必想法求任何人，我給你們十萬元開辦好了。」

這答覆完全出乎兩位外國太太的意外，他們當場簡直不知如何是好。她們只說：「這樣好極了！這樣好極了！要馬上回上海去和主持人商量。」

「和誰商量？誰是主持人？」張學良接著追問。

「密勒太太的丈夫和教會裏面的其他人。」奧斯太太代為回答。

「妳們去請密勒醫生來這裏。」張學良的語氣含有命令的意味。

數日後，密勒醫生抵達瀋陽。據密勒醫生回憶說：「張學良提出下述建議：他要把醫院開在瀋陽。設備一定要最好的，他不僅給我們十萬元，並且答應在市區最佳地段的公園裏面，給我們一幅地作為院址。

「在此以前，那公園裏是不准造房子的，這次卻能獲例外。不久，密勒醫生便造了一間療養院、一間醫院、以及醫生與護士的宿舍，全部費用由張學良一人獨任。」

## 端納請求替少帥戒毒

憑這一段淵源，一九三三年的某一天，張學良的澳洲籍顧問端納（W.H. Donald），訪問了密勒醫生。端納熟諳東方事務，他和另一位靠得住的金融家埃爾特（James Elder）一同來到上海療養院密勒醫生的辦公室，在他對面坐下來。

「密勒醫生！」端納開口說：「現在時機已至，我們要替少帥的毒癮想想辦法。蔣總司令和宋子文業已同意，少帥自己也渴望治療。」當時宋子文任財政部長，和張學良私交頗篤。密勒醫生早已知道，張學良的毒癮，曾在瀋陽和北平兩度試戒，均未成功。

那幾年中張學良的中毒情況愈來愈趨嚴重，在會議或私人會談中，他的私人醫生每隔十五分或二十分鐘便要用烈性藥物替他注射一次。他完全依賴注射才能睡覺或者休息，而更壞的是，他底兩位夫人也都連帶上了癮。

端納接著又說：「聽說你曾為人戒毒獲得成功，現在希望你盡力為我們的少帥設法。目前中國國內情形複雜，少帥之毒不戒，將使時局發生其他變化，眼前日本軍閥和共產黨，正從北面和西面兩面加緊壓迫，實在無法承當。」

密勒醫生深知當時時局嚴重。政府要員常假上海療養院舉行會議，有時，蔣總司令也親自出席，由內至外，滿佈警衛人員。

## 密勒醫生提出三條件

「我這裏的工作使我不能跑開。」密勒醫生答覆道：「我願担任此一治療工作，但是有三個條件：第一、少帥及其親隨人員必須前來上海療養院；第二、他的兩位夫人（註：係指於鳳至與趙四小姐）必須與他一同治療；第三、他的副官長譚海將軍，應該知道，在少帥治癒以前，我對少帥及其隨從與護衛人員掌有全權。」密勒醫生這三個條件，卻有其難行之處，雖然譚將軍是沒有問題的，因為譚海也曾請密勒醫生看過病，承認密勒醫生有救命之恩。但是要替少帥及其大隊隨從人員在療養院裏準備一切，確實大有困難，於是，雙方同意治療工作改於與療養院相去不遠的一座巨邸內進行。張學良和他的隨從人員全體安頓於此。那巨邸在上海同孚路口，後來租給黃金榮開設一間當時最豪華的賭窟富生公司，而以「一百八十一號」見稱於時。

## 「西班牙蒼蠅」的功用

密勒醫生於約定開始戒毒第一天起，便帶了幾名護士前往那座巨邸去診治他的病人，但是等候到超過他所認為應該等候的時間，仍未見到張學良，而張學良原來所有的醫生之一卻來會客室中，和密勒醫生攀談。

「有什麼事我能幫你的忙嗎？」那人以目中無人的神氣問密勒醫生。

「我來此是應少帥之請」，密勒醫生回答：「準備替他治療吸毒。」

「你打算怎樣醫法？」那人問。

「我們的辦法已經決定」，密勒醫生以有分寸的忍耐回答說：「我認為沒有詳談內容的必要。」

密勒醫生當然不能把他的辦法告訴他，因為他估計那醫生一定是假作替張學良戒毒而在他身上刮龍的醫生之一。

並且密勒醫生當時計劃中的治療方法，可能會引起同業者的不良批評。因為他意圖用一種一般叫作「西班牙蒼蠅」的藥物，這種藥物與治療吸毒並無直接關係，但在有毒癮的人身上使用此藥，目的在渙散病人的痛苦感覺。把該藥塗在皮膚上面，這塊皮膚附近便起水泡，於是，密勒醫生便在防腐情形之下，注射這個泡的血清，使病人以為打了什麼藥針，而覺得精神為之一爽，這種心理治療作用相當有用。

由於吸毒者的精神組織已被軟化，許多「戒」鴉片的人都無法持久徹底，但是密勒醫生卻認為少帥毅力堅強，倘若環境適合，必有優異成績。至此，那位醫生又問道：「你想先醫那一個？」

「先從少帥開始，如果見效，再醫他的夫人。」密勒醫生回答。

「但我們以為你該先醫他的夫人，如果她們的情形好，再醫少帥。」那醫生的口氣簡直是代表原來所有的全體醫生在說話，此時密勒醫生有些忍不住了。「我們將先醫少帥，已經決定了。」他堅決地回答，說後回身就走。

大約過了幾點鐘，少帥叫密勒醫生再往巨邸，密勒應召即往，卻又碰到那同一個醫生，又同樣的嘮叨不已，他十分不快，於是，他不見少帥，又立刻回到了上海療養院。但他預料少帥一定會再來找他的。不出密勒醫生所料，端納顧問果然來找他了，並且問他何以遲遲還不開始治療。

「我要等少帥身旁那些醫生完全走開，我來時不再有人來和我嚕囌時才能開始治療。」

端納回報少帥，立允照辦，於是一切不再躭擱，馬上開始。但當密勒醫生被引見張學良時，他對於這個病人的治療希望，自己也發生了疑問。還有少帥的元配夫人（指於鳳至），身體孱弱之至，體重只有八十四磅，她有希望嗎？至於趙四小姐，她因年紀較輕，健康也較佳。

## 與張少帥約法「一」章

「少帥！」密勒醫生小心地對張學良說：「我以同樣方法，曾醫好過許多人，現在我將十分鄭重的來治療你。我將盡我所能，跟你在一起，親自照顧你。但我希望大家了解，我在此應獲有全權，對於你的侍衛、隨從以及私人醫生均不例外。你要命令他們將唯我之命是聽，不聽你的命令，也不聽任何他人的命令。沒有保留，沒有例外，不管你在任何情形之下，說甚麼話，我都有全權作安排。你若同意這辦法，治療一定可以成功。如果不同意，根本就沒有開始的必要。」密勒醫生所以要先說清楚這一點，完全是依據以前的許多經驗，他早已知道治療這一類病人所能遇到的困難與麻煩。密勒一說完，張學良不稍遲疑，隨即召來了他的副官長譚海對他說：「從現在起，你須一切聽命於密勒醫生，在我治療期中，他對這屋宇內的一切掌握全權，他要什麼就給他什麼，他要怎樣便怎樣。祇聽他一人的話，服從他一切命令和囑咐，這是我給你的命令。」

說完，回頭過來，對密勒醫生道：「我已把我自己全部交托給你。」密勒醫生認為滿意，也立即開始治療。

他先替張學良灌腸，然後授予麻醉藥使之熟睡。就在這時候，張學良所睡的床換了一張病床，密勒醫生的助手和看護人員在原來那張床上的床單、枕頭、被褥間，到處發現有許多藥片，這些藥片都是張學良的私人醫生事先塞在那裏，讓張學良在毒發時抵癮的。密勒醫生對於這一發現，一點也不覺得意外。

## 兩位夫人也接受治療

當張學良的治療開始數小時後，張學良夫人問密勒醫生對於她的治療何以尚未開始？她是在怕，怕不久之後，張學良已經醫好，而她仍繼續染有毒癮。

「我們想先醫少帥好些，看看情形。」密勒醫生安慰張夫人說。的確，他是想等少帥的情形有了進步之後再醫夫人，因為她的健康實在太壞，不敢輕於冒險。

「但我要你今天便對我開始治療。」她相當堅持。終於因了她的急切之情，說服了密勒醫生，使他決定馬上動手。

至於那位趙四小姐，本來並不急於治療。但是她也知道，等他們兩夫婦戒除之後，她決不可能單獨沉湎黑籍，所以她也鼓起勇氣，接受治療，不過趙四小姐在戒毒時底合作情形要比較差些。

在最初兩天，密勒醫生以鎮靜藥劑注入他們的脈管，但這些藥劑已不是可以抵癮的鴉片。第三天，護士在密勒醫生指導下，減少了鎮靜藥劑的注射，為了恐怕會引起戒毒者的痢疾、嘔吐、痙攣和筋肉疼痛等症，乃採用熱布綁紮以及其他方法，盡量減少病人肉體上的痛苦。再過幾天，到了完全停止使用鎮靜藥劑時，病人卻不至感到更大的痛苦與不舒適。

張夫人於鳳至在治療過程中勇氣甚佳，經過極好。趙四小姐則有些熬不住，但最糟的還是少帥，最後他竟拒絕從口腔中輸入任何飲食，而被迫以膠管輸入。他曾大聲喊叫著：「美國醫生虐待我！」聲達全廈。

## 譚海將軍決執行命令

就在此時，密勒醫生發現張學良的私人醫生們已在設法阻撓療養院的醫務人員進入巨邸，希望破壞治療。

密勒醫生在此千鈞一髮之際，唯有就商於副官長譚海將軍，他兩手緊撐在桌面上說：「事到今天，事情十分明顯，少帥的三名私人醫生，決定要破壞治療。你要知道少帥的毒癮，曾使他們大有所獲，為了他們自己的利益，所以他們必須把我和我的護士去掉。」

說至此，密勒醫生將手掌向桌上使勁一拍，接著向譚海說：「把這幾個傢伙和他的同黨趕走！一定要他們走！」聲音裏面充滿了對於少帥的關懷。

譚將軍以萬分沉鬱的心情，決定執行這項命令，隔了一會，譚即回來說：「他們都走了！」

「對於譚將軍處理此事之速，密勒醫生感到既驚奇又感激，他問譚處理的經過。

譚回覆道：「事情簡單得很。我對他們說，少帥被人矇騙了好久，他現在以為一定還有人會偷偷給他毒物過癮的，但這將使戒毒之舉，前功盡棄。假使有人這樣做的話，那麼密勒醫生將會疑心是你們做的，因為祇有你們有藥物。我已接奉宋子文部長的命令，如果有人干涉密勒醫生的治療行動或私遞藥物，立即槍斃！你們既不會做這樣的事，我也不願意槍斃你們，但如被密勒醫生所疑，報告政府，那可並不好玩。因為他有全權，我非服從他的命令不可。所以我以為你們還是不要逗留在這裏的好，結果他們都嚇跑了。」

## 張少帥自述吸毒因由

譚副官長弄走了那幾個醫生之後，密勒全心全意地繼續其治療工作，再過兩天，危機到了！由於受不了肉體上的痛苦，張學良的脾氣變得暴燥異常，幾乎成為狂人，密勒醫生亦下定決心不再給他注射鎮靜劑以致延緩治療，在那些天裏，他簡直與張學良發生多次類似摔角的掙扎，直到張學良精疲力盡時，繼之以哭，他仍然守候著，執行他的任務。這確是一個罕有和令人難以憑信的經驗！

在一九三三年六月的一個夏天，他和張學良少帥一室對晤，看他像一個孩子似的哭泣，當時，少帥就告訴了他一個久鎖在心頭的故事：「我的父親是個軍人，他要我（因為我是他的長子）繼承他的一切，我不想做什麼將軍。我要受普通教育，從事一項職業，但我為中國家庭傳統所迫，必須繼承父業。在戰爭中，我目睹軍隊殺人如麻，使我十分難過，不知如何是好。我替無辜的人民抱冤，因為他們有活下去的權利，和我一樣。

「有時，在某種情況下，我要判處人們的死刑，這也使我心裏不安和恐懼，於是我開始吸食鴉片，藉以麻醉，不久我的妻子也跟著上了癮，後來趙小姐也染上了，吸毒使全家的人像害了重病，對於你的治療，雖受一時痛苦，但我內心是萬分感謝的！」

## 支票五萬元聊表謝意

由於治療方法能徹底執行，加上病人的合作，沒有好久，張學良的毒癮居然全部戒除了。當時因為「九一八」事件的波浪未已，乃由上海療養院中的一位醫生卡爾佛（Read Calvert）和端納顧問陪同少帥及其家人前往歐洲旅行，並作休養。在其上船出國之頃，張學良以一頗為不尋常的方法，向密勒醫生表示他的感激。

他請密勒醫生到他房裏，坐在床邊，對他說：「密勒醫生！我已把在這裏（指該巨邸）的費用和療養院的賬單全部付清了。現在我想對你個人稍作表示。」說時他隨手遞給密勒醫生一個信封，並且加上一句：「不管你怎樣，這是給你個人的。」

密勒醫生接過信封，表示了他的謝意，並且依照中國人的規矩，把信封放在袋裏，未予當場拆看。據密勒醫生回憶說：「我當時的樂觀想法是：信封裏面大概是一張支票，面額自五百元到五千元卻說不定，但總是一筆可觀的厚禮。可是當我跑出來拆開一看時，一時竟令人目瞪口呆，原來赫然是一張五萬元的支票！

## 再捐巨款武漢建醫院

「我深覺我個人收受這筆鉅款是不對的，那時我們教會裏有兩百人在中國服務，每人各盡其職，和我一樣。此外，我又想到上海療養院的醫生和護士，他們不斷工作，夜以繼日，十分辛苦。經過我和妻子的商量之後，決定把這筆款子存在銀行裏，並準備在十分需要醫院的蘭州開設一間醫院。這也等於除了瀋陽之外，張少帥又在蘭州捐了一間醫院給我們。」

隔了一個時期，少帥倦遊歸國，駐節武漢，端納顧問與密勒醫生見面時，除暢談歐遊經過外。他並告訴密勒，他從少帥的步伐中看出了它的新生。

同時端納又說：「少帥叫我來看你，你猜他希望你做件什麼事？」

「我猜不著。」密勒醫生問：「他身體怎樣？」

「好，非常好。他決定要你在漢口替他辦一間療養院，和你在上海的這一間一樣。」

密勒醫生當時對於漢口需要醫院的情形十分明瞭。但是他答道：「對於這一問題，我不知怎樣說才好，目前我們在廣州和察哈爾，各有一間醫院正在興建中，造醫院是一件事，而人員和物資的配備又是一件事。這需要不少錢哩！」

「錢不成為問題，」端納叫他放心：「問題在你肯不肯去找人來管理這醫院。少帥會給你地皮和建築費用，今後的經常費用亦將由少帥個人捐助支持。」

數星期後，經過漢口區和其他教會領袖一番研究討論，發了一個電報到華盛頓基督復臨安息日總會請示可否接受張少帥的這筆捐助。

再不久，武漢療養院終於開始在武昌興建，並且當時的蔣總司令也加捐了十萬元。

# 我所認識的吳佩孚

司徒重石

孚威將軍吳佩孚（子玉），在北洋軍閥中，可稱得起是一位儒將，由於他曾主張停止南北內爭，因而博得舉國人士的讚譽。談他一身功業的記載，所在皆有，我就不必畫蛇添足了，現在且說說我所親聞目睹有關他的逸聞趣事吧。

吳以兩湖巡閱使兼直魯豫巡閱副使身份，開府洛陽，那段時期，是他如日方中的時代，對當時的南北雙方有舉足輕重之勢，因此那時全國各方面代表，都齊集洛陽，靜聆吳巡帥指示統一方針。洛陽城外西宮，為吳招待各方代表之所，筆者亦忝列為代表之一，因得識荊焉。

據我所知，吳之起居飲食與常人異。他每日所食相同。從不更易，每餐一棹，為筵席式，菜量雖多而質劣，米乃湘產軍米，其中多稗，極為粗糙，使人難以下嚥，而吳氏甘之如飴，完全吞嚥，從不吐出；但客人陪宴的就苦不可言了。吳氏每飯必酒，但經常飲的並非高貴的紹興酒而是普通的山東黃。他酒量甚宏，雖五斤不醉。每餐例必邀比較接近的代表或幕僚同席，一飯時間總在一小時以上。酒過三巡，他的話匣子打開了，說個沒完，旁人也無插言機會，形同演說，許多話是匪宜所思的。

曹錕的弄臣李彥青當時代表曹三爺到洛陽晉謁吳孚威（吳受封為孚威將軍），曾受到了極冷漠的待遇，因為吳最看不起曹身邊的李彥青和周夢賢兩人。但是這回李是大總統派來的代表，不能不請他吃頓便飯。當他為李安坐時，他那一套言詞，真令人無地自容，因此招來以後李彥青聯名曹錕之弟曹鍈、曹銳，及曹之部屬王承斌、邊守靖等共同反吳，致使二次直奉大戰整個直系土崩瓦解，使直系由第一次直皖戰爭從皖系得來的局面，煙消火滅，李亦被馮玉祥置之死地。凡此一切，皆種因於吳之剛愎及口頭的刻薄所招來的怨毒。原來吳在宴前安坐時，對李的稱呼是：「所謂督辦！（李乃北京官錢局督辦）你今天是大總統代表，現在你可以坐這裡（指首席）。」李惶恐萬狀，那裡敢坐，再三謙讓不已。吳板著臉孔說：「叫你坐你就坐！你是代表大總統坐，不是你自己坐！」李不得已才勉強坐下。他知道今天這頓飯，可能比鴻門宴還要難吃。

酒過三巡，席面上鴉雀無聲，靜得彷彿屋裡沒人似的，李忍不住想要發言了。他剛說。「大總統派彥青來見巡帥……」，第二句還沒讓他開口，吳就以手勢止住他說：「大總統的心事全在我肚裡，你不必往下說，來！再喝一杯，乾！」吳因為酒量大，每次喝黃酒都是用小碗喝的，一碗足有四兩量，他一口一碗就乾了，於是客人就不敢不乾，所以平時陪他吃飯的，都有很好的酒量。李彥青的酒量非常有限，一杯下肚他已承受不起，面紅耳赤，再加上吳的盛氣凌人，他更說不出一句整話來。但是為了完成他的使命，實在忍不住，又囁囁嚅嚅的說：「彥青奉大總統令，有機要啟稟巡帥。」吳一聽李用「奉大總統令」的字眼，認為他是搬大帽子來壓自己，登時變了臉，連說：「所謂督辦！不必多說！大總統要說的話，我早知道，用不著他人傳話。來，喝！喝！喝！」於是又接連逼著李彥青乾了幾杯。直至終席，不使李有發言機會。這一席招待大總統代表的盛宴，就如此完結，吩咐送客。

第二天，李彥青很沒趣的離開洛陽。當晚夜宴時，吳佩孚酒過三巡，一時高興就對陪飲的幕僚說：「我不久要到北京晉謁大總統有所報告，我是不喜歡別人替我傳話的。這回隨我到北京的人，要記住多帶一件行李，千萬別忘了。」這句話吳是慎重其事說的，幕僚們都莫名其妙，也不便問。吳又喝了一杯酒才笑著說：「你們要多携帶一枝鳥槍，好到北京大總統府裏去打兔子。」大家才知道巡帥又在罵李彥青了。這一席話不久傳到北京，曹錕一笑置之，李彥青卻加倍痛恨，必去之而後快。他那裡知道，吳失敗，直系就完結了，他也完蛋了。

吳孚威「八方風雨會中州」的時期，各方前來奔走鑽營者，比比皆是，連商人和華僑也不例外。當時廣東華僑劉宧，擁巨資，有嬌妻胡良玉，因震於玉帥之名，特携胡氏扣洛陽之門有所干求。吳氏照例延見款待，因吳思想陳舊，從不邀請女賓同席，於是劉太太只由夫人在私宅招待，以致劉宧携來的這份活禮物，遂不得售。第二天，因有外賓閱兵，（並無眷屬同來，不同現代的要人出門總愛帶家眷）也沒請胡良玉參加。胡氏只有在首次晉謁時一面玉帥而已。第三天。由於吳命我陪劉氏夫婦逛洛陽龍門，因此我得一見胡氏顏色。胡良玉身長玉立，有西方女子的健美身材，膚色白嫩，容貌雖非絕色，但足以動人。惜劉宧所獻非人，若以之奉給曹錕、張作霖、張宗昌輩，必邀寵幸。劉之目的亦必順利達成；惜吳佩孚屬魯男子一流，乏欣賞力，遂使劉氏夫婦悵然而返。

又有閩人某，其妻為續絃，貌中姿，曾邀黎宋卿（元洪）青睞。此姝粵產，生長新大陸，英語絕佳，其兄乃當時國會議員。自下嫁某後，某即以之獵官，是時亦携赴洛陽謁吳子玉。吳是無客不見的，某之所以求於吳是在開設私人銀行。他對吳說，創辦了銀行，即使軍費或有拖欠，銀行可以先行墊付，不致影響軍需。（斯時北洋政府每有拖欠三五個月軍餉的事）他這一番話，原在打動吳氏，使軍人兼握金融機構，以為吳氏必欣然同意。（其後馮玉祥果然設了西北銀行，吸收本部將士存款。）那知吳氏自有其一套理論，不為所動，某之建議遂未被採納。某退而求其次，但求巡帥登高一呼，巨資立集。吳說：「我與金融界素乏淵源，恐怕號召力不足。」某力陳巡帥有此力量。吳不耐煩地冷笑數聲說：「我若真有號召力量，我不會自己辦一間銀行嗎？何勞借箸。」某無詞以對，竟鎩羽而歸。

吳微時曾充相士，因此他對此中人多有照應，洛陽巡署中之交際處副處長其著者。洛陽巡署設八大處，八大處中有交際處，副處長為許鐵峯。此人出處不明，人多疑之，因許某既非經人推薦，更非吳氏舊屬，亦非外省代表中人。許鐵峯舉止輕浮，言談庸俗，滿口那塊那塊的江北方言，殊難登大雅之堂，吳竟以之當交際之任，實屬費解。原來許某也曾在武昌黃鶴樓擺過卦攤，吳未達時曾就彼看過相，算過命，今聞吳開府洛陽，乃來投奔，吳延見後遂任以交際處副處長之職。時處長乃吳舊屬楊筱章，二人不洽，楊筱章乃求他調。巡署中人均不齒與許為伍。由此可見吳之用人，不講資歷而又優遇同行也。

一種後來達官貴人所常用的會議式的會客方式，係創自吳佩孚。吳見客時，日常在座的有符定一、葛豪、楊雲史、白興亞等（秘書長郭良臣例不參加）。臨時參加者有各省代表，或特別延見之賓客。吳踞橫頭，其他人則列坐兩旁。桌長二丈餘，靠近橫頭左右空出三四席次，以備臨時特別來賓用。如此情形，晉謁之人在眾目睽睽之下，礙難作秘密報告或建議；吳也以為這樣公開見客，絕無私弊。但來賓因有所顧忌，不能暢所欲言，以致匆匆而來，匆匆而去，一事無成，此誠吳氏自作聰明之誤也。

回憶吳氏再度坐鎮洛陽，適靳雲鶚駐兵信陽，擬請吳許彼與武漢通運輸，吳因經濟困窘，亦已首肯，正擬援筆批准靳雲鶚氏請求，斯時秘書長楊雲史擬請吳多予考慮，但左右各方代表人多，而楊氏坐位距吳氏較遠，文字語言，一時均無法表達，楊情急智生，乃書「白衣搖艣」四字，由代表間傳遞給吳。吳方擬批「照准」兩字，照字尚未寫完，接得楊之紙條，乃不往下批，遂中止與武漢通運輸一案。原來楊知吳熟讀《三國演義》，對「白衣搖艣」四字，必然會意，果然吳頓悟呂蒙白衣渡江，偷襲荊州，關羽因而失敗的故事。由此可見公開會客之法，實不足取也。

吳佩孚在洛陽曾召見四川劉湘的代表王陵基（方舟），當時的王陵基倜儻風流，喜趨時著新裝。一日，王衣長衫馬褂往見吳，忽然一陣清風吹起了王之夾袍，其衣裏為吳所見，（王衣藍色長衫，衣裡鑲淺湖色緞及白色緞一寸寬邊，斯時上海正盛行此等衣裡鑲邊服裝。）吳乃笑謂王說：「方舟，你有將軍名號嗎？」王答稱在將軍府已有將軍名義。吳說：「我保你帶字將軍如何？」王當即面謝巡帥提拔，並請問巡帥賜兩個什麼字？吳當在便條上書「雌威」二字以示。王大窘，才知道吳在開他的玩笑，但卻百思不解這一玩笑從何而來。等到招待晚宴時，吳氏才說：「方舟，你的夾袍衣裡太嬌艷了。衣裏都鑲著花邊，無乃太女性化，『雌威』二字不是正洽當嗎？」王陵基為之坐立不安。

還有一件類似的事是陸榮廷派其婿蘇某代表謁吳，吳也開了蘇某一個大玩笑，幾乎令他下不了台。原來是吳佩孚一看來人名片是「蘇子美」三字即哈哈大笑，連稱好香艷的名字！笑完了吳問蘇子美是不是留學生，留學那國？蘇答法國。吳說，聽說法國人好男風是嗎？蘇答那是英國人的嗜好。吳立刻說：「不對，不對！我知道那是法國人的嗜好。」說畢又大笑不已，令那位蘇代表幾乎無地自容，退出後連晚宴也託病不赴，以免如王方舟一樣受窘。吳氏之謔，雖出無心，不過以他的地位如此做法，可能招禍。由此亦可見吳氏為人之傲慢。

吳子玉秉性剛愎，且以環境關係，以致所了解的事物實在太少。他從未出過國門，又不願接受新知識，凡事抱殘守厥，自以為是，於是每每發出許多怪論，令人有不知所云之感。茲就筆者在洛所見，略述一二，以例其餘。

吳習《周易》頗有心得，因此處世接物，多以《周易》為根據，而且自為解釋，令人莫測高深。某次宴各國使節於洛陽巡署。酒酣耳熱，他又大談其《周易》。他說：「西方人的習慣，大都是學我們東方的。譬如外國的舉手禮。不是把手放在眼皮上嗎？那正是中國的『看』字。『手』字正好放在『目』字上嘛！」他接著又說老子騎青牛過函谷關時，中途碰見耶蘇，耶蘇求真理於老子，老子就把掛在牛角上的《道德經》撕了一篇給耶蘇。後來《聖經》上的寬恕、慈愛、和平、克己復禮，不都是來自老子《道德經》嗎？他說完後叫左右翻譯出來，使節們為應付交際場面的禮貌，只好點頭稱是，吳因之大悅。當然，吳也有許多長處為一般當時的軍閥政客所不及，那就是不要錢、不獵官、不住租界、更不逃避異國。綜觀他一生的事業，都是自然而來的，絕不爭奪強求。他沒做過有地盤的督軍、省長；北洋大小軍人政客在大連、青島、天津等租界中均置有產業，惟獨吳子玉沒有。他失敗後，在四川時有楊森將軍照顧，回到北平有聶憲藩（吳的舊部，曾任北京九門提督）送給他什錦花園居住。

吳雖剛愎，有時卻也從善，只要你敢同他辯論是非，他若承認他的想法不合理，也會改變的。

吳開府洛陽初期，在康有為恭維他「百歲功名才一半」的前二年，筆者因參議員鄧守暇之介，再晤吳於洛陽。因予曾以《今後政府國民應注意之外交重要問題》之著作進，吳閱書後，即囑鄧議員速予赴洛面談。時予年僅二十八歲，吳當即委予為外交參議，並囑即剃葫蘆頭。予以參議係軍用文官，堅決反對剃光頭；吳認為予抗命，深為不悅，似有怒意，旋又令予申述不肯剃葫蘆頭的理由。予因行前曾得鄧議員指點，因據理力陳，吳怒乃解。

予申述的理由，是駁他的剃光頭命令，問他根據那個新興國家的規律？他說日本就是剃光頭。予又問不知日本陸軍是學自那國？他答自然是學自德國，誰都知道，世界陸軍以德國為最強，難道還不可以為法嗎？況且軍人要整齊、清潔、嚴肅，所以要剃光頭。予答我就是在德國學陸軍的，在德國時從未接到過要我剃光頭的命令，因此如今也不可剃。吳說軍人留分頭不是形同女性嗎？予答以巡帥的話很對，德國軍人均留頭髮，他的意思是軍人平時溫柔如處女；戰時勇猛如虎狼。只就形式上剃了光頭，軍人就威嚴嗎？說完我就站起來準備離去，並大聲說：「士可殺不可辱；可殺頭髮不可剪。」正打算離開，這時吳不僅沒發怒，而且連說坐下，坐下，不准走！靜了片刻他又說：「你的話也有部分理由。好！依你，讓你留頭髮就是。」然後馬上又委予為河南林墾處處長。緊跟著，巡署外交處副處長薛憾岳也自動留了頭髮。從此以後，洛陽巡署有了兩個留長髮的軍用文官。由此小事，可以看出吳有時也能從善如流，不過大多數人不敢駁他，才養成他的剛愎自信。

第二次直奉之戰，關係吳子玉一身成敗，以必勝之師，反敗於奉張之手，實非天意，乃在人為。吳之敗主因在馮玉祥之倒戈，馮之有異心，早有蜘絲馬跡可循，不過吳知而未能善為處理，致一敗而逃黃州，再逃岳州；雖然一度東山再起，在湖北查家墩成立司令部，號稱「討賊」，也不過曇花一現，又恢復了流亡生活。

回憶吳子玉由洛陽至北京，設總部於四照堂，遣兵調將，大有氣吞東北，生擒張作霖之概。斯時吳部下上將十員，分別擔任各路總司令，其他均屬暫聽吳氏指揮者。現在且單獨來談談倒戈的馮玉祥。馮自河南督軍調充陸軍檢閱使後，即表示對曹吳不滿，吳氏非不知也。而在這一場與奉張生死之戰中，竟派馮充熱河一路的總司令，使馮得以遲遲其行，並留一部兵力仍駐紮南苑，便於回師倒戈時作為內應之用，因之使吳首尾不能兼顧，遂令張宗昌烏合之眾，由長城入關，馮軍會合，招致直系全盤瓦解。

當吳在四照堂點兵調將時，馮氏不滿吳之態度，早已形諸顏色，每鼓氣不言，面現殺氣。一班文職官員，多已看出，而吳氏卻毫無覺察。當時外交參議長及一二參議，均於遣將完畢之後，向吳晉言，極道馮之不可靠。吳的答覆是：「我也料他不可靠，故爾派他一路冷門，赴熱河入奉一路。我想他還不敢倒戈。」吳就是這樣自信，而馮終於「敢」了。

吳因馮倒戈而失敗，但他以早有「不住租界」的誓言，就只好流寓水上。遂以淺水川輪「決川」為家，「濬蜀」則隨侍左右，供逃亡隨員居住。此種內河用的淺水平底艦，載重八百噸，速度每小時二十三四海里，為當時最快的船隻。吳乘此艦由海圻巡洋艦在吳淞接駁駛入長江，直駛湖北黃州停泊，暫度流亡生活。忽一日有青島人號稱日本通的殷同，受上海日本總領事之託，往謁吳，告以他的親信部屬，湖北督軍蕭耀南有刺殺他的密謀，並携有許多文件以證明此事之可靠性。吳與部屬磋商，擬駛離黃州，但只有兩條路，一是向下游，一是向上游，但下游無安身之地，上游岳州有桂系的馬濟駐軍其間，此人忠義可靠，乃議決投馬。但由鄂入湘，必須經過武漢，偷渡絕對不可能，適大霧漫江，吳氏遂命兩輪懸旗鳴笛，鼓輪西上。湖北當局以為如此堂皇行駛的船隻，不虞有詐，竟被通過武漢，當夜抵達岳州。馬濟迎於江干，奉命維謹，吳乃得有棲身之所。初不料救他的乃屬於他系人物，而謀害他的，反而是自以為可信的直系將領蕭耀南，因之使吳為之痛苦者良久。

# 韓復榘叛馮、東北軍入關

浮雲

一九二九年北伐成功後，國府定鼎南京，那時本來可以逐漸步入建設之途；可惜那些割據稱雄的軍閥，野性難馴，幾次稱兵倡亂，斷送了不少國家的元氣。就中，以一九三〇年間、馮叛中央那一次情形最為嚴重。筆者那時正在北京辦報，目睹這一場醜劇的演出與閉幕。今天舊事重提，還覺得十分有趣。

## 編遣會議中馮玉祥開溜

閻錫山和馮玉祥於民國十九年稱兵背叛中央，其肇因和民十八年桂系的倡亂是脈絡一貫的，源於民十八年二月的編遣會議。

本來，北伐既告成功，國家應該進於統一建設，無需乎再養這許多部隊，消耗國帑。而且北洋軍閥政權雖則倒台，可是他們的擁兵割據思想，還是陰魂未散！中山先生北上宣言中所說：「打倒曹、吳軍閥以後，使中國再無繼起的曹、吳人物。」這一主張，自須於革命軍事停止後予以實現。所以當召開編遣會議之初，閻、馮、李（宗仁）以及關外的張學良等，都不能亦不敢提出異議。馮、閻、李且親自出席參加，張學良亦派代表與會。

當時中央預定計劃，把全國部隊裁減至八十萬，軍費每年為一千三百萬元，因此各單位編遣比額都很大；這樣一來，自不為當時閻、馮、李的第二、三、四集團軍所接受。所以當何應欽的第一集團軍把怎樣編遣的情形提出報告後，閻、馮、李都不表示意見，而馮玉祥更不待會議閉幕，即離開南京跑回陝西防地去了。這樣一來，就埋下了民國十九年的中原大戰的火藥線。

## 打起護黨救國軍的旗號

可是，奇怪的是：當年三月桂系率先稱兵，暗與閻、馮密約舉事；到時，閻。馮不但不為桂系助戰，反而出兵聲討桂逆，這樣就益發令人莫明其妙了！

但是說出來道理很簡單，就是這些人的分合聚散，完全是以私人利益為轉移。閻、馮雖然是不懌於中央，但桂系的勢力橫渡長江與黃河，貫穿平漢鐵路之南北端，對閻、馮的威脅尤為切近，現在中央明令討伐桂系，題目是光明正大的了，他們正好轉而附托在這個題目之下，趁機會奪取桂系原來的地盤，使冀、晉、陝、甘、魯、豫整個大平原得以控制，然後再掉轉槍頭打中央。這是「一石二鳥」的策略。

所以，中央把桂系解決後，馮玉祥的馬隊仍然繼續沿平漢線南下，出武勝關向湖北方面推進。其不軌之心，已經隱藏不住了。

馮玉祥這個人，自不可與閻百川同日而語。閻氏雖然是地方軍閥，看不清形勢，但其為人，還不失為忠厚長者；馮玉祥則完全是一個險詐莫測，反覆無常的小人。在北洋政府時，就翻來覆去的以倒戈起家，對上愚弄，對下奴役。做他的長官頂倒霉，為他的部下就更糟；就是做他的朋友也十分危險，說不定什麼時候借你的頭顱作為他玩弄權術的道具呢！記得「九一八」事變後，日本挾持溥儀出關組織偽滿政權，吳佩孚對人說：「偽滿洲國的成立，是馮玉祥促成的。不是他為了要劫奪故宮寶物，把溥儀逼走，日本人便沒有利用的傀儡。今天第一著應先殺了馮賊以謝天下再說。」不管這話有沒有道理，吳子玉對於馮玉祥當年之翻雲覆雨，倒來倒去，算是恨之入骨的了。

馮玉祥於民國十八年十月間命其部屬宋哲元、石敬亭等，打起「護黨救國軍」的旗號，對中央表示反叛。這面旗子，是李宗仁、張發奎、唐生智都撐出過的，可是都失敗了。可見每一政治運動，其目的不純正，不能獲得軍民衷心的擁戴，總是不會成功的。李、張、唐三人，比較起宋哲元、石敬亭之流，總算高明得多，現在以幾個西北軍的大老粗，來喊「護黨救國」口號，想借這個政治上的題目來作亂，其幼稚與空洞當然更等而下之了。

## 韓復榘石友三相率倒戈

馮部的軍事動作將要開始時，唐生智把他從白崇禧手下運動回來的老第八軍舊部，後來被改編為李品仙所率領的各軍，也沿著鐵路線南下，與馮之西北軍互通聲氣。

於是乎馮玉祥就啟發了戰端。

中央於馮離京後，早知其必有越軌行動，在軍事上亦有所戒備。此時馮部逆跡已彰，當即明令聲討。軍事方面，命令劉峙由湖北沿平漢路北上率所部進入豫境，開始攻擊；方振武部第五軍沿隴海線向西前進；劉鎮華部十二路軍出潼關向東攻擊，另以寧夏的馬家軍拊馮軍之背。這一個大包圍，使馮部陷於核心，成為四面應戰的狀態了。

唐生智一看情形不好，立刻轉而歸附中央，協同方振武部作戰。

戰事尚未發動之際，馮玉祥正在集結兵力，而所部韓復榘、石友三、馬鴻逵等忽然棄暗投明，相率投向中央，這一下造成了馮玉祥失敗的致命傷。

韓、石、馬這些馮部嫡系部隊，何以都演成「眾叛親離」之勢呢？

原來戰幕將揭開時，馮以第二集團軍總司令名義在潼關召開所部高級軍事會議，馮主張此時不在中原與中央軍隊決戰，計劃把部隊撤回西北，來一個後退集中，然後再出其不意進兵山西，先解決閻錫山，使左翼得手後，再繞進平漢線，沿鐵道南下攻擊豫、鄂以取武漢。這計劃雖然是繞了一個大圈子，但在馮玉祥看來，是非常穩健的。（因為他那時雖奄有西北至中原的勢力範圍，但力量太分散了。）

韓復榘在陝州把部隊東開，一逕撤至鄭州，一面發出對時局通電及告第二集團軍全體官兵書。那通電和告官兵書的大意略謂：吾人不應再聽馮的命令，背叛中央，以造成國家的動亂；刻本人已率部離開馮的控制，服從中央，希望第二集團軍全體官兵和本人採取同樣的行動。韓復榘通電發出後，石友三、馬鴻逵（時馬任騎兵旅長駐防河南）即覆電響應，並願接受韓之領導。

韓復榘的脫離馮玉祥，事前沒有向中央聯絡，完全是出於偶然的；起義後，到了鄭州才決定派參議靳文溪去南京，原駐北平辦事處處長劉熙眾去山西，分別連絡和疏通。

旋中央發表韓復榘為山東省主席兼第三路軍總指揮，所部儘速越過河南開往山東；石友三部奉令移防平漢鐵路北段，並發表石友三為十三路軍總指揮，指揮部設河北之順德；更任命劉鎮華為河南省主席，所部十二軍沿隴海線東段駐紮，使韓、石兩部安心整理與訓練。

## 表面雖恭順內心實反抗

石友三之反覆無常，與馮玉祥乃屬同一典型，中途叛馮，毫不足怪，我們且不去談他。至於韓復榘，是個十足的北方漢子，秉性耿直，為馮玉祥一手培植出來的。他是河北霸縣台山村人，歷代多在河務方面工作。他小學畢業後，就去學生意，幹不了好久，適值張紹曾的廿鎮招考學兵，韓即棄商入伍，奉撥在馮玉祥管帶的那一營充當二等兵。其後該鎮灤州起義失敗，馮改投陸建章部，韓亦隨馮而往。馮在十六混成旅時，對官兵教育，辦有三個訓練機構：一個是隨營幹部學校；一個是軍官教導團；另一個是高級軍事訓練班。後來馮部這些高級將領，如宋哲元、石友三、韓復榘、孫良誠、孫桐萱、谷良民、曹福林等，都是先後由這三個教育機構訓練出來的，也是馮認為一手培植出來的心腹。可是馮玉祥對這些人既認為是自己一手提拔上來的，要怎樣，便怎樣，頤指氣使，視為奴僕，任你升到多大的官，在他心目中，永遠看你是個兵弁，毫不為部屬留點面子，因此，部下對他表面固是十分恭順，心裏卻是不悅服的。

所以，在馮玉祥於潼關召開軍事會議時，韓復榘當場表示不願接受，他說：「我們的部隊，幾年來在西北的罪受夠了，現在剛剛走出窮苦的西北地區，又要回去，兵心必定渙散。且現在要把各防地的糧食壯丁一同後撤，留下來的老百姓只有餓死；對這一個決定，是否可請求上面再作考慮？否則，恐怕是行不通的。」

馮玉祥一瞪眼說：「這是我考慮再三，才決定下來的計劃，怎麼能變更呢？」

韓復榘說：「既然是這樣，那就不需要找大家來開會討論，請總司令頒發命令好了。」

這個軍事會議散後，各將領紛紛回防，馮玉祥便將韓復榘留了下來，連斥帶罵的侮辱了他一番，再罰他到門前和士兵一同去站崗。之後，韓復榘回到了他的防地——陝州，當即召開幹部會議，把馮的計劃宣佈，韓部都反對回防西北去。韓復榘於是向老百姓煽動，說馮玉祥想餓死他們，於是人民又紛紛請願，要求不要把糧食壯丁帶走。韓復榘以軍民都贊成他的主張，就把糧食放賑，人民歡聲雷動；旋密令原屬他的第二十師副師長孫桐萱把師長李興中扣押，並令石友三的廿四師副師長曹福林把師長張允榮扣留，於是這兩個師在韓的命令下，由副師長率領，統歸入他的掌握了。

為什麼石友三的部隊又歸韓復榘指揮呢？原來石友三部駐防津浦路中南段，司令部設在安徽蚌埠，部隊一部已南抵浦口。其後，馮玉祥派石友三任安徽省政府主席，石所任之廿四師師長改由副師長張允榮接替，河南省主席當時係馮以總司令名義自兼，但派韓復榘代理，韓之廿師師長亦改派李興中接任。在馮準備異動時，石友三部已有大部調至南陽，廿四師防地與韓接近，故韓下令加以控制。

馮玉祥在電話裏常常罰部下立正，他然後跑去看他的命令有沒有貫徹，等他去時，被罰的人果然一點不錯，竟像泥塑木雕般站在電話旁邊，馮玉祥這一下子才高興起來，認為部下真真是絕對服從他的了。他那裏看得到那一夥人反抗的內心呢？

一九二九年北伐成功後，國府定鼎南京，那時本來可以逐漸步入建設之途；可惜那些割據稱雄的軍閥，野性難馴，幾次稱兵倡亂，斷送了不少國家的元氣。就中，以一九三〇年間、馮叛中央那一次情形最為嚴重。筆者那時正在北京辦報，目睹這一場醜劇的演出與閉幕。今天舊事重提，還覺得十分有趣。

馮玉祥背叛中央，在潼關召集韓復榘、石友三、馬鴻逵等嫡系部隊舉行軍事會議，計劃把部隊撤回西北，然後出其不意，進兵山西，解決閻錫山，再繞道平漢線，沿鐵道南下，攻擊河南、湖北以取武漢。

韓復榘以部隊剛走出窮苦的西北地區，如今又要回去，以恐防軍心渙散為辭，表示反對，被馮玉祥訓斥一頓。韓返回防地後，召開幹部會議，一致反對回防西北，韓遂決心脫離馮玉祥，歸順中央。在韓復榘到達山東後，手下已有五萬之眾了，計孫桐萱的廿師，谷良民的廿二師，李漢章的四十八師，曹福林的四十九師。從此，韓復榘永遠不再聽馮玉祥的那一套了。

## 我所認識的韓復榘其人

我是在民十八年間認識韓復榘的。他有一次到北平來，我們曾經暢談過幾次，他面邀我到開封去看看，但我以事忙，一直沒有赴約。閻、馮大戰後，他調到了山東，又派專人約我到濟南去遊覽。那年秋天，我由北平搭平蒲快車南下赴魯，在他的省府住了三天，他對我款如上賓。魯省府門面輝煌，是個古色古香的建築，有名的珍珠泉就在省府裏面，我三天都住在珍珠泉旁的招待所。當我抵達濟南的那天，恰好韓出去打獵，等到黃昏時，他手提了幾個水鴨子回來，一見我面，很親熱的哈哈大笑說：「我約了你不知多少次，這次算是真的來了，我才知道辦報的人是如此的忙！好，今天就請你吃我打的野鴨子吧！」

那時正是暑假，濟南各中、小學的夏令營尚未結束，他在第二天的早上親自陪同我找到何思源（時何為教育廳長），要我在升旗的時候向學生們講幾句話。至於後來別人編的那些有關他的演講笑話，是故意刻薄他的；當然，總不免有一點影子，或者某時說錯過一兩個新名詞，也是很有可能的，不過決不如笑話裏那樣，把他描述得像傻頭傻腦樣的。

他有兩個太太，四個兒子，後來當到省主席時娶的那個太太是一個女伶，叫做紀甘清，是在河南漯河唱戲的，被他看中了，就娶了過來。

他在山東任主席七個年頭，治理得有頗成績，尤其是全省盜匪肅清，秩序安定。廿六年抗戰軍興，以違抗命令，擅自撤退，被判死刑，在武昌南湖槍決。當其在開封被捕時，中央問馮的意思如何（那時馮是軍事委員會副委員長）？馮力主處韓以死。因為馮早把韓恨入骨髓，必欲殺之而後快。軍法會審，是由西北軍韓之老上司鹿鍾麟主審的。韓死後停屍在武昌一個廟裏，裝棺未釘，第二日劉熙眾（韓親信部下）偕紀甘清趕到開棺啟視，大殮後，即移靈雞公山安葬。

## 閻錫山決心要大幹一場

話又扯遠了，且說馮玉祥自韓復榘、石友三、馬鴻逵三人相繼投誠中央後，戰事就不能打下去了。馮即跑到太原去，請閻錫山向中央緩頰，表示他自願下野出洋，部隊交由閻錫山改編。馮到太原立刻被請到晉祠去休息，表面上養晦韜光，實際上另外還有一套打算的。

中央批准馮玉祥下野出洋後，撥給他旅費二十萬元，一再催閻促其成行。當時傳說閻挾馮以自重，向中央諉稱馮不願出國，並謂如讓馮離晉，怕他又回陝西，運用部隊，再生事端。其實閻是要保全馮的部隊，拉馮在山西和他計劃一切，這是民十九年中原大戰的伏因。

馮玉祥既未曾出洋而留在山西，中央自然曉得他和閻錫山又在暗中搞鬼，於是軍事上就不得不嚴密戒備了。

說起閻錫山，倒並不是一個好犯上作亂的人，他之所以發動那一次戰爭，完全是對中央當局的認識不夠，對編遣會議有了誤會；及馮氏既敗，更恐中央對他用兵，逼得他只有跟馮一道倒行逆施。如果不是這些原因，他的最大目的，還只是據有山西，閉關自守罷了，此外，並無其他的野心。

民國十九年二月十九日，中央打了一個電報給閻，希望他顧全大局，共濟時艱，力促馮氏出洋。不料第二天，閻回覆了中央一個電報，竟提出反要求，勸蔣委員長以禮讓為國，他願與蔣公一同下野。蔣委員長當覆電嚴正告以革命救國乃屬義務，而非權利，不能以個人利害，而放棄革命職責。

其後胡漢民、譚延闓、吳稚暉均與閻、馮有函電往返，反覆辯難，這是大戰前夕的筆戰。就文論文，這些都是值得一讀的好文章。就中以馮玉祥致吳稚暉那一個電報最傳誦一時，他罵吳稚暉為「皓首老賊，蒼髯匹夫」，這是直接從《三國演義》中孔明罵王朗那一段話裏照抄來的，不過運用得巧妙，當時刊載在報章上，曾引起不少讀者的談論。

到三月初，中央又派李石曾、張繼北上斡旋，希望閻氏懸崖勒馬，消弭禍亂於無形。可是閻、馮積極備戰，已如箭在弦上、不能不發之勢，故李石曾覺得北上也是徒勞。旋閻氏向中央請辭本兼各職，這就表示態度已經決裂，再無商量餘地了。

## 晉軍到山東以為是南方

是年三月杪，馮玉祥離晉馳赴陝西部署軍務，閻氏駐守平津區的部隊亦開始調動。四月一日閻錫山通電就「中華民國海陸空軍總司令」職，馮玉祥為「副總司令」。軍事部署方面：李宗仁為「第一方面軍總司令」，由廣西攻湖南，進窺武漢；馮玉祥兼「第二方面軍總司令」，担任河南地區之戰鬥；閻氏兼「第三方面軍總司令」，担任津浦、隴海鐵路沿線地區之戰鬥。石友三此時又倒回閻、馮懷抱，出任「第四集團軍總司令」，由河南向山東進發，以與晉軍會合。

當閻錫山決定稱兵倡亂之初，即已派所部馮鵬翥之四十二師進駐河北與山東邊區，以監視駐山東韓復榘部之行動。及韓奉令退出濟南、沿膠濟路進入膠東之際，馮即首先渡過黃河佔領濟南，協助晉綏各部隊，便利進入戰場。

晉軍分由平津各地南下：李服膺之六十八師，王靖國之七十師，統歸張蔭梧指揮，沿津浦路南下，轉入膠濟路；原駐津浦路之陳長捷等部隊，則由傅作義指揮，任該先頭部隊，進駐津浦路大汶口之線。這些晉軍將領清一色的是保定軍官學校第五期生，李服膺是閻錫山最寵愛的一個青年將領，為人忠厚誠實，王靖國足智多謀，馮鵬翥則平庸老實，只是張蔭梧英雄思想太重，且自命不凡，北伐時他即任第三集團軍前敵總指揮，故此次晉軍南下作戰，即以他担任膠濟線總指揮。

李服膺當時是北京警備司令，筆者和他私交至厚，此時並為他主持警備部交際處對外交際事宜。他繼張蔭梧為北京警備司令時，正是北伐完成不久，且當時局勢又動盪不安，因是北京城裏，土匪橫行，警備部天天在審案殺人。但盜匪是愈殺愈多，其實大戰後，人民求生無路，迫得鋌而走險，甚至那時悍匪王小四午間正在前門大街一個銀號門前伏法，觀眾尚未散去，其他地區發生搶案。「殺」，那裏是一個治本的辦法？但當時中國內部戰爭不已，沒有將息休養的機會，所以治盜匪，既不能從根本上安定民生，負治安責任的軍事機關，除了嚴刑峻法之外，也想不出第二個好辦法來了。

李服膺率部出發那天，我還送他到車站（北京警備司令職務交由當時憲兵司令楚溪春護理），他自嘲地對我笑道：「我們晉軍從來沒有出去作過戰，這是我生平第一次遠征，希望能打個勝仗回來。」

的確，晉軍不但沒有出去打過仗，以前連山西的大門也沒有離開過。大軍一進山東境，看到高粱長得又高又粗，有的地方還種稻子，這些都是山西很少見到的東西；因為山西多旱地，種的多是小米、雜糧。官兵看到大叫起來：「嘿！我們到南方了，你看，這些莊稼種得多麼好呀。」他們心目中以為到了山東就是到了南方，這都是出門太少，見識不多的緣故。

## 晉軍行動遲緩失去戰機

中央方面，當亦飛檄調兵遣將，以韓復榘為第一軍團總指揮。此時韓任河南主席，所部向山東進發，以抗晉軍；劉峙為第二軍團總指揮，防禦徐州至碭山之線；何成濬為第三軍團總指揮，防守平漢鐵路南段；陳調元為討逆軍總預備軍團總指揮，所部兵力控制黃河北岸；何應欽為武漢行營主任，負責指揮兩湖軍事，以對付桂系之騷擾。

蔣總司令於五月五日在南京誓師，中央軍一切戰略部署大致完成。此時馮玉祥離開山西去到陝西，把軍事安排妥善，再轉到河北，同時晉軍亦順利地進入山東半島，大戰遂於五月十一日爆發。

當晉軍向山東壓迫時，中央即指示韓復榘向膠東方面撤退，以避其鋒。緣此時中央軍的部署仍須加強，避免過早接戰，韓軍退出濟南後，晉軍則順利開入，李服膺部進至膠濟線之周村，王靖國部到達濰縣，先頭部隊則進抵高密附近。

韓復榘是奉命有計劃向膠東撤退的，可是他的駐北京辦事處長劉熙眾，早已自天津從海道經上海到達南京，向中央請求援兵及餉械，政府當令財政部撥給韓部光洋四百萬，以濟軍需；另派出李蘊珩所部一師生力軍自滬北上，登陸青島，協同韓軍相機向晉軍反擊。此時韓軍兵多餉足，士氣頓旺。

一則是因為中央軍突在青島登陸，給予晉軍以精神上莫大威脅；一則韓復榘有了支援，收復失地的勇氣倍增，攻勢益加猛烈。

韓復榘此次受命撤出濟南，乃因原駐膠東牟平之劉珍年部，那時已與閻、馮互相勾結，有會同南下晉軍夾擊韓部之勢。劉之騎兵張團，且已向昌樂移動，幸韓部先期通過，致未遭受意外。當時，韓部佔領膠東四十餘日，所部與晉軍王靖國、李服膺兩部在晌子、周村、博山、青州之線接觸多次，乃以外援不濟，彈盡糧絕，軍事上形成無法支持之勢。在無可奈何間，韓在行署召開高級軍事會議，決定本人下野，所有軍政各事，統交廿九師師長曹福林代理。正於此時，不料向濰縣地方富紳丁舒言所借的十天軍糧如期送到，劉熙眾亦自南京電告，中央撥四百萬現款業已領到，援軍李蘊珩師亦自上海登輪北上，情勢突見好轉。假令那次晉軍戰鬥力旺盛的話，在中央軍未到達前，即向韓部猛攻，韓本人一定只有下台之一途。可惜晉軍行動遲疑，失去了戰機；再則那時天公亦不作美，淫雨兼旬，晉軍的工事簡陋，士兵終日泡在水裏如落湯雞，且他們大部份是有抽鴉片烟、海洛英癮的，這種毒品受不得潮，一見水就溶解得化為烏有。海洛英吸不著，毒癮無法解除，個個精神萎頓，不能作戰，如不從速脫離戰場，豈不要被活捉嗎？所以只和韓復榘的先頭部隊稍經接觸，晉軍就急急向河北撤回。不過雖然將已佔領的山東地區放棄了，但晉軍沒有多大的損失，韓復榘部也只尾追到山東北面門口之德州就停止了。

## 最精彩的野雞崗攻防戰

閻、馮方面，在山東雖然撤退，並未影響全盤戰局，以後在平漢、隴海與中央軍膠著搏鬥，就雙方戰力比較，是勢均力敵的。

兩方面動員的兵力近百萬，為自有內亂以來一次最大規模的行動，其場面之偉大與戰爭之猛烈，實屬少見者！

主戰場是在隴海鐵路東段，而最精彩的一戰，則是柳河野雞崗之役；這一次是蔣總司令親臨前線督戰，且到達最前線之柳河。

正面為教導第二師（教導第一師馮軼斐部精銳部隊，原本亦在此線，嗣以閻錫山所部晉軍分由津浦、魯西兩路南下，為策安全起見，復令該部轉向山東方面前進，圖阻南下之閻部），這個部是中央軍裏裝備最優良的一個部隊，共轄關麟徵、馬勵武、嚴武、李園、胡捷三等六個團，那時杜聿明、石覺還是中少校營長，連長差不多都是軍校四五期的學生，六七期生只是排長而已。左翼為陳誠之第十一師，右翼為王金鈺之第十九師。

本來中央軍是計劃一舉而攻至開封、鄭州之線，以求與馮玉祥部迅速決戰。可是部隊到達商邱附近，接得情報，閻軍有出魯西鉅野、荷澤、定陶以腰擊中央軍之訊，於是中央軍前進各軍，又緊急後撤，三天三夜的急行軍，真個人困馬疲，一直到歸德以東牧馬集一帶才停止。部隊就在這些地方過端午節的。

中央軍整頓以後，閻錫山的部隊並沒有攻過來，側翼既沒有顧慮了，中央軍此時又重新部署正面，再向隴海路西進。

兩軍在柳河以東開始接觸，這裏是馮玉祥的前進陣地，所以一經中央軍攻擊，即行後撤。馮軍主力陣地，是在柳河以西民權縣之野雞崗一帶，這裏是孫良誠第二路軍第五師吉鴻昌、第六師梁冠英等西北軍的精銳部隊，吉部是在鐵道線的正面，所以中央軍前進部隊到達這一線後，真正劇烈戰鬥由此展開，蔣總司令幾度親到距離野雞崗二小站之柳河地區督戰。

教導第二師最先發動攻擊的是關麟徵團，該團第一線剛攻到馮部的警戒陣地，以為是到達了主陣地，馬上就放信號槍，其他各團營官兵，當即猛打猛衝，詎不知馮軍正憑險頑拒，所以，當中央軍一往直前衝上去的時候，馮部即以最大火力抗拒，此時關部死傷頗重，可是，增援部隊也及時趕上來，這正合上了「棋逢對手，將遇良材」那句話。但是馮軍的戰略是採「陣地防守」，而中央軍則以善於攻擊，就實行了「縱深攻擊」的戰略勇猛直前。馮部的工事雖然做得堅固，中央軍的火力卻也強烈，且官兵的攻擊精神更是十分旺盛。關麟徵那時也不過是廿來歲，正是青年有為的時候，大有趙子龍一身是胆之氣概；這一仗打了下來，他也就小有名氣了。

## 奉軍入關閻馮一潰難收

那時，中央軍的步兵武器，有蘇羅通小鋼砲，自動連發步槍，這兩種軍械的火力是馮軍最怕的；但馮的陣地構築向來講究，所以能憑藉工事頑抗。因此雙方膠著，傷亡枕藉，為北伐以來所僅見。

最後野雞崗終於攻下了，中央部隊將士用命，勇往直前當然是主要的因素，但另外還有個重大的政治問題發生，那就是東北張學良部隊入關（是指山海關）。閻、馮鑒於整個大局形勢劇變，只有下令全部撤退。部隊走的時候，棄甲丟盔，倉惶後撤，經過蘭封、中牟等地，均未停留，一直順著鐵路向西走去。

張學良率軍入關是對閻、馮的致命打擊，也是閻、馮意想不到的一件事。馮玉祥與奉軍翻過臉，但這是六年前張作霖時代的事，應該是時移勢易了。而閻錫山則與張氏父子是兩代知交，這回戰事將起之先，閻氏曾派參謀長朱綬光代表出關去疏通張學良，表示這一次戰事是北方對南方的行動，北方軍人應該大團結。張學良那時慨允不予介入。閻氏聽了這句話，認為吃了一顆定心丸，雖然得不到東北方面的助力，但也無後顧之憂了。

那知道九月初閻的代表仍還在瀋陽與張學良的左右觥籌交歡時，中央方面派去的代表吳鐵城也到了東北；吳氏一到，那種豪闊氣派就壓倒了山西佬，東北方面馬上被吳鐵城拉過去了。這一次外交戰，老西是敗了。張學良於九月十一日派兵進關，先頭部隊是於學忠的東北邊防第一軍。此時閻、馮腹背受敵，平津兩地馬上被張部東北軍佔領，晉綏軍由魯、豫回到平津原防不久，便即循平綏、正太兩鐵路線撤退。隴海、平漢地區的馮玉祥部隊也告崩潰。

我回想當時的情形，確實好笑。北京方面最先開入的東北軍是於學忠部的王以哲、董英斌、劉翼飛等旅，以及張學良直屬衛隊劉多荃部。楚溪春是當時晉軍的北京憲兵司令，李服膺自北京率部開往膠濟路作戰後，楚溪春奉命護理北京警備司令。董英斌旅開入北京並沒有和晉軍接火，楚溪春在和平氣氛中將北京防務移交東北軍接管。楚溪春離開北京，是在下午四點多鐘的時候，他搭平綏鐵路代備專車，率領警備、憲兵兩部各處官佐，由西直門向西走的，董英斌還親自到車站去送行。

# 西安事變後與蔣先生在溪口故居一席話

張任民

編者按：張任民將軍為桂軍前輩，二十餘年前即歷任李宗仁之參謀長暨廣西保安副司令等要職。自大陸變色，張氏即蟄居香港，杜門謝客，淡泊自甘，不再與聞時事。近月來，以本刊連續刊載當年西安事變之珍史，張氏每期必讀，感慨滋多，並承追述民二十六年春曾代表李、白赴溪口謁晤蔣先生一幕往事；此中經過，皆屬親歷，為外人所不及知之者。茲蒙應本刊之請，將當時情形，就記憶所及，撰成此文，由本刊發表。誠為西安事變後之一段最寶貴資料也。

## 代表李白赴溪口謁蔣

在最近幾期的《春秋》上，接連刊載了好幾篇關於西安事變當時的珍史，每讀一次，就會挑起我若干年前的一些回憶，前塵影事，偶一追懷，猶歷歷如在目前。

當民廿五年十二月西安張楊兵諫事件掀起後，蔣先生被困臨潼，安危未卜，舉國震驚，謠諑紛起。在那個時候，中央對張楊在措施上既舉棋不定，而對於幾個較特殊省份，如：四川之劉湘、雲南之龍雲、山東之韓復榘、廣西之李白等等，亦深具戒心，蓋唯恐彼等萬一在行動上與張楊呼應，致事態擴大，將造成四分五裂，無可挽救之局！

彼時筆者方任廣西綏靖公署參謀長（主任為李宗仁、副主任為白崇禧）。若以彼時各方情況而言，因蔣先生被劫持，中央群龍無首，雲南、四川、山東諸省，聞變心驚，各有懷抱，信使往還於途，亦是千真萬確之事實。即桂林方面，時亦出現不速之客，有所洽談。筆者那時以職務關係，對廣西方面究應採取如何應變之策，無不親身參與，並多籌謀。今日舊事重提，雖有一言難盡之感，但總括說來，當年李、白之態度，尚能從大處著眼，以國脈為重，對各方來使，大抵皆以冷靜態度，妥為應付，仍盼最高統帥能早日無恙歸來。

經半月之混沌情勢，至十二月廿五日（聖誕節），佳音傳來，張漢卿竟親身陪侍蔣先生離陝飛京，束身待罪。滿天陰霾，竟倏然一掃而空！漢卿先生此一驚人行動，在民國史上確是值得大書特書的。猶憶蔣夫人在《西安事變回憶錄》著作中，曾寫有如下的一段：「……余等深知此次事變確與歷來不同，事變之如此結束，在中國政治之發展史中，可謂空前所未有；……余更願在此特別聲言，負責叛變之軍事長官，竟急求入京，躬受國法之裁判，實為民國以來之創舉。……」等語。

蔣先生安然返京後，不數日即返奉化溪口故鄉，略事休養。加以蔣先生之兄介卿先生彼時新喪未久，尚停柩於家，待擇期安葬。李、白兩公當時以蔣先生脫險回京，須敬致慰候之忱，同時並弔介卿先生之喪，遂特派筆者為代表，並由李、白親繕向蔣先生致敬函件，交由筆者謁見時面呈。

筆者奉派為代表後，同時又奉令組織一個「廣西省全國建設考察團」，由我任團長，率領十餘團員起程，於謁見蔣先生後，即便道分赴南北各省從事考察，團員中計有：覃連芳（曾任軍長，前歲在港病故）、梁朝璣（國大代表，現居台灣）、王佐才（監察委員，現居台灣）、尹承綱（陷身大陸未逃出）等人（其餘人等已不復記憶了）。

## 吳忠信立即接通電話

筆者於民廿六年一月十日由香港乘美郵船赴上海，十三日抵滬，下榻於南京路先施公司側之東亞飯店。事前，李、白曾叮囑我，抵滬後先晤張定璠（字伯璇，張在蔣先生任總司令時，曾任總部參謀處長，又一度出任上海市長），再訪吳忠信（字禮卿，與李白司交至篤），以便向溪口方面取得連絡，前往謁候。故筆者於抵滬之當夜，即先電話張定璠兄，張於通話後，不半小時即趕來東亞飯店相見，我略道來意，張為爭取時間，連夜即陪同筆者赴法租界××路訪吳忠信先生於其私邸。

吳氏與筆者亦為舊友，聞我此行係代表李白而來，大表欣慰。我即對吳表示：「李白二公對蔣先生安然脫險，備極欣躍，同時並甚關懷蔣先生之健康，故派我來滬，代表向蔣先生致敬，並請吳先生儘速向溪口先容，俾能早日前往謁候。」吳聞言即答道：「好極！好極！我立刻搖長途電話往溪口代為報告吧。」說完，即掛電話，通話大意如次：「李、白兩先生的代表張任民兄已抵滬，擬來溪口謁候，並面呈函件。請指示何日啟程來謁？」吳問。

「明天（指十四日）可先由滬先赴寧波，十五日當由溪口派車來接，禮卿與伯璇兩位可陪同張代表偕來。」溪口方面作如是答覆。

與溪口通電話後，筆者曾笑向吳、張兩位說：「因我之來，還要麻煩二公辛苦一趟，真對不住！」吳張兩人均表示：應當奉陪，應當奉陪。在吳寓吃過晚飯，坐談至深夜始辭出。

翌日午後七時，即偕吳、張兩位由滬搭輪赴寧波，十五日凌晨抵步，登岸後，即與溪口取得連絡，在甬逗留半日，溪口之專車已駛至，乃又共乘一車由寧波直奔溪口。途經三小時，即抵蔣先生之故居。下車後，先由副官處人員接待於客室休息。

## 蔣先生傷足不良於行

蔣先生在溪口之私邸，係前後兩幢小洋樓，前座除侍從人員用作辦公外，並闢有賓客招待室；後座即為蔣先生伉儷下榻處。在這兩座洋房之左方，為蔣先生之祖居，祖居與新屋之間，隔有一道短墻。筆者曾在短墻外仰視，蔣氏祖居為三開間之老式房屋，整潔寬敞，氣概甚雄。因彼時蔣先生脫險未久，雖然避居溪口故里，而各方賓客遠道趕來慰候者仍不絕於途。因而接見時間，須早一日排定。筆者與吳張兩位，是夜即下榻於前座洋樓之招待室。

當夜，便有副官入室通知，蔣先生已約定筆者等於次日（十六）下午七時夜膳，並面談一切。

次晨，筆者在張定璠兄陪同下，先赴介卿先生停靈處代表李、白獻花圈致祭。因來往賓客甚眾，祭畢即返招待室閱報消遣，等候約見。到了晚上七時，又有副官來陪引，筆者即偕同吳張兩位進入蔣先生後座寓邸謁候，先在小客廳坐定，片刻，蔣先生即由內室緩緩走出客廳。筆者一見蔣先生扶杖慢行，且行且扶客廳中之桌沿，步履頗艱，始知蔣先生在臨潼華清池越牆上山時，足部受創非輕。此時吳張兩位與筆者皆起立向蔣致敬禮，蔣頷首微笑，並揚手示意命坐。

蔣先生是日御咖啡色綢棉袍，玄青馬褂，雖不良於行，但面色紅潤，精神殊佳。接著蔣夫人亦出廳，五人分賓主坐定，氣氛至為融洽。

## 在小客廳裏一段對話

筆者俟蔣先生入座後，即起立當面呈遞李白二公之親筆致敬函，蔣先生先啟封展視，並頻道謝謝。筆者歸座後，即向蔣先生代表轉達李、白兩人之意說：「報告委員長！去年西安事變突然發生時，廣西方面自李主任以下，無不震驚萬狀，並曾急電西安詰責張楊，嗣聞委座平安回京，足部略受傷創，更無時不在惦念中，因廣西軍政事宜冗繁萬狀，李主任等無法擅離，所以特派我趕來溪口，面向委座敬致慰候。」

「承德鄰、劍生兩兄對我這麼關心，真是謝謝他們。這次事變，也實在出乎我意料之外，雖然在事前曾有人向我報告過，說共產黨在西安很活躍，要我留心，但我太相信漢卿了，我以為他總不致那麼糊塗，所以事前我絕未懷疑會發生這件事的。」蔣先生說：

（筆者按：白崇禧將軍，字劍生，但外間多誤書為健生，而白氏亦從不更正，特此註明。）

「在事變的前幾日中，委員長有無其他什麼感覺？」張問。

「在事變的前三天，和我駕車的司機突然換了一個生手，我雖然有點詫異，嗣又以為這種小事，似乎用不著注意。後來我才想起他們要換司機，或者是恐怕舊司機洩露秘密，也未可知哩！」蔣說。

「委員長這次履險如夷，安然歸來，這不僅是委員長個人之福，這實在是整個國家的新生，我們對於這一新的氣象，真感到無比的興奮！」張說。

「唉！」蔣先生先喟然嘆息了一聲，然後說：「這次事變，我個人雖微有挫傷，但於我的健康並無大礙，不過，因此次事變而影响及於整個國家的安內攘外的政策，將使我八年之功毀於一旦！一般人多不瞭解，共產黨的存在，對於我們國家危害之大！不要說別人，甚至黨內有些重要同志對這都認識不清，我個人固然認識得很清楚，又有什麼辦法！」

「委座既然認定剿匪為絕對重要，似可不必姑息，何不另調部隊，繼續追剿？貫徹中央一貫政策，此時尚不為遲。」張問。

## 雪竇寺前巧遇張漢卿

「任民兄！你所說的也未嘗不是，不過，此刻形勢逼人，你總已聽到看到過了。社會上的若干名流學者，亦蒙受歪曲宣傳之害，也都視剿匪為內戰，到了今天，是非不明，輕重莫分，我又豈能一意孤行？這只有看看他們（指共黨）的良心了！至於抗日問題，中央已有決定，最好你回去告知德鄰、劍生，無論他們那一位能抽時間來南京一趟，我將和他們當面詳談，你們將來還要多負些責任啊！」蔣說。

「我回桂林一定將委座的意思，詳為轉報，不過，當我離開廣西時，李白兩主任曾面囑對於今後桂省軍政諸端，希望委座能當面多予指示。」張答說。

「任民兄！沒有什麼指示的，你這次來得很好，你們在廣西的努力，一切軍政都比較上軌道我都知道，我也很放心。」蔣說。

談話至此，暫時告一段落，此時侍從人員已在小客廳裡開出了晚飯，菜餚是家常式，簡簡單單的幾樣。蔣先生夫婦、吳忠信、張定璠和我五個人圍坐一桌。飯後，蔣先生與吳忠信略作閒談。我即趁機請示蔣先生尚有無指示，準備告辭。蔣先生此時卻帶笑著說：「任民兄！你們桂林的山水有甲天下之名，但是這裡四名山的景色也還不錯，明天不妨多留一天，和禮卿、伯璇去遊覽一下，後天再回上海吧！」

此時，吳忠信和張定璠都表示應該一遊，我則道謝至再，仍和吳張兩位一同向蔣先生夫婦告退而出。是晚仍宿於前座洋樓之招待室。

次日（十七），吳忠信張定璠果然逸興遄飛，約我作一日之暢遊。我亦以代表謁候之任務完滿達成，如釋重負，自亦欣然應命。諸如：雪竇寺、妙高台、千丈巖等勝地，皆曾留有足跡。但當我們午間正行至雪竇寺附近時，突見迎面走來一簇人，並有山轎隨行，一行共約十餘之眾，仔細一看，原來來的正是張漢卿先生，似乎是隨携著家人在雪竇寺一帶探幽攬勝。

我和吳、張兩人萬不料會碰見張漢卿的，此時向前招呼既覺不便，不招呼又覺不好，一時頗感相當為難，結果經吳、張兩人決定，趁彼此距離尚遠時，趕忙向山路斜徑裡溜著下坡，總算未碰個正著。此時，張漢卿已在受管束中，行動雖不自由，大概在雪竇寺左近一帶之指定範圍內，還可以作有限度的走動。是日我見漢卿先生亦御棉袍，至於隨行者是家人或是便衣保護人，則無從得知。雖然彼此只是在山徑遠遠的打了一個照面，但彼時情景，偶一追憶，尚依稀如昨。歲月催人，國事更不堪問，屈指算來，這已是廿四年前的事了！

# 廣西內幕：李白北伐、黃紹竑留守八桂

張任民

廣西一省，僻處西南，山多水淺，地瘠民窮，文化經濟自難比擬於中原。然因民風儉樸強悍，好義敢為，在吾國多事之秋，往往發生甚大影響。近百年中，如：洪楊之役、中法之戰、陸榮廷之獨立倒袁、北伐時之革命第七軍等等，均著有輝煌光榮之歷史，世人莫不知之。但其間亦有重要之內幕史實，有為外人或本省後一輩人士所不及知者，即如筆者在本篇所記述之民國十八年廣西李黃白慘敗與復興之經過一事，廣西人士亦多不甚瞭解，且過去時間，倏忽四十年矣，人物凋謝，世事滄桑，其中主角如李宗仁、黃紹竑、白崇禧諸氏，均已墓門木拱。甚至躬與其事，曾參內幕之人，非老亦死。英雄事業，無非過眼浮雲；富貴功名，真如黃粱一夢！且復興二字，並非歷史上良好美麗名詞。所謂復興，即必先有興起之光榮，且有興盛之史實，然亦必在其興起期間，遭有莫大之挫折衰敗、甚至瀕於毀滅，然後又有志士仁人，起而挽救其危殆，繼絕圖存，重新恢復。

## 追悼梁朝璣、重話當年事

廣西在民國十八年時，正亦如此。筆者今日重提舊事，一時竟不知從何說起。吾友黃旭初君，對廣西過去史實，在《春秋》撰文甚多，獨於民十八年廣西復興一事，未能詳言，蓋因此時黃君在粵桂戰事中，身負重傷，時方養傷香港，未能參與此事。此刻尚存參與之人，就筆者所知，在港尚有同鄉雷醒南兄以及台北數友而已。

黃紹竑在其生前所撰之《五十回憶》中，對此役亦略而不詳。至於筆者本人亦垂垂老矣，八旬老翁，尚何所求。前塵往事，本可不必再言，既無表功邀賞之可能，更何沽名釣譽之必要。且本人素恥矜伐，久甘寂寞，原不欲回想當年，徒增感慨；但因同鄉好友梁朝璣君，去冬病逝台北，海隅同鄉發起追悼，而梁君則為當年復興廣西一役之重要人物，在追悼會上，若干老友皆堅囑筆者能將當年梁君復興廣西、愛鄉好義、勇於負責、公爾忘私之行誼，為之記述，以表揚梁氏之為人。

筆者亦以為梁氏數十年來，口未言功，心安本份，恥爭權利，忠貞愛國，在我輩袍澤中，實少其匹；況梁氏與我又為生死患難之交，為文記述其行誼，兼留廣西史實之真象，亦份所應為也。不過廣西當時之復興，涉嫌抗拒中央，且又與筆者本人關係太大。吾人愛國，固應以國家統一、服從政府為職志，奈何再以偏狹之見解，見訾於世人。然而天下事，亦往往有勢迫力行、棄經從權、取利去害、不能自已者。此則欲得諒於世人也。民國十八年，距今四十年矣，往事如烟，真如一部廿四史，祇能以簡略之實情，真實之經過，公道之心理，坦白之文字，書而出之。知我罪我。不遑計也。至此事發生之遠因，當從革命軍北伐，民十七年完成全國統一時說起。

## 聯絡唐生智、第七軍入湘

民國十年至十三四年間，廣西省內自陸榮廷下台，經粵、湘、滇、黔各省客軍蹂躪殘破後，內部兵匪不分，全局混亂，人民實處於水深火熱中。民十二年黃紹竑、白崇禧起兵梧州；李宗仁起兵鬱林。黃紹竑所統率者為「討賊軍」，李宗仁所統率者為「定桂軍」。得省內同志同學共同的努力，於民十四年秋，始戡定沈鴻英、陸榮廷內爭混亂之局，並將唐繼堯之滇黔軍，熊克武之川軍，幾經惡戰，驅逐出境，始完成統一完整之廣西。是年冬，廣西並協助廣東國民政府殲滅陳炯明餘部鄧本殷於欽廉南路。是時廣東之東江惠州，亦經今總統蔣公敉平。廣西李黃兩人，此時乃取消「定桂」「討賊」兩軍名義，投入國民政府懷抱，兩廣地方，於是同為革命的根據地。

北伐前刻，並由廣西聯絡湖南師長唐生智，使其加入革命陣營。民十五年春，揭開北伐大舉，唐生智以湘南督辦兼師長首先發難，編為革命第八軍，與湘省葉開鑫軍戰，初戰迭勝，嗣因葉獲得北方吳佩孚派軍來援，唐生智眾寡不敵，退守衡永一帶。當時廣西軍隊，已編為革命軍第七軍，乃於是年四月初由桂入湘援唐。當時第七軍官兵約共十團，計有山砲四門，戰鬥士兵不過萬人。李宗仁為第七軍軍長。

李氏受命後，曾偕筆者一同由桂赴粵，向政府請領餉彈，經蔣總司令撥發銀毫二十萬元，七九槍彈四十萬發。李得餉彈後即行回桂。時第七軍前鋒部隊經已入湘，最先領兵與北軍接戰者，為營長王贊斌（王字佐才，現在台灣任監察委員），在萱洲河一擊破敵，第七軍大部遂協同唐生智部第八軍，直取長沙，敵軍聞風即潰，勢如破竹。

## 第七八兩軍、戰友變敵人

筆者在廣州時，經蔣總司令派往西南策動川黔各省響應北伐（此行任務，與本文無關，故不記述），未能即時返桂，李宗仁由粵返桂不久，即趕往湖南前線，指揮作戰。以後並率領廣西健兒，由湖南轉戰湖北、江西、安徽各省，其間激烈劇戰，如箬溪之役、德安之役、馬迴嶺、黃土嶺、梁園諸役，面對北洋軍閥之東南五省聯軍總司令孫傳芳所部，總是以少擊眾，常以數千之眾，擊潰敵人三五倍之兵力。直至最後在有名的龍潭大戰中，第七軍協同何應欽的第一軍，與孫傳芳的十餘萬眾，苦戰三晝夜，卒將敵軍全部擊潰，使孫傳芳從此不能再起。第七軍傷亡官兵亦不下三四千人。此際第七軍且擁有鋼軍之稱。但器滿則傾，物極必反，內部危機，即伏於此矣！

龍潭戰後，因唐生智擁護武漢容共政府，與南京對立，叛跡已露，必須解決，第七軍又奉命西征。唐生智的第八軍，本來也是很能作戰的，我省的李品仙、廖磊、葉琪諸人，當時都是第八軍的將領。不料同一戰線的戰友，竟一變而為相對的敵人！其時第八軍為策應孫傳芳軍攻南京，早已下至安慶蕪湖一帶，李宗仁指揮第七軍進至皖境，即在安慶蕪湖與第八軍遭遇，但唐部因軍心不固，一觸而潰，所有八軍部隊，都接受收編，武漢政府即行瓦解。蔣總司令即命白崇禧為北伐軍前敵總指揮，率領中央部隊第八軍全部及七軍一師，直指北平，繞往天津塘沽，解決直魯軍殘餘部隊數萬人，白氏率部乘勝直抵山海關。此時張學良已率領奉軍由平津退出關外。並派楊宇霆來與白氏商洽關外易幟，服從國府，完成全國統一。白崇禧呈報中央。蔣總司令即行接納。於是，民十七年冬，張學良即在東北豎起青天白日國旗，中華民國在軍閥割據、派系分裂下，得以宣告統一。以上所述，乃第七軍軍事興盛之時期。

## 黃兼第八路、我代參謀長

廣西省內自北伐軍出發湖南後，對前方第七軍人員的補充，餉糈的饋送，未嘗有所虧缺，每月仍匯解軍費大洋二十五萬元，直至西征武漢，第七軍進駐武漢後，始暫停匯。以廣西之貧困，收入之微少，而黃紹竑氏坐鎮省內實已竭其所能。因為黃氏一方面欲乘時建設廣西；而一方面又須顧及革命根據地之廣東。當時李濟深是第八路總指揮、兼革命軍總司令部後方主任，又兼廣東省政府主席，廣西省自當有所聽命。然廣東不似廣西之簡單，時有特殊的變化發生。如民十六年清黨後，共黨朱德、賀龍、葉挺等，在南昌叛變，由贛南直下。擬進入潮汕後，經東江奪取廣州，沿途裹脅農民，擁眾號稱五萬，實祇三萬餘人。李濟深此時以赴京開會，乃電命黃紹竑代理第八路前敵總指揮，並要廣西出兵兩師來粵，會同陳濟棠、薛岳兩師，一齊担任攻剿。黃是時雖為廣西省主席，但仍兼第十五軍軍長，下轄三師，第一師師長為伍廷颺、副師長梁朝璣。第二師師長為黃旭初、副師長許宗武。第三師師長為呂煥炎、副師長蒙志。黃氏即調黃旭初與呂煥炎兩師東下。其時第八路參謀長為張文，因李濟深不在廣州，留張文代理部務。黃紹竑講准李氏，以筆者代理第八路前敵總指揮部參謀長，隨同赴前方作戰。

時朱德、賀龍、葉挺等已竄入粵境，黃紹竑及我均隨軍進到三南，急轉回軍東江，每日大軍行程均在百里以上，天氣炎熱，官兵負病者甚多。我軍由三南、老隆、鄠鄔、蕉嶺、梅縣直追至潮州，與共軍展開激戰，其主力則進至興寧五華湯坑，與陳薛兩師正激戰中。潮州之敵是日正午接戰，至下午四時為我擊破，除死亡外，悉數繳械。是役獲槍九千餘枝。湯坑之敵，得知後方失敗，軍心動搖，亦經陳薛兩師擊破，全數繳械。葉賀各率衛隊數人潛逃，朱德因是役未與大股來粵，自率匪兵千餘，由贛竄湘，往投滇軍師長范石生，後復叛走往瑞金，留下井崗下的禍根。此為當時廣西後方軍隊協助廣東之經過。乃民十六年七八月間之事。

## 兩廣一家人、自己打自己

到了是年冬十一月，廣州共黨大暴動，李濟深又命廣西出兵，協同廣東徐景唐部恢復廣州。此次戰事乃兩廣最痛心的戰爭，因第四軍受汪精衛的影響，容納共黨份子在部隊中甚多，此時張發奎將軍不在軍中，廣州暴動乃四軍的特務團發難，共黨工人及土匪流氓乘機大肆燒殺，李濟深因在南京，仍電令黃紹竑出兵平亂，廣西乃再出兵東下，此時在廣州的第四軍，因受共黨的帶累，闖了大禍，自知難容於粵人，乃退出廣州，擬在東江憑險拒守。第七軍黃、伍、呂各師，及廣東陶、陳各師，截住第四軍，大戰於東江潭下圩，兩廣一家的自己弟兄，彼此打得頭破血流，結果四軍的好友勇將師長許志銳不幸戰死，黃振球負傷。四軍敗走了。第七軍亦有團長余志芳陣亡，黃旭初的胞弟黃旦初亦戰死，雙方官兵死傷不下七八千人。第四軍後來由東江老隆轉回去中央歸隊，第七軍也回了廣西。此乃民十七年十二月之事。

以上所述，為民國十六年北伐及清黨期間，廣西在黃紹竑率領下的後方軍民，為國效命的大致經過。此時廣西省內，人民安居樂業，天時風調雨順，雖小有旱災，乃極少地區，大部份地方，仍是豐年。故省內一切建設，均蒸蒸日上。我最記得民十七年廣西全省，有八個月內，各縣俱無搶劫匪案發生，幾乎措刑不用。因我當時兼任廣西全省警務處長，所以知之最詳。斯時可謂廣西極盛郅治時期，現在回想起來，永無此日矣！

# 廣西內幕：驕兵悍將害苦了李黃白

張任民

民國十六年八、九月間，龍潭戰後，第七軍又奉令西征武漢，唐生智解甲潛往日本，中央任命李宗仁為武漢政治分會主席及第四集團軍總司令。當時除收編唐生智的第八軍以及其他雜牌部隊外，又加編了第十九軍胡宗鐸、第十八軍陶鈞兩部。第四集團軍轄下的部隊，不下十餘萬人，其中主力當然仍是第七軍。李宗仁這時在武漢，集長江上游的軍政大權於一身，湖南方面，自然也在武漢政治分會指揮統轄之下了。

## 士兵著單衣、風雪裏守衛

廣西的第七軍，國人稱之為「鋼軍」，此時真是不可一世，人莫敢侮，而此時一些附屬第七軍與有特殊關係的人，也不免跋扈驕妄起來，尤其湖北籍的將領胡宗鐸、陶鈞等人，以地頭蛇的姿態，更是專橫擅權，肆行無忌，而李、白對胡、陶亦寵信有加，致使廣西的第七軍及負責將領們，反而黯然無光，不但政治上受了胡、陶的操縱，即軍事上亦不能自主。

當民十七年冬李宗仁坐鎮武漢時，黃紹竑自粵回桂，要我到武漢去查看一下情形，並代表他慰勞前方官兵。我到武漢後，看見廣西的士兵，身上仍穿著單軍衣褲，赤足草鞋，持槍在風雪道路上守衛，使我非常難過！我見到李時，曾說：「德公！天寒地凍之際，怎麼我們軍隊的棉軍服還未發給官兵呢？」

李答：「因為軍服的款項尚未撥定。」

我說：「何以第十八、十九兩軍的又發了呢？」

李答：「他們是本地人，籌款容易。」

我說：「如此不公道，很不應該，昨夜在旅館中，我們軍中的團長以上的幹部官佐，很多都來見我，向我訴苦，他們說：仗是我們打，人是我們死，但我們還穿不暖、吃不飽，太不值得了！下情不能上達。這種情況，要請德公特別注意才好。」

李說：「你初到漢口，還不十分清楚這裏的情況，你不要聽裕生、醒凡、振常、威遠他們一班人的話，他們都非常眼淺，見到別人有點好處，自己沒有，就發牢騷，我們自己人，吃點虧有甚要緊。」

我說：「德公！不是這樣講的，他們並不是妬忌人家陞官發財，但為上官的，也應當給他們以溫飽，季寬（黃紹竑字）在省內（指廣西）接到過前方將官不少的信，才叫我來看看情形，並要我向德公當面進言。」

李當時似乎無話可答，乃微笑著說：「不久就會有的，你在此多住幾天，再同我一起往上海，我要去醫目疾。」

## 胡陶叛中央、武漢闖大禍

未幾，我即隨同李到上海，下榻於陳光甫先生的融圃寓邸。

就在李宗仁離開武漢的時候，武漢政治分會突然下令撤換湘省主席魯滌平，任命何鍵為湘省主席。何當時仍未敢赴湘接篆。同時第四集團軍總司令部又下令第七軍旅長楊騰輝，率兵一旅，進取長沙，驅逐魯滌平。以當時第七軍的聲威，魯滌平自然不敢抵抗，只得率領他的人員和部隊，向瀏陽、萍鄉方面退去。武漢政治分會此一突然舉措，令得南京中央政府下不了台，認為是越權行事，因為湘省主席，乃中央政府所簡派之大員，武漢政治分會並未請命中央，任意撤換，並派軍隊進襲長沙，居然目無中央，破壞法紀，若不查辦懲戒，實在不成體統！同時胡漢民先生亦在國民黨三中全會上，提出了對武漢討伐案。如是武漢與南京之間，成了一個僵局。以後演變愈演愈壞，造成了無數悲劇！此皆驕兵悍將貽禍國家之罪，余書至此，猶有餘憾！

民國十八年二月左右，李宗仁尚滯留上海醫治目疾，白崇禧仍率領北伐軍遠在平津。而在武漢方面的主持人胡宗鐸、陶鈞等，則趾高氣揚，目空一切，全不顧及第七軍官兵意見，一直胡作非為，而第七軍將領多屬優柔寡斷，亦幾乎以胡、陶兩人為馬首是瞻，胡宗鐸更決心在武漢備戰，準備與中央軍一決雌雄。此時中央為計出萬全，亦陸續向安慶、蕪湖、九江各地集結大軍。雙方情勢，如箭在弦。但中央在另一方面，早已作了釜底抽薪之計，我尚記得此時黃紹竑曾由廣西拍一電與李宗仁，請李氏必須儘速制裁武漢方面之不法軍人，即刻下令撤免胡、陶兩人職務，李本人應電呈中央，引咎自責御下失職，請中央嚴加處分。同時應催請李濟深入京轉圜，挽救危機，消除內戰，李氏俟目疾稍愈，再入京待罪等語。

## 李濟深被扣、李宗仁逃港

當時我曾對李說：「季寬來電的意見，我覺得很對，德公意思怎樣？」

李說：「等我考慮一下。」

時王季文先生亦在座。他對李氏說：「此事必須慎重，且等李濟深入京後，看看情形，可行則行。」

當時李氏猶豫不決，而外面卻傳言中央又調兵多少西上了。及李濟深到來，兩李連日商議，終不能決。李濟深雖力勸李宗仁入京。李宗仁則反勸李濟深回粵。結果，李濟深經吳稚暉先生一說即入京。但立被扣留，送往湯山幽居。李宗仁此時欲回武漢既不可能，入京更不敢往，只有離開上海轉回廣西了。

本來黃紹竑出廣西來電之時，李宗仁若果能毅然採納，即行下令撤免胡、陶之職，呈請中央，聽候處分，或引咎辭去一切職務，潔身下野，中央未必加罪，或者予以挽留，則武漢事變，可能無形打消，亦不至牽累遠在平津之白崇禧及坐鎮後方之黃紹竑，而俞作柏之投機亂桂，亦將無從得逞。不過俞作柏當時向中央自告奮勇，由彼出面拆散第七軍之時，中央亦未加深察，俞作柏其人，實一準共產黨，彼一向親近俄顧問鮑羅廷，接受鮑的指示，欲在廣西奪取政權。（按：民十六年清黨時，黃紹竑已發覺俞作柏的陰謀，俞乃逃離桂省。）彼時俞見武漢有機可乘，乃投向中央，果然策反了在武漢的第七軍李明瑞師及楊騰輝旅回師桂省，反對李白。第七軍既被俞作柏所拆散，中央乃任命俞氏為廣西省主席，但不及三個月，俞即揭露了共黨真面目，背叛中央，自稱為紅軍總司令矣！

武漢局面，因第七軍之分崩離析，全局改觀，不但胡、陶逃亡，而第十八、九兩軍亦立被消滅。在滬醫目疾之李宗仁，幸得上海市長張定璠之協助，護送往吳淞口外，搭乘美國郵船來香港，同行的人有筆者及王季文、季雨農以及隨從副官一人而已。此時大約為民十八年三月中旬，乃廣西衰敗的開始時期。

## 白崇禧畏禍、不敢回南京

武漢事變發生後，此時白崇禧仍是國民革命軍的北伐前敵總指揮，統率有大部中央軍與收編唐生智第八軍的李品仙、廖磊等部及廣西第七軍一部（韋雲淞師），駐紮平津塘沽一帶。因武漢變起，唐生智又回到中央。並由唐氏潛行至平津唐山，招回他的第八軍，重歸回掌握。（關於此事，臧勺波先生在〈蔣汪與我〉文中，曾有記述。）中央各軍亦叛離白氏，此時中央亦已明令罷免李白兩人職銜。白崇禧見局勢演變至此，亦不敢再回南京，乃設法搭載日本商船亦逃至香港。實在白氏當日如有胆識，應該不理武漢的事變，自己呈請中央，回京聽候查辦，亦可安然無事的。因武漢方面非法無理的行為，白氏並不知道；即使知道，也不會贊成附和的。不過因為他是廣西人，又因為平日寵信胡、陶，和李宗仁一樣，不能臨事果斷，只是姑息，自己畏疑有禍臨身，故成了欲辯不能，只有一走了事。

白氏當時抵香港後，曾往廣州一次，幾為陳濟棠所扣禁，經鄧世增調解，乃得轉港回桂。原來彼時廣東的三陳：陳銘樞、陳濟棠、陳策，他們因李濟深遠去南京，早已暗中結合，定下推倒李濟深的計劃，同時又要打擊廣西當時的強大勢力，認為李濟深挾有兩廣之眾，做了廣東大官（當時李是廣東省主席、第八路總指揮、國民革命軍總司令部後方辦事處主任），必須削弱廣西勢力，始能打擊之。實則李濟深在廣東的發展及獲得在粵的崇高地位，與廣西並無深切關係，乃李氏本人與廣東革命前輩如鄧仲元、陳可鈺等在黨的長久歷史，及擁護國父忠誠不變所得來的，廣西對他並無若何協助。我們在民國十一、二年，在廣西起兵定桂討賊時，他在廣東雖是幫忙不少，然在廣西的十五軍（黃紹竑所統率），也常為廣東地方効力。絕非廣西全靠廣東，沾了任何重大利益。不過當時陳濟棠要當第八路總指揮，陳銘樞要當廣東省主席，乃不惜打倒長官，不講交情與名份了。因此，他們見到武漢變起，竟慫恿中央，扣押李濟深，使其無法活動，進行調解，遂使廣西與中央的裂痕無法彌縫，馴至演成了悲慘的粵桂戰爭，連年不休，一直延長到民國廿年春，胡漢民案發生後，廣東才派人來與廣西言歸於好，形成了西南局面。

## 李白落荒歸、難為黃紹竑

民國十八年約三月下旬，李白兩人均回到廣西梧州，大家同到容縣黃紹竑（季寬）家裏住下，終日無事，只有下棋消遣，相對無言，一籌莫展。在李白兩人而言，在軍事上可說是單身落荒逃回，所統率的數萬廣西子弟，均已棄去，回到廣西家鄉，真是難見江東父老。好在季寬為人既忠厚又講義氣，從未加以責備，仍然歡笑如故。但季寬當時仍是廣西省主席兼十五軍軍長。然十五軍亦只有三個師：即第一師師長伍廷颺（字展空）、副師長梁朝璣。第二師師長黃旭初、副師長許宗武。第三師師長呂煥炎、副師長蒙志。另有一特務團。每師均為四團，總數不過兩萬餘人，且缺乏山野炮兵，各師僅有迫擊砲數門。自李白逃回廣西後，黃紹竑很是為難，因南京方面既瓦解了武漢，又解決了平津，廣西本省力小財貧，李白逃回廣西後，中央已撤免他們職務，自不會對他們客氣。當時行政院長譚延闓及總司令何應欽，曾有一電致黃紹竑，歷數李白不法，勸黃紹竑不可異動，並促李白離桂。黃乃覆電中央，請求恢復李濟深的自由，及李白的職務，中央自不理會。當時廣西仍在無可奈何中拖延時日。不料陳銘樞又轉來中央一電，內容更為利害，提出四個條件：

（一）著黃紹竑將李白拿解南京中央，聽候法辦。

（二）前方不聽命令出走的第七軍部隊，如到廣西不得收容。

（三）廣西省內軍隊只准編兩師，多餘的武器，一律繳交中央。

（四）以上各項照辦，然後准許黃紹竑可出任陳濟棠的編遣副主任。

此電我當時曾經閱過，不知是否中央的意思，還是陳銘樞的惡意挑撥，故使黃氏難堪。直到現在我還是想不通，因為所提各點，照人情來講，都是黃氏辦不到的。

## 謠言逼人來、李黃白蠻幹

此時更謠言蠭起，不是說粵軍已集結肇慶，就說中央軍已到衡陽。滿天風雨，人心惶惶，逼使得李黃白下了蠻幹的決心；第十五軍團長以上的幹部，也願意「寧為玉碎，不作瓦全。」黃紹竑雖不願打仗，也只好從眾行事。因黃在廣西省內，正從事一般建設，立下了若干基礎，戰事一起，可能甚麼都完了。

李黃白既然準備犧牲，不如先行發動，奪取廣州再講。但只是第十五軍的兵力太薄了，全部人馬也只有十三個團，不足兩萬人；於是，乃統交白崇禧指揮，沿西江東下。李宗仁則秘密赴香港，主持政治外交活動。黃紹竑仍坐鎮梧州，主理後方。此時約為民十八年四月中旬，廣西動兵倉卒，但各官兵都異常奮勇，當東下時，經肇慶、三水、蘆包、大塘，連戰皆捷，兵鋒甚銳。及到了銀盞坳、白坭之線，兵勢始漸衰，子彈亦漸少。粵軍取的是內線作戰（固守），待桂軍深入然後反攻。且中央又派了好幾師人馬來粵協助。桂軍主力不能突破粵軍陣線，即敗退下來。且當時又值西北兩江潦水大漲，軍隊渡河，又遭中央飛機低炸，沉船甚多，官兵淹死不少，因此潰敗不能成軍。第一二兩師退至懷集賀縣，始收容完畢。第三師則退回梧州整理。白氏指揮西江的乃全軍主力，收容也不過萬多人。此刻中央另一枝人馬則係由朱紹良、毛邦初各統率一師人，已由湘粵邊界進至恭城、龍虎關、意圖截斷桂柳間之連絡。

# 廣西內幕：我從香港冒險回梧州的經過

張任民

民十八年四月白崇禧率軍東下，進兵粵省，圖作孤注一擲。當時廣西省內軍隊均已調動一空。至於桂北方面，黃、白兩人均要我去唱空城計，我也義不容辭。黃紹竑命我以桂林警備司令的名義，援兵一營給我，在桂虛張聲勢，阻遏來犯之湘軍。此刻湘軍軍長劉建緒，已奉中央之命，為攻桂總指揮，率領三個師，進取桂林。

## 桂林不能守、孤軍守柳州

大約是民十八年五月初間，湘軍先頭部隊張其雄，已率一師人進抵桂北的全縣。我在桂林即電告黃紹竑說：「我們一營兵怎能抵抗一個師？開火後徒糜爛地方而已。此刻已不是演義中空城計的時代，現代戰爭是要憑實力的，不如由我退守柳州較有把握。」在電末並請加派一營兵來。黃紹竑覆電照我意思辦理。我得電後，即打一電給湘軍張其雄師長（字沛乾、是保定三期同學），說我已奉令放棄桂林，請他於三日後來桂接防，並請約束部隊，勿擾人民，所需給養，當囑桂林紳商妥為招待，並盼以後不必深入。張得我電，頗為客氣，覆電云：「當遵兄意辦理。」我即在兩日後，拔除兼程回柳州。此刻白崇禧在前方大敗，我已得電，我到柳州後，黃紹竑加撥的一營兵已到來，營長乃我族中兄弟張啟勳，我更加放心，當即趕緊在柳州佈防。

柳州是我生長的地方，一水一石，無不熟悉。在民十四年雲南唐繼堯軍侵入廣西時，他的兄弟唐繼虞曾率滇黔軍三萬多人來攻柳州，我當時便是柳州行營主任，負責防守柳州，其時守柳之兵約有兩團，乃由李石愚及呂煥炎分任團長。滇軍攻了三天不下，李石愚團長重傷陣亡。隨後黃紹竑帶了八團兵來解圍，終將滇軍擊潰，幾予全部殲滅；故我對固守柳州不但地形熟悉，而調動民兵，亦很方便。不過上次滇軍攻柳係在城北；此次湘軍若來，必在柳河南岸，我兵既少，勢難出擊，因柳州城三面皆水，只北面是陸地，我於是以兩連兵由張營長啟勳率領，扼守北面陸路各重要據點；並調動民兵，將柳江上下百里船隻，盡數拘集於北岸，力為監視，隨將其餘兵力（人槍共約七百），均用於柳江南岸，因南岸有天馬、立魚、東台、峨山等高山，均可俯視柳州城市，若敵人佔領一山，即可炮轟柳州，則城內不堪設想矣。我即與楊營長競鳴在柳江南岸擇要據守，大部仍集中在南岸谷埠街、太平圩一帶。

佈署已定，次日下午三時左右，大約是五月五日，來攻柳州之湘軍陳光中師，約四五千人，先頭已到河南，與我哨兵接觸，至下午五時，陳師全部似已到齊，即展開向谷埠、太平兩地進攻，槍聲甚密，但不聞炮聲，我判斷敵人無炮，乃稍放心。楊競鳴營長乃余母之堂弟，人頗沉著勇敢，我呼之為十二舅，得他幫助不小。敵人攻了一陣，見天色將黑，乃圍而不急攻，且地形生疏，亦不敢貿然深入。次早凌晨敵又猛烈進攻，我軍沉著應戰，漸增傷亡。午間我親到各處視察，不料隨從副官佘文芳竟彈中腹部，抬回醫療所時已不治陣亡。佘副官乃容縣人，係前年潭下戰役陣亡團長佘志芳同學之堂弟。兄弟兩人均為廣西作戰陣亡，不勝悲愴！

## 湘軍突撤走、梧州又生變

來犯之湘軍，於是日午後二時餘，竟強取民居之門板綑紮成渡河木筏，在峨山腳黃村間偷渡，但被我北岸守兵及民團猛擊，翻死河中者約百數十人。是日激戰至下午六時，槍聲漸稀。我判斷敵人或稍退後造飯，仍將乘夜來攻。殊不料敵人於夜間竟全部撤退而去。原來他們獲知中央派來之朱紹良、毛邦初兩師，在荔浦地方已被桂軍擊潰，向桂林逃向湘境去了。至於佔據桂林之張其雄倒很機警，亦自動回師湘省，真不深入（此次進攻柳州之湘軍為何突然撤退，下文另有交待）。

猶憶十餘年前張其雄亦因大陸淪陷來港避難，與我遇於九龍沙田曾家大屋，昔為敵人，今為難友，握手道故，感慨不已！我與張其雄時有過從，五年前他病逝沙田，我事後方知，頗為惋悼！

再回述敗回廣西懷集縣的第一二兩師，經白崇禧收容整頓後，不過尚存萬人，此時第二師師長黃旭初重傷，已趕送港梧船赴香港就醫；第一師師長伍廷颺因兼任省府建設廳長，有事離職，師長交副師長梁朝璣代理。第二師長黃旭初職務，則交副師長許宗武代理。第三師長呂煥炎則率部回駐梧州防守粵軍進攻。黃紹竑因白崇禧在賀縣鐘山整頓部隊，乃留在貴縣與各方聯絡。此為廣西當時在粵大敗後之一般情形。及白崇禧知我已回守柳州，湘軍張其雄已佔領桂林，中央軍朱紹良、毛邦初兩師又已攻入省內，將抵荔浦，乃急命第一師梁朝璣、第二師許宗武兩部，急向桂林前進。遂於五月四日與朱紹良、毛邦初兩師遭遇，大戰於荔浦。朱、毛兩師官兵，因深入廣西，心理早已不安，又素知桂軍難戰，當時在荔浦接戰，不過四個鐘頭，即紛向桂林公路潰退，秩序大亂。第一師梁朝璣率眾窮追，朱、毛兩人不敢停留，因湘軍張其雄師早已由桂林退回湘境，因此朱紹良、毛邦初兩部亦退入湖南。至攻柳的陳光中師，知道桂林不能通過，乃從柳州上游的柳城縣渡河，經中渡縣向湘桂邊境回湘。沿途遭民團襲擊，死傷甚眾。此刻桂柳敵人幸告肅清，卻不料梧州方面又生問題，第三師呂煥炎部突告叛變了。

## 黃白逃越南、來了俞作柏

梁許兩師擊潰中央軍後，朱紹良、毛邦初及湘軍張其雄各師，均退回湘省，柳州之圍已解，白崇禧回至柳州，與我商議如何應付以後局面。正談論間，梧州電局忽電柳州電局云：「呂煥炎師長突派人來守電局，不准通電各處，聞粵軍已到都城。」我與白氏獲訊後，都料呂煥炎一定變了。果然黃紹竑亦同時由貴縣打電話與白崇禧說：「大勢已去，不必留戀，我即赴南寧，處理一切，你快來，我們一同去越南。」當時我對白氏說：「你可同季寬先走，我不要緊。我等梁朝璣回來再講。」是日白崇禧心中混亂已極，留下簡單函件數封，給梁朝璣、許宗武及呂煥炎等，說他去了，希望各人好自為之。黃紹竑又來電話催白快走，於是白氏由柳州乘汽車赴南寧。此時黃已早到南寧，省府方面，留民政廳長粟威（號松村、湘人），代為辦理交代，第十五軍軍部人員亦即日資遣。當時軍部參謀長乃呂競存。黃紹竑並將軍部存有現銀毫約五萬元，交由經理處按照各人職位分給，以示公平。黃與白到邕後，即出走越南去了。李宗仁雖遠在香港，亦因廣東政府方面照會香港政府，要將李宗仁驅逐出境，故李氏也去了越南西貢。

此時不但粵軍已到了梧州，呂煥炎已經叛變，呂氏並打電報歡迎俞作柏回廣西任主席。因此粵軍陳伯南、蔡廷鍇兩師皆駐在梧州。同時在武漢叛變的第七軍李明瑞、楊騰輝兩師，亦由中央派海輪，送回廣西。此乃俞作柏的請求，中央自然照准了。李、楊兩師到梧後，李明瑞乃俞作柏的親表弟，俞氏自然認為親信，乃將李師調赴南寧省會地盤。梧州與鬱林乃廣西富庶之區，為呂煥炎原駐之地。俞氏初回，不便將呂調開，俞氏又知道梁朝璣師已回柳州；因桂林雖是廣西舊省會，但民窮財乏，絕難養兵，柳州尚可支持，梁朝璣師又為俞作柏不信任的部隊，俞氏乃命楊騰輝師開駐柳州，並示意楊騰輝相機解決梁朝璣部。至平樂富賀各縣，乃許宗武師駐地，接近梧州，又不當衝要，呂煥炎亦挾以自重，故俞作柏尚留以有待。此刻乃廣西破敗後，暫時省內的軍事形勢，可說是瓦解的時期。

## 桂幣成廢紙、駐軍懷戒心

黃、白兩人出走越南後，此刻廣西銀行發行的桂幣，已低折到四成以下。廣西桂幣，係以銀雙毫為幣值的，平時對廣東的粵幣，都要低一毫半毫，此刻一經軍事慘敗，幾同廢紙。在廣西平時養兵，最多亦不過兩萬多人，此時忽然前方由武漢回來了約三萬人，加以省內原有部隊，共約五六萬之眾；俞作柏雖然在中央領了兩百萬大洋，他自己先留了一半，再給他表弟李明瑞五十萬，楊騰輝三十五萬，發餉各官兵（這是楊騰輝在柳州親口對我說的）。俞氏回桂，自然對廣西的原有部隊是一毛不拔的，還要省內供他經費。廣西銀行本來就缺乏基本金，銀行紙幣全靠政府信用，此刻黃紹竑的政府完蛋了，紙幣將成廢紙。所以當時各軍隊的情勢，就成了各據一方，無錢無米，都是向地方人民籌餉，擇肥而食，使各地方的士紳商會等人苦惱不堪！而且各軍都懼怕被人偷襲，由武漢前方回來的第七軍，自以為百戰功高，不免盛氣凌人，以此內部各懷戒心，人民亦惶恐不安。

柳州方面，楊騰輝師暫駐紮於柳江南岸，所有谷埠、太平圩以及附近鄉下各村莊，都駐得滿坑滿谷，因為柳州城內外，原係第十五軍第一師梁朝璣所駐防，與楊師隔江對峙，彼此戒備森嚴，幸雙方官兵都能相忍，未生衝突。在五月中旬，梁朝璣回到柳州，他留一團兵在桂林，帶了四團人回柳。

我本人此時因桂局已變成如此殘敗，不能再回桂林，準備在家住下，從此卸下戎衣，做個平民，所以我即將黃紹竑撥交我的兩個營及剩下的軍餉銀毫壹萬元、桂幣叁萬元，通通點交梁朝璣接收，取回收據，以清手續。不料當時呂煥炎在梧州打個電報給我，大意謂：「健侯（俞作柏別號）曾詢問我，任民在何處？我說你在柳州。他說你同李黃白關係太深，在柳不便，請你到香港去休息一下，兄如到梧，請先來我處面談。」我得呂電後，乃決心取道梧州赴香港暫避。此刻俞作柏已到南寧，廣西內部一片混亂，地方上的土匪也漸漸滋生，因為軍隊不願負責，縣長也由軍事長官隨意更調，此為民十八年六月間事。

寫到此處，不妨先將俞作柏這個人向讀者介紹一下：

## 俞作柏其人、胆大心又狠

俞作柏字健侯，廣西北流縣人，保定第三期同學。為人深沉陰狠。李宗仁在林虎部下當營長時，俞在李部下某連當第一排排長，某次李宗仁命該連往剿土匪，當士兵散開攻擊土匪時，俞在該連長背後，開槍將連長擊斃，當時只有他附近的一個親兵看見，不敢做聲。俞乃回報李宗仁，說是連長剿匪陣亡。李當時不知，乃陞俞為該連連長。後由俞氏的親兵某人洩露此一秘密於李宗仁之衛士，衛士將事報告，李以既成事實，不便聲張，乃默記於心。民十三年我在桂平時，某次我與李宗仁談軍中將佐，我很稱讚俞作柏之能幹。李語我曰：「老俞人倒不錯，但陰險得很！」接著乃講述其用槍乘機暗殺其連長一事，並說：「他只為要陞官，乃作此傷天害理之事，連我也中了他的計，使我不敢對人談，你不要太同他交好，要留心他的為人。」從此，我對他乃抱著敷衍態度了。但黃季寬對俞氏為人知之最詳。

俞作柏在民十二、三年時，亦常到廣州，他不知如何搭上了大本營的俄國顧問鮑羅廷之門路，當李宗仁、黃紹竑於民十二年在潯梧起兵，當時他已在黃部當統領（相等於團長職位），迨李、黃民十四年統一廣西時，俞已當了旅長。黃紹竑於民十五年組織廣西省政府，俞要求做農工廳廳長；廣西辦軍官學校，他寧願不幹旅長，要當軍校校長。上面兩項職務，都是鮑羅廷指示他做的，以便在廣西培植共黨幹部及展開工農運動，為將來奪取廣西政權預留地步。但是黃紹竑對俞的行動留心已久，民十六年清黨，他乘俞在廣州時，突然派兵包圍農工廳檢查，把俞的秘密組織破獲，檢出許多共黨的重要秘密文件。俞在廣州得了消息，即逃去香港，不敢再回廣西。此次因武漢之亂，俞向中央毛遂自薦，自告奮勇，拆散第七軍。因李明瑞是他的表弟，李氏所部又是第七軍中堅部隊。他乘李白都不在武漢的機會，中央又給了俞一筆巨款，自然容易成功。楊騰輝本與俞氏無淵源，但楊在第七軍中為一驍將，久憤立功不賞，與且李明瑞私交甚好，故李明瑞勸他叛李擁俞，回桂同舉大事，楊自同意。李楊一變，第四集團軍即行瓦解，其他部隊非逃即散矣。

俞氏當時對中央建了大功，中央乃任俞氏為廣西省主席，於六月到南寧，七月就廣西省主席職。即大事收容共黨份子，開展工農運動，人民惶恐不安，省內財政更無辦法。南寧附近各縣及上游左右兩江，不久已遍插紅旂；東蘭、鳳山兩縣土共頭子韋拔群及龍州土共黃飛虎等，竟公開宣佈組織地方蘇維埃政權。此時駐在梧州之呂煥炎，因佔有梧潯鬱林地方，頗為富庶，又有粵軍駐在梧州，自己部隊因粵桂戰爭後，補充整理尚未完備，只得靜觀其變。其他原來十五軍的梁朝璣、許宗武兩師，亦不能離開地盤，況梁朝璣與楊騰輝師正在柳州對峙中，時有衝突可能。以此情形，廣西內部不但一片混亂，且將變成共黨之淵藪矣！此時中央又正值中原多事，初為唐生智漯河之變，繼為閻、馮之叛，對廣西更有鞭長莫及之嘆！然而俞作柏為一胆大心狠之人，回桂坐未安穩，又萌異志，居然公開宣佈背叛中央，自任為紅軍總司令。中央此時不得不立即罷免他的廣西主席職務，並委呂煥炎繼任。這都是民十八年秋季發生的事，下文當有詳細記述。

## 決心回廣西、不作流浪人

話說回頭，且表我在柳州家中，因接呂煥炎由梧州來電，獲知俞作柏對我不能見容，我遂於六月中旬，打聽得俞氏已抵南寧，乃由柳乘船赴梧州，晤呂煥炎（呂氏字光奎）。

抵梧後，見到呂氏，我向他表示：我的家人都在柳州，我個人擬到港澳暫度流浪生活，我對軍事政治的事，不再感興趣等語。光奎對我很好，他說：「你暫且出省去避一下，過一段時期再回來，不要緊的。」我對他的好意，自表感謝。

我在行色匆匆中，終於出亡香港。我本無錢，到香港後，住在青年會，當時房租很廉，住一間小房，每月只付十二元，另要一次入會費十二元就行了。我初抵香港時，極其無聊，因李、白、黃都已遠走西貢。幸而過了不久，黃紹竑回香港了，因為他的夫人孩子都留在香港。我每天只有到跑馬地鳳輝台他的住處談天。此時黃旭初兄負傷未癒，仍住在醫院；而在港流亡的一班廣西較高級的人員，多數比我有錢，似乎都打定了主意，欲久居香港，由王乃昌（字季文，桂林人，前國會議員），發起組織丹桂村於九龍新界元朗，王季文願留一份地皮給我，但我無錢接受。此外黃紹竑、葉琪、龔傑元、黃星垣、黃經明、黃鐵錚、陳傑夫等約十餘人，都已分地建屋，種樹養雞，大有「樂不思桂」之概，只有我思鄉難忘。尤其當時最難受的刺激，就是省港報紙，一致對我們這班失敗者，攻擊謾罵為「桂系軍閥餘孽」，可說無日無之。我每天看報時，即心血上湧，把我們過去為國家的光榮貢獻、重大犧牲，都一概抹煞，只剩下萬惡該死，罪無可赦了。我又時常接到廣西省內友人及部屬來函，云及「省內混亂，人民痛苦。」使我益增不安。有一天我去看黃紹竑，談天時我問他：「季寬兄！你是否就此算了？」

黃答：「不算又怎樣？」

我說：「我們再幹過，我在此實在過不了，雖然是成王敗寇，但我們都是壯年，豈能不做點事，我決心回廣西再幹一番。」

黃又問我：「怎樣幹法呢？」

我說：「由我先回去，我弄得好，你再回來。」

黃連連頭說：「你去不得，不但老俞不能容你，粵軍現仍在梧州，陳伯南、蔡賢初都在那裏，他們知道你回去還得了，縱不殺你，也要扣留你。」

我說：「我到梧州，先去看呂光奎，他對我很好，絕不會為難我，我已下了決心，無論如何，必定要回去，我來同你商量，是要你預作準備，第一你要準備錢，因為我無錢，省內也無錢。第二你要準備你自己如何行動。此兩點你必要認真考慮。第三是梁朝璣和楊騰輝你要寫兩封簡單的信給他們，由我帶回去，請他們同我商量，聽我的話就行了。」

黃此時聽了我的話，依然猶疑不決，無結果而散。過了兩天，我接到家兄振民的信，知道我父親在鄉抱病，並問我能否回家一行。於是，我更決心，又往鳳輝台黃的寓所去見他。我一見面就說：「你若不寫信，我也決心回去了。」黃氏見我如此堅決，終於給梁朝璣、楊騰輝每人寫了一封信，並送我港幣二百元作為回桂旅費，我仍堅請他要隨時準備錢，以備需用。黃答說：「你如平安抵達柳州，來信告知，事有可為，我叫仲菴二哥設法就是了。」我與黃氏商量此事，當時並無一人知道。

## 梧州露形跡、呂煥炎救我

此時第四軍張發奎將軍也在前方自由行動回到廣東。季寬在香港亦與李朗如取得了聯絡。我乃立即摒擋一切，買船票潛回梧州。到梧時，下榻於大同酒店，安放簡單行李後，即去訪晤第三師師長呂煥炎了。

此刻已是民十八年八月底了，我往見呂煥炎時，他對我雖如常接待，但認為我不應這麼快就回來。正在他房間裏談話時，天下真有湊巧的事，陳伯南和蔡廷鍇兩人剛巧聯袂來訪光奎，不待通報，便掀起門簾闖了進來。此時既已見面，欲避不能，我只好與他兩人握手問好，寒暄數語，我即起身說：「你們有事，我先告辭了。」即行回轉酒店。

不過一小時光景，呂煥炎突派他的副官來酒店對我說：「參謀長（因我和季寬在兩次東江戰役中，都任黃的參謀長，所以副官仍用此稱呼）！師長請你同我即刻去見他。」

我問：「有甚麼事？」

副官說：「不知道，但要請你即刻去！」

當時我心中也暗暗吃驚，只得同去。到了光奎房裏，他叫副官退出，即對我說：「剛才真不湊巧，你給伯南、賢初他們看到了，你一走之後，他們兩人即質問我，說你為甚麼回來？我說你為你老父有病，想回家看看。他們很懷疑你回來攪鬼，我為你解釋，他們仍不大相信，我想你現在不要再回酒店，今夜必須離開梧州。」

我說：「怎麼行呀！此刻已是六點多鐘了，我還要回去吃飯，又無船開，怎麼辦？」

光奎說：「你在我這裏吃飯，千萬不要回酒店了，你的行李我叫人去拿來，吃完飯，我派汽船送你去戎圩，再備車送你到貴縣，我叫逖儔（梁朝璣別號）派車接你到柳州。今夜就走，不然的話，你若被他們抓住了，我就無辦法了。」

我聽了他這番話後，只好說：「光奎兄！承你盛情，我遵你意思便是了。」

## 暗殺呂光奎、行為欠光明

我記得好像是陰曆八月廿三日，夜間月色甚佳，我悄悄乘汽船抵戎圩，又改乘汽車，上車後，連夜開車，第二天中午到了貴縣，梁朝璣因已接得光奎電話，已派有小車在貴縣接我，我即刻過車，繼續趕路，是夜趕到遷江住夜，我不敢住在賓陽蘆圩，唯恐梧州有人用電話告知俞作柏也。次日絕早又開車，下午三時即到了柳州，劫後歸來，感慨萬千！我即過河回家，深幸老父之病已稍癒，一家重聚，歡忭無限。此次我能冒險回柳，可說全仗呂煥炎夠義氣、重交情，對我愛護備至。但我在香港與季寬密謀恢復桂局一事，此時仍不敢告訴他，是我瞞騙了他。

其後十九年，呂氏被李白派陳雄（傑夫）賄買呂的衛士作兇手，暗殺光奎一事，我在事發半年後才得知真像。當李白進行此事之時，一點風聲也不給我知道，恐怕我知道一定會反對他們的行為。若在當時來講，光奎雖一度叛變，成了敵人，但他只是奉了中央的一個空頭主席名義，對廣西內部已不能起如何作用，李、白為了斬草除根計，不惜對呂煥炎採用陰狠手段，行為殊欠光明，這使我常引為遺恨，亦是我不滿李、白的行為之一也。

# 廣西內幕：俞作柏逃越與黃紹竑重回廣西

張任民

我回到柳州時，大約是民國十八年九月中旬，當天下午，梁朝璣（此時已正式任第一師師長了）及四個團長黃鶴齡、黃震國、黃韜、何次三等，都來我家看我（另有一個團長蘇來蘇，因駐防桂林不在柳州，故未見面），大家見面後，非常高興愉快，並暢談省內情形。談到俞作柏的容共作風時，竟皆表露怨憤之意。我乃將外面所知的大局情勢亦向他們詳為陳述，彼此談得十分投機。

## 梁朝璣一力支持

且說梁朝璣和他部下的幾個團長，既然都對我甚表親近，我也就單刀直入地向他們議論俞作柏了，我說：「老俞的行為乖張，此刻中央對廣西，因為中原多事，實有鞭長莫及之嘆！如：唐生智的變亂、閻馮的異動、第四軍的自由回粵等等，中央絕無餘力再來管我們了。我們廣西的事，要由我們自己負起責任，再來一次定桂。我由香港回來時曾與季寬（指黃紹竑）商量過，他主張我先回來看看情形，如大家願意的話，他是可能回來的。」

我這一席話，說得十分露骨，而且相當冒險，但我這時敢這麼說，自己覺得頗有把握，因為在場的第一師四位團長中，有三個是柳州人，他們都是極聽我的話的。另外兩個團長黃韜與蘇來蘇，過去和我也甚投契，更使我增加勇氣，侃侃而言。我說完後，梁朝璣師長首先表示說：

「任民兄！我們第一師不成問題，只是楊騰輝部現在亦駐紮柳州，和我們似乎處於敵對狀態，他的態度，很難捉摸，你若能有辦法把他拉攏，復興廣西，大家都盼望極了。」

我即說：「你們大家既同意，季寬有信由我帶回給你。」我隨即將季寬的信拿出來，交與梁朝璣，梁閱後，並遞與大家看。當天就決定歡迎黃季寬回桂再幹。

梁朝璣稍後又說：「任民兄！你回來楊騰輝還不知道，由我打電話告訴他吧。」

我說：「很好！請你轉達他，說我明天過河去看他。」

經過這一番密談，梁朝璣又要請我出去吃頓飯，一直盤桓到天黑，始盡歡而散。

## 與楊騰輝一席談

翌日一早，梁派副官到我家通知，說楊騰輝不要我過河去，他會來家看我。到了九時左右，不料楊騰輝竟約同梁朝璣一齊前來，我自欣然接待，坐定後，我先說：「醒凡（楊騰輝別號）！你們離開家鄉已經四年了，覺得廣西比從前何如？」

楊說：「當然好了很多，可是現在又壞了？」

我笑說：「如果聽其自然，將來恐怕還要更壞，好像昨天我坐一天車子，一路顛簸，週身骨頭都痛了！」

楊說：「老師（楊係講武堂學生，我曾當他的隊長和戰術教官）！在十五年前你由貴縣一天趕到柳州，怎麼骨頭痛都抵得住呢？」

我笑說：「你知道就好，那是黃紹竑修築公路的政績啊！」

我特意提出李寬，使楊騰輝對黃有了好感，接著便將外面大局情勢，中央所面臨的各處動亂，及第四軍將快回到粵省等情詳述一遍，並感嘆不知演變成甚麼局面。再談到俞作柏的作風時，楊便憤然不平地說：「老俞太自私，將在中央領得的兩百萬大洋，自己先留下一半，給了裕生（李明瑞）五十萬，只給我三十五萬就算了。還要我來柳州駐防，明明知道逖儔（指梁朝璣）在此，部隊已經無錢吃飯，我還能搶飯吃麼？」

我即說：「老俞為人向來自私自利，現在他搞共產，將來不知如何結果呢！只可惜裕生被他累苦了！」說至此，略頓一頓，我又問：「醒凡！你現在回來了，你如何打算呢？」

楊即說：「老師！你素來愛護我們的，你一定有辦法，你叫我怎樣，我便怎樣。」

我說：「我問你，你能跟俞健侯做共產黨否？」

楊說：「那怎能夠？」

我即說：「那你吃飯的問題，照現在的情勢，差不多又是民十自治軍時代了，大家各顧各！李明瑞要乘機擴充實力，他有錢也不會給你，武器也不會補充你，這是一定的。健侯分錢給你們時，已存有偏心，需要你時，尚且如此，以後還用講麼？」
楊聽我說後，默不作聲，我隨即又說：「老俞要你來柳州，是想使你同逖儔幹一場，你勝了，解決了第一師，除了他心腹之患；你敗了，他可削弱你的實力，你更無吃飯的地方。你是否願意與逖儔火併一場呢？」
楊即說：「這個事怎麼幹得！」
我又說：「如果健侯、裕生都不幫你忙時，你看光奎（指呂煥炎）能幫你否？」
楊即搖頭，並說：「我同他交情不夠，他現下對第一、二兩師都難供給，怎能幫我？」

## 我表示絕對負責

我說：「醒凡！你既知道你自己的處境，可知道何以會如此？」
楊睜大雙眼望住我說：「老師！那怎麼辦呢？」
我說：「就是你們沒有一個有辦法的老闆，如果有了好東家，做伙計的還愁甚麼？」
楊同逖儔都笑起來，楊即說：「老師！你來做我們的老闆好啦！」
我笑說：「我不行，我沒本錢，現在同你打開窗子說亮話，我這次回來也是聽說家鄉中危亂極了，我曾經與黃季公商量，他也很關心省內的事，他要我回來看看大家，如果大家愛護地方，要他回來，他可以考慮，否則也只能不管了。」

以上是我測驗楊騰輝的真誠如何。不料楊聽罷我說話之後，沉默半晌，忽慎重的叫我一聲說：「老師！你的話我很明白，不過我有一事要對你說明，如果黃季公回來，我自然誠心擁護；萬一李、白也回來，因為我曾在武漢作反，我的頭就要落地了，你能担保，我絕對聽你的話，現當著遜儔在此，我的話絕不反悔。」

我說：「你放心，我絕對負責，遜儔已絕無問題，季公已有信給他，並且也有信給你。」於是，我即取出季寬給楊的信。楊看完信後，我怕他事後反悔，即時說：「醒凡、遜儔！你們兩人如同意，應該即刻覆信季公，表示誠意，我叫黃秘書香甫去香港一行。他兩人立表同意，即刻在我家中寫了一簡單的信，大意是說，我回柳後，奉黃信，一切遵命，盼黃即刻命駕設法回省。次日，我即派黃香甫給以旅資，迅即赴梧去港。當天遜儔又做主人，將黃鶴齡、黃震國、黃韜、何次三幾個團長一齊邀來陪醒凡及我，到「新柳江」去吃飯。席間閒談時，楊說：「我們在武漢回來時，子彈很少，每官兵不及百發，如有事很成問題。」

遜儔即說：「子彈我倒不愁，吃飯總要緊，我的伙食就要完了。」

我即說：「錢可想辦法，如季寬回來，我已同他說過，叫他無論如何要準備，他能回來，廣西銀行的桂幣定可漲價，軍餉就有辦法了。醒凡你若有錢，可否借點給遜儔。遜儔亦可送點子彈給醒凡呀。」結果，楊騰輝送了五萬大洋票給梁朝璣，梁亦撥送楊騰輝七九彈三十萬發。此後楊梁兩人互信已立，我心大安，只專候季寬消息。

## 俞作柏胡作妄為

九月末了，俞作柏聞知第四軍在鄂經湘回粵，脫離中央，自由行動，認為時局機會到了，他若與第四軍合作，必可奪取廣州，迎接汪精衛在粵創一新局。況且李、楊兩師，是他帶回廣西的，原有的部隊，雖然殘破未能整補，也有三個師，若與第四軍連合起來，他最少比第四軍人多，他到廣州必可得共產黨幫助，或者蘇聯都能協助他，前途發展，無可限量。因此暗作逆謀，終因利慾薰心，竟於是年十月初旬，通電反蔣，自稱「討蔣救國軍總司令」，並電令廣西省內各軍準備東下。

俞氏此舉，實太不自量，他下命令後，不但省內各軍一致拒絕、反對，連楊騰輝也發電反對他，只有他最親信的表弟李明瑞跟著他走。此時呂煥炎更將駐防貴縣的部隊開向南寧，俞作柏見此情形，始知人心不服，李明瑞一師，絕難抵抗全省各軍，在此情況下，大勢已去，乃急向龍州潛往越南，逃至香港。

李明瑞此刻亦已無路可行，乃將部隊退往東蘭鳳山，與土共韋拔群及左江土共黃飛虎合流，然地方貧苦，粮食難得，官兵逃離日多。李見勢不可支，遂輾轉流徙，竄由湘邊往江西，投共軍劉伯承。李後終為劉伯承所槍殺。此次俞氏盲動，不但害了李明瑞，連自己的廣西主席也丢了。經中央改任呂煥炎繼任。此乃民十八年十月初的事。

## 黃紹竑晤呂煥炎

我到柳州時是九月中旬，彼時俞氏尚未發動叛變中央，幸好救了楊騰輝，不致受俞氏之牽累落水。在香港的黃季寬自獲得黃秘書帶給我們致他的信後，他已決心回來廣西。黃那次離港，並不盡是為了香港政府將他迫走的。季寬在其所撰《五十回憶》中，將過去的真實經過，完全不寫，不知是何意思？我想他是別有用心，否則不會如此統統忘記的。尤其他在「五十回憶」中說電南寧約呂光奎來見一節，根本不是這回事。

民十八年十月初旬，黃紹竑由港乘法國輪船到廣州灣，再乘車回容縣，到容後，即來電與梁逖儔，轉知我即到容晤商。我即專車赴容與黃相晤，共商行動。此刻呂煥炎仍在梧州，並未赴南寧。留桂之粵軍，則因第四軍回粵，已到湘南，均已由桂境開拔回廣州去，準備抵抗四軍了。梧州尚有呂部旅長封克魯部駐防。封克魯乃容縣人，亦為季寬舊部，此時亦在容縣，已經謁見季寬，矢誠擁護，故季寬在容甚為安全。

我見黃時，首先說：「季寬！你既回來，必須與光奎見面，也好商談合作，重行和好團結。」季寬頗贊同我意，乃電約光奎到貴縣見面。當時光奎正患骨節炎病頗重，行動都很困難，然而他仍扶病乘輪來晤。經季寬告以外面情勢及中央難靠，我們必須重行團結，再振廣西，希望他與大家一致行動。但他默不作聲。因當時中央已任他繼任廣西省主席。季寬知他意思，便很坦白直率告他說：「光奎！廣西主席我決不做了，由你做去，我只將舊時一班將領及部隊領導團結起來，我們獨立自存就好了，你的意思如何？」

光奎乃說：「你們看我病成這個樣子，我此時甚麼事也不能做，現在只想回鬱林養病，等我病好了再談。」

當在貴縣時，呂競秋也由桂林趕到貴縣，同我在一起，曾力勸光奎說：「你不要躭心，我們都是患難至交，季寬兄說的話必不是敷衍的，你到南寧醫病為是。」但光奎不願，始終想回鬱林。季寬當時見無結果，只好由他回鬱林，並拉住光奎的手，送他出門（在貴縣署見面）。還說：「光奎！你若好了，即去南寧，我要到梧州去。」是夜光奎的船（海安號）開過貴縣南岸停泊，次日即回鬱林去了。我同季寬、競秋次日即赴賓陽，因前三天季寬已電各部隊將領到賓陽聚會。

## 各部將領聚賓陽

民國十八年十月中旬某日，黃紹竑與我及呂競秋由貴縣到賓陽，住在賓陽縣署（縣長我記得像是李俊英，武鳴人，現任國大代表，尚在台北），開會所到的人，計有梁朝璣、楊騰輝、許宗武、黃鶴齡、黃震國、何次三、黃韜、蒙志、楊俊昌、黃權、鄧篤初、龔壽益、封克魯、梁重熙、呂競存及我本人。此外，尚有好幾個朋友，我都記不起了。

貴縣到賓陽大約只需四小時可到，我們到時，各將領都先在車站歡迎季寬，並有士紳及地方父老百姓都來觀看。當時已是正午十二時，大家一齊到縣政府，除談些普通寒暄話外，稍事休息。李縣長即先叫開席吃飯，正事還未能談，那些好酒的將領們，便大吃大笑，群情極為歡暢。季寬也吃了不少酒，我是不吃酒的，即對季寬說：「等一會大家散席先回去休息一下，我們夜間開始談正經事吧，後天要去梧州，籌款的事要緊。」

季寬點頭連說：「對的！對的！」於是，即對大家說：「今晚八時仍來縣府客廳，討論重要事件。」於是大家散去，到了八時，又陸續聚齊。即由季寬主席，舉行會議。

黃先將國內情勢詳細報告，及檢討廣西失敗後的危局，接著便說：「現時廣西應當急起自救，必須團結一致，自己解決自己家鄉的痛苦，但是我們廣西地方，不能離開廣東，如兩廣能團結，一切都有辦法，如兩廣分裂，只有兩敗俱傷，尤其我們的四、七兩軍，為國家盡了很大努力，都無好結果，現在第四軍又要回來了，中央原是不許可的。只有兩廣連合，才能有辦法。我此次回來，希望大家團結一致，幫助第四軍安定廣東，那麼第四軍一定也會幫助我們廣西以後的建設發展。大家試回想一下，我們在民十六七年時，省內是何等繁榮安定。雖然兩次出兵幫助廣東，我們內部仍是很好的。大家真愛廣西的話，趁此次機會，就要發奮再幹一次，爭取我們的光榮獨立，大家如有意見，不妨提出。」

季寬把話說完之後，梁朝璣向來不說話的，他卻首先站起來說：「我很贊成軍長的意見，我絕對服從。」接著楊騰輝也站起來說：「總指揮原是我的長官，我現在能夠回到自己的家鄉，自己的老長官指揮下，是我求之不得的事，我既然接季公回來，就是望你領導我們。」隨後許宗武起來說：「我看今天的事，並無甚麼研究的，大家自然是一致擁護季公的，我們準備一切行動就是了，不必浪費時間，大家也不多說話了。」

季寬並向大家表示：我見光奎時，他病得很利害，我叫他去南寧醫病，他一定想回鬱林，只得尊重他的意思，他前日已回鬱林了。」

## 再用護黨救國軍

此次賓陽之會，我本人始終不發一言，因不需要我說話了。是夜散會後，季寬次日即與我及競秋回到梧州。此次會後，廣西從前支離破碎，群龍無首的現象，已無形消除，省政秩序，雖一時未能調整；但軍事系統，已經有了統一的性能，廣西復興的基礎，即建築於此。

黃紹竑與我及呂競秋同到梧州，我們住在廣西銀行。此刻留桂之粵軍早已回去廣州，呂煥炎又去鬱林，只有封旅長克魯的部隊在梧州，他本人亦乘車跟著我們到梧。免不了又有一般部屬同志及地方父老來探望季寬，鬧熱應酬一頓。我最關心的事就是錢的問題，不久仲菴來了，因人多不便說話，我即刻拉他到我和競秋的房間，我先問他：「仲菴兄！你的款籌得了多少？有無辦法？」

他說：「我已來了好幾天，大致上與烟商及航業界的朋友都談過了，大概二三十萬不成問題。」

我說：「是否現錢？」

仲菴說：「當然講毫子。」

於是，我同競秋都很高興，等那些客人走了，季寬回到他房內，仲菴同我與競秋都到季寬房裏談話。仲菴對季寬說：「款項二三十萬是有辦法的，但是我說是公家向他們借的。所以你要拿正式的公事給人家作保證，才好去收款。最好你明天叫甘心衛去約他們商人來當面談談，較為妥當。」季寬即刻答應了。

次日即約商人前來談話，各商人都很相信季寬，果然在三五天內，收到銀毫二十萬元。此時廣西銀行的桂幣，經《梧州日報》報導季寬已經回桂，軍政已照舊統一，桂幣也即刻漲回了五成。當時幾成廢紙的桂幣，又在市上流通起來。後來季寬與我談到軍事問題，我們究竟應拿甚麼名義與第四軍合作，才能師出有名？

我說：「我想四軍現在他們還是用第四軍以回粵號召，我們不能另立名目，你是否恢復十五軍名義？」

黃說：「不好，十五軍怎能去打廣東？」

我說：「那麼轉用回護黨救國軍如何？」

季寬說：「我也如此想。」

於是，遂決定再用護黨救國軍來發動。認為民國雖然統一，而國基未固，中原多事，必須先行奠定兩廣，以為維護黨國，故與第四軍一致合作，戡定廣東。即以此理由發出通電，時第四軍前頭部隊已到湘桂邊界，就要作會師行動。好得有了餉銀，即將各師應發之餉薪伙食，一概支發，此刻已有經理人員辦事了。

## 梁朝璣居第一功

季寬用護黨救國軍總司令名義行事。他對我說：「任民兄！你還是當我的參謀長吧，因為你和我作戰慣了的。」當時他叫我甚麼，我也隨他，實在那時都是自己封王的玩意。

過了幾天，各師旅團已陸續又調到粵桂邊界，此時第四軍軍長張發奎將軍來電，約季寬去黎木根相會，以便協商作戰。季寬同我又起程去會他。此時廣西大局，變得好轉起來，雖然省局總算恢復統一，基礎重建，但來日大難，仍未能了。而我的復省志願，已經達到目的，此事的最大主力，就是前十五軍的第一師師長梁朝璣，得他一力支持，見義勇為，我得以首先回到柳州。雖是下了決心再幹，設若逖儔不肯幹或不敢幹，我即想幹要幹，也無辦法。縱使第一師的各團長同情我，聽我講，到底我也不是他們的直接師長，仍是無法推動的。對楊騰輝來說，我更不能進言了。故我對逖儔真是感激欽佩他的好義敢為、不怕孤注一擲、不顧利害的勇氣。當武漢事變，廣西慘敗，俞作柏回桂大用共黨，進行赤化，梁氏能堅定立場，楊騰輝亦深明利害，不受亂命，我才得把握此兩人實力，作為復興廣西的重心；雖然尚有許宗武及其他將領，也有此意識，然我又有何辦法、一個一個去策動？但是廣西瀕於毀滅之際，雖因此復興了，雖然後來留下了事業基礎，但黃季寬、楊騰輝與及接近季寬的親黃的人，卻得了悲慘的遭際，每念及此，我欲無言！

## 電約白崇禧回桂

余寫民國十八年春廣西慘敗後，至是年冬復興之經過，及無名英雄梁朝璣之與我同黃紹竑之關係，已不下萬言。此乃當時經過之實情，與李宗仁、白崇禧二人毫無關係。李白二人當時匿居越南西貢，深居簡出。至於廖磊、葉琪以及在武漢前方失敗的將領，或匿居津滬租界，或寄跡香港，固少參加粵桂戰爭，亦多不與入事。及黃白因粵戰失敗後，兩人亦曾共同逃粵，迨黃氏回港，乃有機會與我共謀復興桂局。不幸又牽於第四軍回粵，參與廣東軍田之戰，又復大敗回桂。即世人所謂張桂聯軍是也。

余上文所云季寬與我在黎木根與張發奎將軍會談作戰計劃，因張氏自信太過，輕敵亦太過，以致張桂聯軍又復敗挫。此時已在民十八年年終了。斯時我與季寬在出發赴前方時。黃對我云：「任民兄！此刻的事，我們幾個人辦不了的，我想電約劍生（白崇禧）回來，你看如何？」我當時毫不思索，即說：「很好，應當如此，你快打電報給他吧。」於是我與黃出發了，我軍已進到軍田不遠。白氏隨即經龍州晝夜趕車到軍田相晤。此刻李宗仁氏尚未回也。

張桂聯軍敗回桂省，即被滇粵湘各省大軍包圍四境，只餘貴州的周西成同情我軍，不但不侵桂境，反乘虛襲擊雲南，亦不幸與滇軍作戰而陣亡。但貴州軍民始終與桂省保持友誼。此刻已是民十九年夏秋之交，桂被圍將近一年多，在是年夏曾整師出湘，張桂兩軍前鋒已達鄂境，因粵軍十九路蔡廷鍇先佔衡陽，截斷我軍後方，始回師又復敗回桂省。

## 往事不堪兩鬢皤

黃紹竑氏感覺內戰不了，徒苦人民，欲投回中央，但此時已為李白兩人（稍後李宗仁亦由越南回桂）所挾制，不能遂意。乃自願離桂外出，謀求和平。李、白及張發奎亦同意贊成，故黃氏遂於十一月通電，請向中央陳述和平願望，即辭別李白張各人，由越南回香港，逕赴南京，得總統蔣公異常嘉許。但黃氏走後，李白與張仍然在桂負嵎不屈，而親黃各將領的不幸事件，則多有發生。後來更藉改編關係，被削弱抑制者更有多人。此刻除呂煥炎已死之外，楊騰輝、黃權。蒙志，均以通敵關係為名，幾被處死，拘禁半年有多，尤使我對醒凡當時的絕對負責保證，成為虛話；直到民二十年夏，兩廣和好，楊、黃等才釋放外出，醒凡則到港不久病死。

我在廣西是一個不爭權利、不偏不黨的人。我的做人，是古人所謂正其誼不謀其利，明其道不計其功的，所以李、白對我是：雖近而不親，用而不信，到底總算相當尊重。我亦盡我竭智盡忠、奉公守法之本份而已。不過我應該公道的立言。李、白兩人各有短處，亦各有長處。民國二十年後，因為有季寬民十八年的回桂復興廣西的基礎，又以兩廣恢復了和好，李、白對廣西的努力求好，是頗有進步的。後來當抗日戰爭開始，即以廣西的軍民全力，效忠國家，這是不能抹煞的。不過李氏投共，則是自毀光榮，未免不智了。民國二十年以後的廣西，吾友黃旭初兄寫了不少，恕不續貂，自願藏拙。

我有一首八十歲的生日遣懷詩，寫此留同鄉一哂：

八十生辰靜裏過，滄桑閱盡又如何。
慚無德業留兒輩，那有心情作笑歌。
往事不堪知己少，此生常感負人多。
百年上壽終何益，徒遺哀時兩鬢皤。

# 近代史上最重要的一頁：蔣、李第一次離合內幕

邕叟

近廿餘年來，一般人所習稱的「桂系」，是指廣西的李（宗仁）、白（崇禧）、黃（紹竑）三巨頭而言。而當年「桂系」與中央積不相能——亦即蔣先生與李宗仁之恩怨離合，其中情況，複雜微妙；是是非非，難有定論。今日如要從頭說起，將有如一部廿四史。

蔣、李第一次的離，是在民國十八年；第一次的合，是在民國廿五年。這次的一離一合，其間經過八個年頭。

蔣、李第二次的離，是在戡亂末期的民國卅八年。當大陸已告泰半變色之候，蔣先生曾趕到重慶晤李宗仁，不料李宗仁卻先一日由重慶溜回了桂林，彼此終未謀面。及後，李即從香港飛去了美國，而蔣也到了台灣。第二次的離，彈指已逾十年，至於何日再合？那就渺不可知了！

## 從廣東六一運動說起

本篇所要紀述的，是蔣、李第一次離合的種種內幕經過；尤其是第一次的合，在民國史上應佔重要的一頁，因為那次蔣、李在廣州久別重逢，握手言歡，時間是在民廿五年秋廣東陳濟棠甫告下野之後，西安事變猶未發生之前。倘使那時中央與廣西真的決裂到底，而打了起來，那麼，中國近代史將不知如何寫法？何況當時雙方調兵遣將，戰機的觸發，有千鈞一髮之勢哩！

在未寫到正文之前，應先向《春秋》讀者諸君作個交待，即本篇的一切內容？全出筆者個人當時的親見親聞，並無任何參考資料。因近兩年來每期必讀《春秋》上有關近代珍貴史實，一卷在手，常為之悠然神往，遂不覺見獵心喜，卒爾草成此文，交請發刊。至於所記述的幾項主要內容，有如下列：

（一）陳濟棠在民廿五年為什麼要貿然出兵抗日，掀起所謂「六一運動」？

（二）陳濟棠下野後，中央與廣西於劍拔弩張之際，何以能化干戈為玉帛的內幕經過如何？

（三）黃紹竑在這次和解中，扮演的是什麼角色？

（四）蔣、李兩公在廣州重晤時，神情若何，說了些什麼？

## 黃紹竑決心離開廣西

且說民十八年四五月間，第四集團軍總司令兼武漢政治分會主席李宗仁，因罷免當時湖南省主席魯滌平一事，與中央發生政見上之衝突，寧漢雙方卒告決裂，旋即演成了「武漢事變」。李宗仁跑回廣西，從此便與蔣先生分道揚鑣。同時，白崇禧亦由華北循海路潛抵香港，轉回桂省與李、黃會合，決計自行開創新局面，即率領八桂子弟兵向廣東進攻，不料赤泥一戰，桂軍大敗，黃紹竑陣前受傷，李、白兩人亦倉皇走避香港。當時粵省主席陳銘樞曾向港方交涉，要驅逐李、白出境，結果，李、白無家可歸，只得離港逃亡越南。直至十八年冬，筆者與黃紹竑先後返桂，共謀規復之計，幾經策劃，終獲桂軍各舊將之支持，黃紹竑登高一呼，一舉竟恢復原來局面，使廣西再度成為根據地。李、白在越南獲得捷訊，始重回廣西，從頭收拾，整軍經武，自固吾圉。此後廣西全省一直是閉關自守，別有天地，非中央政令所能及。在民十八至廿年之間，桂省始終在中央軍包圍圈中，情勢至危。至民十九年的六月，不料廣西李、白、黃三巨頭之一的黃紹竑，因鑒於四面受敵，處境艱苦，態度突趨消極，無意在廣西再搞下去，並於是年六月十一日毅然決然發出「真電」，表示決心離開廣西這個是非之地，不再與聞桂事。記得黃的那通電文大意是：「頻年黨內戰爭，深覺毫無意義，長此下去，不堪設想！甚望中央與廣西能早日共謀和平，……而本人自願先離廣西，易地休養。……」云云。

## 兩廣與中央分庭抗禮

黃紹竑那時是護黨救國軍第一方面軍的副總司令（總司令為李宗仁、參謀長兼前敵總指揮為白崇禧），其地位且高於白崇禧，黃的去意既堅決難挽，李、白兩人亦不便過事相強，只好允黃離桂他往。黃乃由廣西輾轉來到香港作小休。此舉自然引起了中央當局的重視，所以黃的「真電」發出後不久，蔣先生即召黃紹竑由港赴京晤談。黃氏應召赴南京後，旋即被中央任命為內政部長，在抗戰前兩年又被任為浙江省政府主席，從此與李、白斬斷政治關係，各奔前程。廣西之李、白、黃雖已三去其一，但李、白兩人並未因黃之出走而稍呈動搖，反而加緊埋頭苦幹，銳意推行新政，仍要與中央周旋到底。走了黃紹竑，卻補上了黃旭初，所以廣西三巨頭，仍是李、白、黃，不過此「黃」非彼「黃」而已。

到了民廿年，因胡漢民在京一度被幽居湯山，國民黨粵籍元老如古應芬、鄧澤如、蕭佛成、唐紹儀等，在憤懣之下，集會於廣州，謀與南京中央對抗。此時廣東與廣西因彼此相需，亦盡釋前嫌，重復結合一氣，成立了「西南政務委員會」及「國民黨西南執行部」，在黨政方面公開地與南京中央演成分庭抗禮之局，胡漢民不久已告南下，寓港休養。當時領導「西南政委會」者，在名義上雖為古、鄧、蕭、唐諸位元老，而實際發縱指示者，實為高臥於香港妙高台卅一號之胡展堂先生。至於實力支持者即為廣東之陳濟棠與廣西之李、白。兩廣的此種小康局面，由民廿年一直維持至民廿五年胡漢民逝世後始告轉變。

## 陳濟棠決計出兵湘南

自胡漢民與古應芬相繼謝世，當時廣東的第一集團軍總司令陳濟棠，因欲獲知中央方面對兩廣的真正態度究竟如何，乃派代表（姑隱其名）赴京，相機探詢消息。某代表啣命登程，在京小作盤桓，返粵後，果然帶回了極重要的機密。原來某代表此行赴京，甚受中央之重視，中央方面當時已擬有解決西南之方策，亦為某代表所獲知，內容計為：

（一）徹底解決廣西之李、白。

（二）驅逐鄧澤如、蕭佛成諸元老離粵。

（三）廣東仍維持原來局面。

某代表由京歸來，自然一五一十的密報於陳濟棠。

陳氏自獲悉中央方面對兩廣的意向後，曾經權衡利害，反覆考慮，結果仍為之惴惴不安，蓋因此時胡漢民與古應芬均已殂謝，西南政委會之背景已失；而中央既有徹底解決桂局之意向，雖允廣東暫維原狀，但兩廣在情勢上實為不可分，唇亡齒寒，危終及己。何況那時日本軍閥對華野心勃勃，長城戰役之後，日軍已進入熱河，步步緊逼，舉國上下，同仇敵愾，抗日呼聲，瀰漫全國。陳濟棠經過一番深思熟慮，認為今後之兩廣局面，決難長久維持下去，與其坐待中央從容部署，各個擊破，何若搶先一步，採取主動，舉起抗日大纛，堂堂正正，揮軍北上，猶可相機進取，問鼎中原。一念及此，於是便召集粵中高級將領余漢謀、李揚敬、香翰屏、李漢魂等，密議出兵湘南之策，不惜與中央兵戎相見。同時並迭電廣西之李、白，促請速來廣州，共策大計。（筆者按：當陳濟棠決計出兵之前，穗市曾遍傳術士翁半玄「蔣倒無人，機不可失」之乩語；又說有某相士曾指出：「南京氣運將終，某公氣色晦黯，亦將不祿」等語；當時且多認為陳濟棠決計出兵，不無受此影响。但筆者則以為伯南將軍，一生謹慎，如此重大事件，決不致輕率寄託於術士之乩語，此種流言，殊不足信。）

## 白崇禧應邀飛來廣州

當時李、白在廣西，以數年來與中央幸而相安無事，即專心致志埋頭於廣西內部之建設，甚少來穗。而筆者那時既為「西南政委會」之一員，且與李、白私交甚厚。陳濟棠於決定大計後，即召筆者前往作密談，且詳述此次發動之計劃，並面囑速急電催李、白來廣州，面商一切。筆者突聞陳氏一席話，一時深感疑訝，因為陳氏主粵多年，對於軍政籌策，素來持重，此次忽然說幹就幹，實大出意外。何況華南地區與東北，華北、懸隔天壤，所謂出兵抗日，談何容易，即欲施「假途滅虢」之計，此時亦決不是適當時機。筆者當下內心雖作是想，但面對陳氏，亦不便多言，只好唯唯辭出，立即電催李、白速來廣州。

過了兩天，白崇禧部即由南寧搭乘西南民航機來穗，於下午四時抵達，筆者往迎白氏於機場，並陪赴廣州孖朋崗李宗仁公館先事休息，並作小談。

白先問我：「是怎麼回事！伯南一下子要動呢？」

我說：「前天他邀我去談話，再四叮囑急電南寧，請德公（指李宗仁）和你速來廣州，籌商出兵大計。我當時除大感驚訝外，也不便說什麼話。」

白氏說：「這幾年來，南京和我們總算還相安無事，伯南忽有此種動機，未免叫人莫測高深！」

我說：「他前天還曾向我表示，要請你作前敵總指揮哩！」

白氏笑笑說：「真的嗎？這只好等我和他見了面再說吧！」

## 小諸葛担心廣東闖禍

我們正在聊天之際，陳濟棠的電話已經來了，他約白崇禧和我同往晚膳，俾作詳談。我那天因他事亟待料理，未及陪往，由白氏單獨赴會。我於是晚十時左右再趕回孖朋崗李宅等待白氏歸來，那知一等再等，直等到深夜三時，白氏始乘車而返，我猶在廳裡坐候，白氏走進屋來，剛一坐下，即連連呼著：「奇怪！奇怪！」

我問：「今晚你們談得如何？」

白氏答：「伯南不知為什麼會如此堅決的！我曾力言此刻出兵不是時機；豈但毫無把握，而且師出無名囉！」

我問：「伯南怎麼說，他是否要你出任前敵總指揮？」

白氏答：「他的意思，是要我指揮部隊去襲取衡陽，這是行不通的呀！現在的交通、通訊何等快捷靈通，何況粵漢路的運輸，人家要比我們快得多（當時粵漢路，廣州只通到韶關），若要襲取衡陽，豈不是發神經？」

我問：「你對伯南曾作具體表示嗎？」

白氏答：「我認為這個仗是不能打的。但我對伯南說，要回去和德公商量一下。我剛才看見伯南的幾位高級將領都不大起勁，似乎並不贊成這一行動！」

我問：「你還和伯南見不見面呢？」

白氏答：「不了，我明天就趕回南寧去。不過我担心萬一伯南惹出禍來，我們也逃不了，還是要一同下水的！所以我必須馬上趕回去，和德公商量怎樣應付這一危機。你隨時注意這裡的演變好了！」

時已夜深，我們談話至此，便各自歸寢。

## 大家拆台陳濟棠下野

翌日，白氏懷著沉重的心情，仍乘西南航機匆匆返回南寧。而廣東方面情勢，果然一發而難收拾，緊張氣氛，日甚一日。到了六月一日陳濟棠終於發出通電，出師北上抗日，全國為之震動。殊不意數日之內，情勢即發生劇變，粵方空軍結群飛到了江西；余漢謀又通電擁護中央；李漢魂掛印封金；鄧龍光不辭而行；中央空軍亦飛臨廣州投彈；「西南政委會」諸元老亦先後走避香港。陳濟棠固然雄心萬丈，但在一剎那間竟成了「孤家寡人」，這一場民國史上的「六一運動」，就這麼在大家拆台下，曇花一現的宣告瓦解冰消。陳濟棠眼見大勢已去，萬念俱灰，於六月五日深夜，曾約筆者作最後一次談話，並有所囑托。六日天剛破曉，陳氏即悄然離穗赴香港。

陳濟棠既離開廣州，粵局乃完全瓦解，中央兵不血刃，大獲全勝，並派余漢謀接收廣州，粵局大定。接著中央大軍，兵鋒西向，直指廣西，果不出白崇禧之所料，戰禍已隱隱逼近八桂了。是時筆者仍留居穗垣，乃將變化詳情，電告李、白。同時因我與李、白關係深厚，而中央軍此際已進駐廣州，風聞有人對我不滿，且有拘捕我之消息，幸粵方某高級將領故舊情深，早一日來我處密告，並促速行。我乃決定先去香港，再轉赴廣西。惟是時港梧間海運交通已告中斷，我抵港後，只好暫住下來。但與李、白仍函電往返不絕。

## 李白下令全省總動員

當時廣西在李、白治理下，對於建設方面雖有其可觀之處，惟正規軍僅有六個師（共廿四個團）。空軍亦只初步訓練，飛機不多，僅能充作偵察之用。而且士兵之戰鬥裝備甚差。幸廣西歷年對於輕武器——步槍、機槍等，尚能自造，且不次於舶來品；至於械彈廠則成立已久，所製造之槍彈，足夠十五萬眾的一年之需，不虞匱乏。

至於兵源方面，因廣西自全面推行「三自政策」（自治、自衛、自給）以來，為了自衛關係，早經實行全省軍事訓練的民團制度，從十八歲到四十五歲之男丁，均須接受軍訓，亦即「寓兵於團」之謂。據當時統計，全省曾受軍訓之壯丁，不下百餘萬人。此時因粵局瓦解，戰禍日逼，李、白面對危局，焉敢怠慢，遂由李、白下緊急令，全境徵兵編團，雷厲風行，在短短半個月之內，全省動員，一下子竟編成了步兵六十個團之多。至於槍枝方面，因歷年向有積存，勉可敷用，並將原有的常備正規軍廿四個團之部卒，作為新編團隊之基幹。如此一來，廣西所擁有之實力，陡由六個師一變而成為二十餘師。同時全省部隊官兵，上下一心，戰意昂揚，皆欲死拚一場，一雪過去廣西部隊在赤泥敗績之恥，或者此亦廣西民性強悍狹隘之表現耳。

惟當時最可慮者，厥為財政問題，因兵力突增數倍，餉糈亦隨之繁重，何況桂省山高水淺，地瘠民貧，一旦負荷太重，確有力不能勝、羅掘俱窮之嘆，此為李、白當時所日夜焦心，無法解決之大難事。

## 中央發佈了處置命令

當此之時，中央對廣西雖一方面臨之以武力，但同時亦發佈一項處置命令，希望李、白接受，此一命令之內容為：

（一）調李宗仁為軍事委員會委員。

（二）任命白崇禧為浙江省政府主席。

（三）原任浙江省主席黃紹竑調任廣西全省軍務善後督辦。

此項命令，姑不論中央之用意如何、在李、白當時卻以為萬難接受，而廣西省內各高級幹部亦皆不贊成李、白接受，咸認中央如此處置，對於解決桂局，實鮮誠意。於是，李、白乃聯名發表一電，詰責中央，公開指出：「中央對日不抵抗，反而用兵西南，威脅廣西，摧毀建設。……」等語。詞鋒銳利，態度倔強，似無絲毫轉圜之餘地。

蔣先生見李、白如此堅拒，對桂局處置殊感棘手。而中央方面好戰之徒，又力主討伐，以直搗八桂而後快。因而當時中央大軍源源調集湘粵者，不下三四十萬眾，待命向廣西進攻。雙方相持經月，大戰一觸即發。其間最嚴重之時期，則為廣西既已認定戰禍為不可避免，為先發制人計，曾選派幹探多名，潛入廣東北江，刺探軍情，獲悉中央軍精銳第十八軍已集結在英德一線。李、白據報，乃急令桂軍第七軍全部，向此方兼程前進，欲捕捉十八軍主力予以擊破。當時第七軍先頭部隊已進入粵境，在此數日間，雙方一經遭遇，熱戰即告展開，此情此景，可謂間不容髮矣！

## 黃紹竑奉召廬山謁蔣

在這一段相持期間中，蔣先生駐節江西廬山，對和戰苦難作決。平情而論，彼時中央軍若以雷霆萬鈞之勢，大舉進攻，廣西雖一隅之地，而李、白必作困獸之鬥，即能解決桂局，而中央損失亦多。況當時外有日寇侵逼，而內部又有少數省份如四川之劉湘、山東之韓復渠、雲南之龍雲等，皆對中央若即若離，態度曖昧；張學良所統率之東北軍，因國仇家恨，怨憤尤多。內戰一起，倘不能在短期內速戰速決，則牽涉滋多。蔣先生盱衡全局，極端審慎，當時對李、白確懷有一片隱忍優容之心。謀國之難，可以概見！故蔣於發佈前述處置廣西命令之後，曾電召黃紹竑上廬山垂詢對解決桂局之意見。黃由杭州應召上山謁見時，亦曾向蔣先生剴切進言，認為前所發表之處置命令，似非解決桂局之上策，同時並力辭廣西軍務善後督辦之新命。而蔣對黃的意見，亦未作何表示，究竟為和為戰，依然未獲結論。

黃謁蔣下山後，杜門謝客，足不出戶者達半月之久。惟中央與廣西雙方，因相持愈久，情勢愈僵，蔣先生在廬山經多日之苦思焦慮，終以外侮日亟，不忍自相殘殺，決計以寬大條件，換取和平解決。惟談和之最適當人選，莫如黃紹竑。因此，乃再度電召黃氏上廬山，面示中央決放棄以武力解決桂局之意，並促黃尅日赴粵轉往廣西，面勸李、白罷兵言和，一致對外。（筆者按：蔣先生此次與黃紹竑談話經過詳情，刊於下文。）

## 在跑馬地與黃作密談

黃紹竑奉命後，以西南陰霾，已露消散之機，私心備覺快慰，遂立即由滬搭輪先來香港，再轉粵桂。抵埗之日，港中舊雨，凡事先聞訊者，群趨碼頭歡迎，情緒至為熱烈。黃登岸後，即下榻於跑馬地鳳輝台，一時友好咸集，戶限為穿。筆者此時仍滯港未去，且與李、白函電不絕，無形成為廣西對外之連絡人，遂得首先與黃把晤，故人久深契闊，香島重逢，不禁相與憮然。

是日晚十一時過後，賓客已散盡，惟筆者獨留未去，且在小室之內與黃氏促膝密談，黃先問我。「××兄！你看李、白他們到底想怎樣呢？」

我答：「你是廣西人，難道還不清楚廣西的民族性？尤其是對李、白兩公，你應該比我更瞭解呀！」

黃說：「他們這樣硬挺下去，也不是好辦法！」

我說：「此刻除了自衛以外，還有什以辦法呢？」

黃說：「到了不能自衛的一天又如何？」

我說：「季寬兄！你是否想回去處理善後呢？」

黃聽我這麼一問，突然變色（他以為我譏刺他想回廣西去當軍務善後督辦），很憤慨的說道：「你怎麼說出這樣的話來！我雖然離開廣西，但我還是愛護地方、愛護朋友的啊！你記得民國十八年冬天我們兩人在廣西幹的事麼？那時德鄰和劍生流落安南，我不請他們回來，他們根本不便回來，此事別人不知，你總應該一清二楚呀！我決無絲毫想回廣西的意思，你對我太誤會了！太誤會了！」

我見黃如此發急，乃微笑著解釋說：「你這不能怪我呀！中央既已發表你為廣西善後督辦，你並沒有向我表示你的態度，問問又何妨呢？」

黃此時仍緊繃著臉，似乎氣呼呼地，還是不做聲。我又笑著說道：「我們不要把話扯遠了，季寬兄！你這次南來，是否袖裡有乾坤呢？」

黃先嘆息了一聲。卻把兩眼直瞪著我說：「自然有哇！否則跑來做什麼？」

我急著追問：「是不是來談條件的呢？蔣先生的意思怎麼樣？」

黃說：「蔣先生對李、白，說句良心話，總算是最肯優容的，我把這次南來前和蔣先生見面時的情況告訴你吧！（筆者按：以下是黃紹竑當夜向我追述他在廬山第二次謁見蔣先生時的談話內容。）

## 蔣先生不忍自相殘殺

黃接著說，我見到蔣先生後，蔣先問我：「季寬！我看德鄰和劍生這次是決心要打仗，你可以回去一趟了。」

我問：「委員長的意思是不是說，還可以用和平方法來解決呢？」

蔣說：「能用和平方法當然最好啊！德隣和劍生都是本黨同志，他們這幾年把廣西也弄得很好，真的要打，一切都完了，實在太可惜！」

我見蔣先生這麼表示，便趁機進言說：「委員長的見解和用心，是很可感的，不過德隣和劍生現在的處境也確實困難，感情上一衝動，越發不肯低頭，中央若能給他們一點面子的話，我想他們也必定肯就範的。」

蔣先生一面聽取我的意見，一面卻慢慢點著頭。我此時便又接著說：「倘若中央對廣西的軍事行動一旦展開，絕非三五個月可以告一段落的；何況雙方的力量，都是國家的元氣，若都把它消耗於內戰，實在太不值得！」

蔣說：「你覺得應該怎樣處置呢？」

我說：「與其打三五個月的硬仗，倒不如圍困他們三兩個月，只要中央軍不攻過去，他們不會冒險搶攻的。據我所知，廣西一向最感頭痛的是財政問題，他們今天興師動眾，想已羅掘俱窮，這一副財政重担，是無法能長久挑得起的。所以我預料，再等一下，必可因勢利導，用和平方法獲得解決。」

蔣說：「你的見解很對，我也曾經這麼考慮過。」

我說：「委員長既然決定對廣西不用兵，我當然願意回去一趟，向李、白表達委員長的一番苦心，勸說他們仰體中央意旨，共謀和平。」

蔣先生聽我這麼說，顯得很高興，連說：「好！很好！就這麼辦吧！」當我臨辭出時，蔣先生還一再叮囑著說：「你回去和德隣、劍生好好商量，如有什麼困難，中央可以幫忙解決啊！」

黃紹竑源源本本的向我說了一大套，我才全盤知道他這次南來的重要使命。因為那時湘、粵、桂等地戰雲低迷，李、白更抱著與廣西偕亡的決心來死裡求生，若干日來，情勢緊張，直壓得人無法透氣，及聆黃紹竑的一席話，不啻雲開見日，我也不禁為之雀躍萬狀，一時竟不知再問他什麼才好。

黃卻接著對我說：「如今只要德隣、劍生採納我的意見，中央方面一切不成問題，彼此便可和平了。現在抗日戰爭，已迫眉睫，自己還鬧什麼意氣呢！」

我說：「這好極了！你到廣州後，可以乘飛機到南寧，我今夜就代你先打個電報給德公吧（因為那時總部設有秘密電台）！」

黃說：「就是這樣辦吧！我希望這次能夠馬到成功啊！」

我和黃紹竑談到此時，已是深夜兩點了，我即告辭。

## 南寧會談獲和平解決

黃紹竑這次是由上海坐船來香港的，不料蔣先生因鑒於粵桂方面軍情太緊，俟黃離廬山赴滬後，跟著便也乘專機飛到了廣州。迨黃氏由港赴穗時，蔣先生卻已後發先至，駐節於廣州黃埔。黃氏到了廣州，又往謁蔣先生作了一度密談，立即準備飛去廣西，往說李、白。蔣先生臨時並派參謀總長程潛偕往。李、白因與我電報往返，早已獲知這邊的一切。當黃紹竑和程潛聯袂飛抵廣西武鳴機場降陸時（武鳴距南寧百餘里，因南寧機場不好，故在此降落），李、白兩人均由南寧趕到，親自迎接，氣氛至為融洽。黃、程兩人下機後，乃與李、白相偕赴南寧，當夜即舉行重要會談。在會談中，中央既肯隱忍優容，李、白自亦不為已甚，只要廣西局面能維持現狀，一切問題皆可迎刃而解。所以這一次會談，很快便獲得極圓滿的協議。到了第二天，李、白又召集廣西軍政高級幹部舉行會議，並請黃紹竑、程潛列席，在會議中由程潛代表中央宣佈接受廣西軍政人員的請求，其重要內容，計有如下五點：

（一）撤消調任李宗仁、白崇禧離桂轉任命令。

（二）任命李宗仁為廣西綏靖主任、白崇禧為副主任、黃旭初為廣西省政府主席。

（三）發給廣西軍隊復員費國幣三百四?萬元。

（四）廣西部隊除復員者外，改編為第五路軍，李宗仁、白崇禧仍為總司令、副總司令。

（五）廣西一切善後，由綏靖公署及省政府負責辦理。

廣西問題，獲得如此和平解決，當時實出乎若干人的意料之外。而蔣先生當時不惜寬大隱忍，謀求內部和平之至意，以及黃紹竑居間斡旋之熱情，曾使李、白為之感動。當黃紹竑與程潛離桂返穗覆命時，並邀李宗仁一同到廣州謁見蔣先生，李氏亦慨允同行。

## 八年後蔣李離而復合

李宗仁偕黃、程兩人飛抵廣州後，即驅車赴粵省府所設立之賓館，擬休息一二小時即偕黃、程同往黃埔謁蔣，殊不料蔣先生獲知李已抵穗，卻先趕來賓館訪李宗仁，輕車減從，滿面春風。此種地方，更充分顯出蔣先生之領袖風度。

蔣、李一別八年，一旦重晤，尤其李宗仁這位老實人，一見到蔣先生走了進來，竟當堂面紅耳熱，不知所措，表情尷尬之極。還是蔣先生笑容可掬的趕忙趨前和李熱烈握手，並慰問道：「德鄰兄？你這幾年太辛苦了！」

李在踧踖不安中，卻嚅嚅地答道：「過去的一切，實在太對不起委員長！」

蔣說：「已經過去的事，不必再提了，我們今後要好好的一致對外哩！」

李答：「是的，我們一定服從中央，擁護委員長。」

蔣又說：「你有什麼困難，我都可以替你解決的。」

李答：「謝謝委員長！」

蔣最後說：「德鄰兄！回去料理善後之後，可常到中央走走，我們也可以多談談。」

李只答著：「是的！是的！」似乎再也找不出什麼話說了。

（筆者按：以上一段蔣、李對話，為事後黃紹竑親口向筆者所講的，因黃氏當時在場也。）

關於蔣、李第一次之離合內幕經過，寫至此處，筆者可以擱筆了，惟往事追懷，徒生百感！今者河山依舊在，人事已全非，蔣、李兩公，一則跼處台島；一則羈旅異邦；重逢何日，渺不可期！至於白崇禧現雖閒散，尚能在寶島安度餘年；而黃紹竑冷落紅朝，老境如何，不堪聞問矣！

# 黃紹竑與蔣李之間一段秘辛

安可仰

關於黃紹竑（季寬）的秘聞佳話及其清麗的詩詞，在《春秋》雜誌上已經有過不少的記述。黃氏生前翻騰政海，多年來與國內局勢同呼吸、共脈絡，有人以「雄才大略，好奇善變」八字概括他的生平，雖非定評，然亦相去不遠。筆者現在更根據極可信的資料，再詳述有關黃氏的一大段秘辛，諒為讀者諸君所樂聞。

## 一心要做廣西唯一首領

黃季寬與李宗仁、白崇禧關係自然深遠，契合尤其密切。他與李白鼎峙而三，處於平等地位，所謂桂系領袖的李白黃，原來是指他們三人，「最初並非黃旭初。其後黃季寬另走路線，和桂系分了家，李、白才把黃旭初拉了進來，以後一般人所稱的「李白黃」，不指黃季寬而係指黃旭初氏了。

若問黃紹竑為什麼終於向中共靠攏？這話說來很長，原因很複雜，完全知道這內情的很少。黃季寬是一個有政治野心的人物，他對於李、白榮膺桂系領袖，在廣西培植力量，心殊不服，他的志願是要奪李、白之席，而成為廣西唯一的首腦。他為達到這個目的，早就決定走中央路線。所以在歷次桂系與中央不和的場合，黃季寬總是以調人的資態苦心周旋，因此深得中央的倚畀。但中央對他的態度是：任憑他要甚麼高官厚祿，都可隨心付與，卻不讓他回廣西。第一是中央不能不遷就李、白一點；第二是怕黃季寬也和李、白一樣不容易控制。

## 最好由白崇禧開發西北

這多年的國民黨中央，對於防止異系的崛起，曾費了很大的心力，傷了很多的腦筋。尤其對桂系特別不放心。對李、白不用說了，即對走中央路線的黃季寬，也總覺得有點那個；所以儘管寵以高官厚祿，但並不以自己人看待。在這種情態下，黃季寬在若干年來也就不敢暢所欲走，深怕一旦有「秋扇見捐」的危險。於是一方面暗中仍與原來的關係勾搭，以便萬一失意時還有個著落。如欲頭頭是道，必須面面俱圓。黃季寬也就是這一典型的人物。

比如說，桂系最初就有一個志願：經營新疆，開發西北。遠在北伐完成時，蔣李馮閻等最高將領在北京西山碧雲寺告奠孫總理，李宗仁在靈前說出來，希望今後各人分治中國一部分，如新疆最好是叫健生（白崇禧）前往，一定有很好的收穫。因西北一帶多半是回教徒，回教徒對白崇禧認為是回教中最值得崇拜的偶像。而白健生本人，也幾度想主持西北政局，例如當朱紹良、張治中等發表為西北長官前，都有一些醞釀，但中央並未讓白崇禧去主持西北，這理由上面已經說明。中央對黃季寬的夢想「衣錦還鄉」都有些害怕，何況對白健生？但桂系這個開拓勢力的志願是從未平息的。黃紹竑任內政部長時，藉東北中蘇事件而到蒙古視察一番，也就是替桂系表演一場對西北的癡戀。所以他雖一向走中央路線，卻走得不通不暢，而他對於原來有關係的桂系，則是不即不離。

## 平型關初與中共通款曲

黃紹竑之開始與中共密通款曲，為時並不太早，據深知其秘情者言：當起於平型關一役前後。民國廿六年抗戰軍興，中央派黃紹竑任第二戰區副司令長官，司令長官為閻錫山。第二戰區自然是閻老西的天下，閻老西獨裁專斷，豈容旁人過問。自命不凡的黃季寬，一籌莫展，伴食無名，屢向中央陳訴，並向閻老西要求指揮部隊權力，因此和閻錫山相處得並不好。平型關一役，國共兩方軍隊都出了力量，那時，國共並肩作戰，抵抗頑強的共同敵人，內部雖有磨擦，表面仍是敷衍。就在這個時候，黃紹竑初次以前進的姿態，與周恩來有一度的友契。又由於周恩來的關係，結識了不少中共將領及高級幹部。他既然不滿意閻錫山，正想藉一機會，飄然南下。同時，他對中央之派他前往山西，早已埋藏著不平心理。因為他是一個好高喜勝者，如為表現戰功，則應派他到京滬；如為安定大後方，則應派他回廣西。中央明知閻老西這條硬漢，而偏偏派他前往伺候，確實不是味兒。

在這個時候，他已有了不滿中央的悲憤，而開始左轉，暗中和中共通聲氣、送秋波。

恰巧這時浙江亦開始吃緊，江蘇的主席是陳果夫，浙江的主席是朱家驊，都是文人，中央政府以為文人不足以應變，決定換用武人，於是發表顧祝同、黃紹竑分別主持蘇浙省政，以應付日寇的進攻，黃季寬奉新任命而南下，到了南京，謁見蔣委員長請示一切，蔣氏匆匆對他說：「好好，你全權處理好了。」黃季寬便舉起這把「全權處理」的上方寶劍，一路由九江而漢口、而長沙，收容由前方退下來的桂軍及其他零星部隊共二千餘人，浩浩蕩蕩，開到杭州。

## 雄心勃勃製造政治資本

這時，張發奎任蘇浙邊區主任，駐節嘉興；劉建緒任閩浙邊區主任，駐節衢州。這兩位主任忽然聽見新任浙江省主席黃紹竑帶著一千人馬上任，已經不大舒服；而黃主席卻也不把那兩位大主任放在眼下，更不管軍事上的節制問題，一開始便自行其是。甫抵浙江，便東拉西扯，擴大收納散兵游勇，連同一部份地方團隊，編成了一枝浙江省抗日自衛大隊，共分九個支隊，約一萬餘人。為配合這枝新組成的武力，他下一命令，省市縣政府各設政工室，以掌理自衛大隊及各支隊的政工隊工作。他又在衢州的大港頭設立了一個鐵工廠（實即兵工廠），最得意的製造品是他逢人稱道的擲彈筒（與手榴彈相彷彿的武器）。這些兵工器材，係將溫州各工廠的所有內遷而改用者。

黃季寬確實有一手。他把武力、政工、兵工，很迅速而猛厲地建立起來，作為個人的政治資本，雄心勃勃，得意洋洋。不料好事多磨，這三件大事，通歸失敗。第一、抗日自衛大隊組織不久，第三戰區正式成立，顧祝同出長第三戰區，看不慣黃季寬這一套，加以浙江省保安處長宣鐵吾，因黃主席之亂拖隊伍，分弱了地方武力，早已懷恨在心。這樣一來，便請准了中央，由第三戰區派俞濟時來接收並改編自衛大隊。第二。當黃季寬轟轟烈烈成立各級政工室時，浙江省黨部主任委員「鐵漢之一」的谷正綱也早已側目；到第三戰區成立，谷正綱任政工處主任，自衛大隊既取消，谷正綱自然順理成章地把自衛大隊的各級政工機構，接收的接收，改編的改編，取消的取消。第三、當黃季寬把溫州各工廠的資源內遷時，深為在中央的溫州籍要員如姚琮等所不滿，趁著取消自衛大隊的機會，一本奏准，又由國防部兵工署接收了大港頭鐵工廠。黃季寬的三大計劃一齊破產，卻加強他對國民黨的離心力了。

## 幫助李宗仁競選副總統

黃紹寬鬱鬱不得志地主政浙江，這且不說。可注意的一事，即在他編組自衛大隊的政工系統時，有意無意間收容了不少的共產黨及其同路人。當時中央對於這些「封疆大吏」向來推心置腹，想不到這樣高官厚爵的人也會不妥，而疏於防範，可謂已到了麻木程度，又安得而不垮呢？如黃紹竑、如陳儀，便是二例。

抗日戰爭結束後，黃季寬閒居滬濱，靜極思動，又與桂系接線起來。這段時間，他與李宗仁往來頗密，躍躍欲試。桂系一巨頭之李品仙沒有做好安徽省主席，被各方攻擊甚烈，黃季寬心怦然動，曾有一度赴皖的動機，卒因李品仙與白崇禧的關係太深，未能實現。

看看到了行憲，要選舉總統了。李宗仁自始即想做副總統。那時孫科是國民政府副主席，李德鄰首先試探孫哲生的態度，密函詢孫，略謂：「現屆行憲之期，大總統一職，自非介公莫屬，惟副席刻尚未定。以名份資望及歷史論，最好是我公（指孫科）入選，萬一我公薄此不為，本人竊願自效。……」一方面又將此意密電蔣氏請示，蔣在該電上只批了一個「閱」字。至於致孫氏之函，因孫適赴台灣，久而未報，孫回京後，亦未持李原函向蔣請示，僅復寥寥數語，表示謙虛的態度。李宗仁即根據孫科這封回信，展開競選副總統的活動。

李宗仁考慮之下，他可能得到的票，僅有華北和廣西這兩個單位，重要關鍵，必須抓住東南的國大代表。因此，黃紹竑立即成為李宗仁拉票的唯一助手。以黃季寬的精明強幹，應酬功夫也好，確實幫助了李宗仁不少。假使李宗仁在當選副總統後，不發表他的施政方針廿條，蔣李之間的破綻不會如此決裂。蔣對李既生反感，平常對黃紹竑尚保留好感的，因此也就冷淡得多了。李宗仁做了副總統並做了代總統後，黃紹竑還是黃紹竑，很感失望。

## 利用國民黨本身的矛盾

等到國共和談醞釀之時，李宗仁又想起黃季寬來了。這一次和談是要和共產黨打交道的，李宗仁想來想去，能夠代表自己而又為共方通得過的只有黃季寬。這時，黃氏住在香港，李宗仁通電促駕，並派親信迎黃赴南京，黃見時機已到，欣然入都，當與李見面密談，向李請示下面三個問題：

（一）如果共黨不談和平，怎麼辦？

（二）如果共黨所提條件過於苛刻而且不能修改，怎麼辦？

（三）如果條件可以修改，是不是可以接受？

李宗仁當即明白表示：關於第一二兩項，如果和不成，本人即辭職不幹；關於第三項，由我負責。

黃季寬得到了李宗仁的明白答覆，才願担任代表北飛。所以在政府和談代表團中，名義上是張治中居首席代表，骨子裏黃季寬的重要性實不減於張文白。因為他是當時李代總統唯一的親信，而且有權完全代表李。黃因取得了與李的默契，他的內心是兩重的：一是和談成功他的地位愈可提高；一是即使和談不成功，他也可藉此機會另求出路。蓋無論和談成否，與他本人沒有什麼束縛；不成有蔣負責，成則有李負責。他在國共矛盾和國民黨本身矛盾之間，靈活地運用其外交技術，以企求達到他的政治懷抱。

## 不容於蔣又不見諒於李

關於和談的經過，筆者不欲贅述，這裏只說那年四月十七日黃紹竑帶著共方的草案回南京請示。他在飛機中馳想的情景是：李代總統雖然對此草案不滿意，但事已至此，除開完全接受外，還有什麼商酌之可言！只要李的態度游移，他便可乘機進言，促成和談的成功。不料他和李見面後，李看了這個片面式的協定，默默無言，呆住了一會，才對他說：「我們改日再談吧。」

這對黃季寬來說，簡直像潑了一瓢涼水，出乎意料之外的冷淡。而李宗仁所謂改日再談，實際上當即把這個文件密送溪口。到十九日下午，黃季寬忽然接到通知，政府召開十一人委員會，召黃參加，報告和談接洽經過。當日李宗仁主席，黃紹竑照例報告之後，參加此一重要會議之軍人均未作任何表示，只由吳鐵城、朱家驊分別報告溪口之行的經過，結論是不能接受。於是，李宗仁宣告散會，黃季寬認為李宗仁欺騙了他，即憤而走香港。黃李之間，弄得非常彆扭。

南京易手以後，黃紹竑從香港函李宗仁，要他實踐前言，就是和談不成功，李宗仁應不再幹代總統和副總統。李宗仁並未作覆。據李左右暗示黃：李代總統很不滿意黃季寬。此中真因以黃季寬在和談席上曾因力爭而得到中共把蔣氏戰犯名義刪除，改為籠統的國民黨；意思是說：掀動內戰的責任是由整個國民黨負責，而不再由蔣氏一人負責。但那個協定草案上，對於李宗仁今後的地位，並無規定，更說不上保障。李宗仁覺得黃季寬忠於蔣而不忠於他，只爭取消蔣之戰犯名義問題，不爭保障李之地位問題，所以不滿。李之左右又警告黃：非李負黃，而實黃負李。蓋以和談不成，李尚可代總統，和談若成，則並此而無之矣。黃季寬受此刺激後，深感既不見容於蔣，又不見諒於李，這才完全決定投共。

## 蔣李黃恩怨是非說不盡

黃季寬在和談席上表演最精彩之一幕，就是上面所述，他對戰犯問題提出了一個修正案，說內戰責任應該加之於黨，不應該加在個人身上。他所持的理由，為在重慶開政協後，接著國民黨召開中全會，對政協批評得體無完膚，所以破壞和平、掀起內戰的責任，應該歸之國民黨，似不應歸之蔣先生個人。換言之，內戰責任，不應由一個人担任，而應由全黨担任。為著這個建議，政府全體代表當然一致支持，但共方代表則力予反駁，就中林祖涵曾用一針見血的詞鋒，幾乎使黃季寬無從解答。林祖涵說：「你們國民黨的黨章上，不是明明規定著總裁有最後決定之權嗎？而且事實上也是如此。蔣某不負內戰責任，誰還來負？」經過激烈的辯論後，表面上是遷就黃紹竑的提案通過了，而周恩來、林祖涵等仍是口口聲聲要嚴懲戰犯，所以黃季寬之靠攏，自有其複雜的內因。觀於他在和談席上尚為蔣先生力爭以及對李的忠誠，若說他早已「存心投靠」，似乎過份。他的親共的程度尚不及劉斐，前進的作風也不及張治中，詩詞卻比章行嚴做得好。這個人在政海裏波翻浪湧數十年，國民黨對他並不算薄，蔣先生對他也倚畀有加，終於因個人的政治野心未能暢達，勾銷舊賬，投向中共，在黃氏生前，投閑置散，理之當然，好在燕塵十丈，軟紅嫩翠，尚有詩料可尋；其舊屬而兼情婦之譚某，曾一度同居故都，亦得稍解岑寂。這許許多多的恩怨是非，似乎說之不盡，但今日李（宗仁）、白（崇禧）與黃（紹竑）皆作古人，這一幕戲已告閉幕。滿天的雲霧亦將消散於無形了。

# 「逼宮」內情：白崇禧一封電報說了些什麼？

張任民

漫天風雪阻歸程，旅邸淒清百感生！
入眼旌旗非故國，驚心烽火到神京。
樓台冷落人疎散，江漢奔騰夜有聲；
急景殘年歸未得，此生何日見昇平？

民國三十七年歲暮旅居武漢感懷七律一首——張任民

## 由漢口派來一架飛機

民國三十七年的夏天，因戡亂軍事，節節失利，白崇禧將軍拜華中司令長官之命，坐鎮武漢，並特地把安徽省主席李品仙調去任副司令長官，以資襄弼（李品仙調任後，安徽省主席一職，由夏威將軍繼任），策劃華中方面對共軍作戰事宜。筆者那時已經解除了軍職，經民選為廣西省立法委員。在立院休會後，便離開南京返回桂林小住，對李、白兩公之事，很少參與。

不料到了那年的冬初，白將軍故人情殷，卻從漢口接連打了幾個電報來桂，促我赴武漢去小住些時。白氏的意思是，彼此多年袍澤，久共戎行，在國事蜩螗的時候，大家能聚在一起，常常談談，也是好的。我接電後，正在考慮或行或止，而白氏從漢口派來迎載的飛機已經飛到桂林了，於是，便決定尅日動身前往，登機啟程之日，同行者尚有廣西省主席黃旭初（現居香港）、廣西軍管區副司令呂競存（現為國大代表，居台灣）、民政廳長李新俊（刻下僑居婆羅洲）、財政廳長陽明炤（陽氏前年在港撞電車，重傷不治逝世）等數人。我飛抵漢口後，即下榻於白氏私邸，成為他家裡經常座上客之一。

## 徐蚌大會戰即將展開

當時因為華北方面，傅作義已以「局部和平」方式投共，直魯豫各省都告變色，林彪盡驅精銳由東北大舉入關，銳不可當；戡亂的軍事，已陷於極端不利的形勢中。而國軍則集中七、八十萬眾主力部隊，在津浦鐵路線的徐（州）蚌（埠）一帶，作縱深部署，準備吸引共軍於此，作一鼓圍殲之計。當時東北、華北雖已變色，而國軍實力仍極雄厚，集中於徐蚌一帶各部隊之裝備以及所擁有的新武器、戰車等，亦為抗戰以來的精華，可見當時中樞對於這一場決定生死的徐蚌大會戰，已抱有孤注一擲的決心。

我住在白氏私邸，早晚都和白氏見面，除了他處理要公的時間外，有時晚間我們常要談到深夜才就寢。當時武漢方面並非對共軍作戰的主戰場，雖然軍運頻繁，呈現一片戰時景象，但社會秩序如常，人心尚還鎮定。但在豫南、鄂東以及大別山區一帶活動的共軍，也有六、七萬人，屬於劉伯承縱隊。而白氏那時在華中區所統轄的部隊，除了廣西原有的第七軍（軍長李本一）、第四十六軍（軍長張文鴻）、第四十八軍（軍長譚何易，現居台灣）三個軍共約八萬人外，另外則有河南張軫（張原任河南省主席兼兵團司令）的雜牌保安部隊一萬餘人，另有滇軍魯道源和川軍楊森兩部亦共約萬餘人，都劃歸白氏指揮。但可惜這些隊伍皆已兵疲械窳，不堪一戰。綜計當時白氏在華中所統轄指揮的兵力，共約十三萬人之譜。

## 兩件事白氏傷透腦筋

在民三十七年冬和三十八年初——也就是我住在白氏私邸的那一段時間裡，有兩件事確使白氏傷透腦筋：其一是，襄（陽）樊（城）防守司令官康澤不聽命令，使襄陽失陷，康亦被俘，武漢震動；其二是，當徐蚌會戰失利，徐州將被圍困時，中樞電令白氏要將華中的主力部隊第七軍調往增援徐蚌，側擊共軍。白氏那時格於華中情勢危急，而兵力微薄，在勢無法抽調，懊喪之餘，竟對中央電令，久置不覆。而且以後又貿然發了一個電報到南京，竟演變成所謂「桂系逼宮」，以及蔣氏引退、李宗仁代總統一幕歷史性的大悲劇！

這件事，確實太重要了，我們今天舊事重提，絕不宜再談什麼「是是非非、恩恩怨怨」，因為我那時是住在白氏家裡的客人之一，朝夕聚首，無所不談，對於個中曲折，是全盤瞭然的。如今痛定思痛，我當就我所親歷、親見、親聞的一切內情，從實紀述出來，或可供後世史家參考之一助。

## 康澤不守野偏要守城

這裡先述康澤失守襄陽的經過：當民三十七年冬，共軍賀龍、孔從周等部，分由陝南、豫西竄擾鄂北，襄樊告緊。賀、孔等共軍雖約有三萬餘眾，但內中多土共，裝備亦甚差。惟那時因整個戰況逆轉，到處風聲鶴唳，自亦不敢輕視，襄樊既為鄂北重鎮，不能有失，而康澤此時乃自告奮勇，向中樞請命，願負襄樊防守之全責；令下後，康並率帶中央軍與川軍各一個師馳往部署，過漢口時，康曾謁見白氏請示機宜（因襄樊亦屬華中司令長官指揮範圍之內），晚間白氏曾約康澤到私邸便飯，我亦在座，談笑殊歡。翌日康即馳赴鄂北前線去了。康澤去後，白氏曾與我等論及襄樊防守問題，並顧慮康澤久任特工工作，甚少親臨戰陣，恐其指揮經驗不足。因襄陽與樊城相隔著一道漢水，且河面廣闊，不易兼顧，兵力佈署，不能稍有差池。數日後，共軍果已沿襄樊節節猛犯，白氏遂急電康澤，著令放棄樊城（樊城在漢水北岸），固守襄陽；並一再堅囑守野勿守城，佈防應依襄陽城外之山形構築工事，俾進出攻守，有活動運用之餘地，萬一軍事不利，尚可進退自如，若以守城為重點，一旦被圍，將成甕中之鼈。白氏電報與電話雖接連不斷，與康保持連絡，無奈康抵襄陽後，一切自作主張，對白氏命令置若罔聞，而且逕行電呈中樞，報告守城較守野為上，康的理由是：城可固守，而野無把握。

彼時中樞亦以康澤既身在襄樊前線，當較白氏為瞭解當地實際狀況，在軍情緊急之下，乃電令康澤可自行決定，便宜行事。蓋康澤實際上已有點氣餒，不過欲憑城自守而已！

## 中央調第七軍援徐蚌

當襄陽與南京間無線電報往來時，恰巧又被華中電台所截獲，白氏得見中央覆康之電令，為之焦急莫名。康既不服從華中指揮，拍去電報，竟亦避而不接，而白氏又深知襄樊地形，襄陽城垣，大而無當，決難固守。在無可奈何中，特派一軍用專機携載命令飛往襄陽空投，務令康澤守野，切不得守城。迨專機飛臨襄陽上空時，機上人員俯視地面，已可清晰看見共軍那時已對襄陽城採取了包圍態勢，共軍大砲且從襄陽西南部之山地向城中猛轟，城中秩序已亂，命令已無法投下。專機只得折返漢口回報，白氏聞耗，頓足叫苦不迭。因康澤所率中央部隊，携有最新大砲三百餘尊，未經施展，反以資敵，如此作戰，尚有何說！

襄陽不旋踵即被共軍所攻佔，康澤本人亦被俘。在那幾天內，白氏繞室徬徨，寢食難安，「小諸葛」至此，亦難有「安居平五路」之能耐了！再過幾日，鄂北共軍乘勝向南威脅，武漢外圍又增加一大壓力。此時白氏乃迫得將第七軍自鄂東麻城一帶調至信陽、花園，以固武漢三鎮的正面。就在此時，又接獲湖南方面程潛與陳明仁不穩消息之密報，而徐州被圍，中央電調華中第七軍前往徐蚌增援，側擊共軍之命令亦先後到來。白氏面臨此重重危局，一時確有無從措手足之苦。在憂憤交集之下，他對於中央電調第七軍的命令，竟爾久置不覆。當時他的抗命之舉，即曾引起甚多流言。

## 黯然神傷的一段對話

我等那時既為白氏座上客，得常在白氏私邸參閱各處重要電文，且供白氏諮詢。有一天我曾問白氏：「劍公！中央電調第七軍的命令抵此已有好些天了，不知已呈覆中央否？」

白氏聽我這麼一問，先長嘆了一聲，緊綯著眉說：「任民！你難道還不知道？今天武漢所以能夠屹立不動，完全是憑仗著廣西原有的幾個軍在做重心，一旦抽調，形勢空虛，如今共諜滿天飛，絕對瞞不了敵人，倘劉伯承乘虛聯合鄂北共軍大舉進襲，我們拿什麼來應付？你又叫我怎樣呈覆中央？」

我一面微搖著頭，一面卻向白氏說：「困難自是實情，但在今日之下，劍公似應早日向中央婉加呈述為宜啊！」

白氏答說：「我何嘗忘掉這件事，也可以說無時無刻不在盤算這件事，如今湖南方面既呈動搖，倘若武漢外圍一旦緊急，湘省又同時突變，部隊調走，武漢空虛，我們都只有束手被擒，大局將更不可收拾！」

白氏說至此，略為頓了一頓，我只好等他再說下去。他果然接著說：「在徐蚌作戰的部隊，都是我們的精銳之師，我相信不致一敗再敗的，再等幾天，當有消息。何況由此間行軍至徐蚌前方，亦緩不濟急，在徐蚌戰場言，不過杯水車薪徒使武漢空虛，華中憑什麼再保守得住？權衡輕重得失，我相信中樞一定瞭然這種情況的啊！」

我又說：「劍公！你固然是為了整個大局而如此籌策，但你這樣對中央久置不覆的辦法，萬一徐蚌真的一敗塗地，中央對你豈能諒解？何況到了那時，不也一樣是不可收拾嗎！」

白氏這時只有低頭喟嘆，悶坐在椅上，良久不作一語。

## 從衣袋中掏出了電稿

到了十二月廿日後，徐蚌戰況，敗報日至，至廿四日徐州陷落之訊傳來，終至全軍覆沒，冰消瓦解。白氏此時，愈形憂惶，在那幾天裡，我們幾人在白氏私邸經常與白氏談至午夜，所談者無非戰局問題，至今已無從詳記，惟大家面對那時的情勢，似皆有束手無策之感。尤以廿四晚間，時鐘已鳴三下，始各自歸寢。次（廿五）日午膳時，我與旭初、競存均在座（此時李新俊、陽明炤已返桂林），見白氏施施然步入飯廳，兩目發赤，似乎通宵未睡。白氏剛一坐下，便從衣袋中掏出了文稿一件，隔桌先遞了給我，並說：「任民！我昨夜心緒如麻，整晚不能入睡，爬起來擬了一張電稿，拍給南京的敬之（何應欽）、岳軍（張群）、文白（張治中）等三人，請他們轉呈總裁，你先看看，再交給旭初和競存過目吧。」

筆者按：白崇禧將軍坐鎮華中時，鑒於大局逆轉，曾以黨員身份向蔣總裁進言，且基於實際情況，盡情傾吐，指出不能再戰之三大理由；在白氏言，實為當時情勢所逼而出此。惟白氏在一念之間，只知言所欲言，對電文措詞之直率與偏激，未加考慮，實深遺憾！遂使蔣先生閱後大受刺激，且毅然引退，一時竟有桂系「逼宮」之傳，以後之種種演變，當非白將軍之始料所能及。

## 披瀝陳詞力言不能戰

上節寫到白崇禧將軍步入飯廳坐下後，便從衣袋裡掏出來一張電稿遞給我看；我接過來時，還以為只是一份比較重要的公文而已，我便慢慢的看電稿，白氏則斜靠在對面的椅子上，兩只手插在褲袋裡，仰視著天花板一聲不響。而這封電稿，我卻越看越覺得不妙，不覺從頭至尾的一連讀了兩三遍，上面寫的是：

南京何敬之兄、張岳軍兄、張文白兄：×密，請代呈總裁鈞鑒：近日大局，愈見危殆，自抗戰以來，人民傾家蕩產，備受慘重犧牲，而生命損失，尤為難計！故自日本投降，世界和平，國人無不額手相慶。不意共禍突發，又復蔓延全國，而人民厭戰之心已久，只求安居樂業，不問政治是非，長此戰爭，人心日惡，我政府應再以和平寬大昭示全國，實為必要，共匪橫暴，人必棄之，時勢至此，為爭取全國人心，實難再戰者一。

軍事方面，士氣日衰；士氣依於民情，八年抗戰，奮鬥慘烈，為對異族侵略，故能一再奮發。今抗戰完全勝利，重演國內戰爭，民心厭戰，士氣自衰，且部隊待遇未能提高，逃亡之數，日有增加，即施嚴罰，未能制止，雨雪載途，運輸困難，士馬固難飽騰，運用尤感遲鈍，在連戰不利之下，似應爭取時間，以為整補準備，故在恢復士氣言，不宜再戰者二。

物力方面，消耗已多，東北之失，美式新砲已損失一二千門，未能充分發揮戰力，經已完全資敵，而輕型武器，損失更多，尤其部隊叛變，攜械逃亡，更為寒心，國內兵工廠除四川稍能製造械彈外，其餘各廠，大都恢復未久，皆難充分供給，每次大戰，浪費尤夥，長此戰爭，何以為計？此外，關於幣制低折，影响更不待言，就物力而言，亦難再戰者三。

以此實情，實關大局安危，晝夜徬徨，無以為計，心所謂危，不敢緘默，懇請鈞座迅定大計，並予指示遵行。……

（筆者謹按：上面這一封電報全文，係憑筆者記憶所及，據實寫出，惟事隔十餘年，其中文句，或有顛倒遺漏之處，但全電內容，大致如此，特此註明。）

## 可能會掀起軒然大波

我反覆讀了幾遍，一時心情激動，不由得萬分難過。替白氏著想，電文上所呈述的一切，固然是實情，而措詞實在大大的有些欠妥；何況白氏那時坐鎮武漢，在國軍方面而言，他是風雨飄搖中一根有力的支柱，這樣的電報一到南京，一定會掀起軒然大波的。我將電稿交還給白氏時，他的兩眼直注視著我，似乎想聽聽我說些什麼，我卻忍不住的問他：「劍公！這封電報已經發出去了沒有？」

「我在半夜裡擬好稿之後，已經交下去叫他們拍發，我想早已發出去了。」白氏答。

「劍公！我覺得這電報上的話，說得太過直率了，既已發出，那也沒法挽回，南京方面對你會引起更深的誤會的，現在只好等那邊的反應來了再說啊！」我說。

「大局到了這樣的地步，我們見得到、想得到的，難道不應該慷慨陳詞嗎？今天再不直率的說老實話，恐怕以後也沒有機會讓你再說了，我是以黨員的身份向總裁進言，我們現在已不是考慮誤會不誤會的時候，只求能尋出一個挽救危局的辦法來！」白氏說至此，再也說不下去了。侍衛們這時已端上飯來，在座的黃旭初、呂競存諸位，於看過電文之後，也和白氏交換了一些意見，談話的詳情，至今已無從省記。這一餐午膳，因了這封電報，弄得人人心緒如麻，就此草草而罷。我只記得旭初和競存在這一天便離開武漢，飛返桂林，只有我仍留在漢口未去。

電報是廿四日的深夜發出去的，到了廿五日晚上八、九點鐘，南京已有長途電話來了，是張治中打來的。白氏在私邸接電話的時候，在座的除了我以外，還有李品仙，這一次長途電話，他和張治中差不多講了半點鐘，在對話中，我更看出白氏當時的心情是緊張沉重兼而有之，電話中的對白，大意如次：

## 張治中電告南京反應

白問：「我的電報收到了吧？你們幾位的意思怎麼樣？」

張答：「我們接到電報後，今天早上我和敬之、岳軍約齊一同研究這件事，我認為你所說的話太值得考慮。」

白問：「敬之和岳軍有什麼意見？」

張答：「敬之沒有表示意見，岳軍說事關重大，還是呈請總裁去作決定。」白問：「你們見過總裁沒有？」

張答：「我們三個人一路去了一趟，電報也呈給總裁過目了。」

白問：「總裁有什麼表示呢？」

張答：「總裁看過電報，先問我們三個人的意見。敬之仍舊不出聲；岳軍說你在電文上所指出的一切，關係太大，要請總裁自行決定怎樣答覆你，並且主張不要給你太洩氣；最後總裁問到我，我就老實說，你的意見很確切，在眼前這種局勢下，這個仗恐怕很難再打下去。」

白問：「總裁覺得怎麼樣呢？」

張答：「總裁沉默了一下，面色似乎很氣憤，接著便對我們說，我是要剿匪的，是主戰到底的，現在大局只靠華中的力量了，劍生既然不願打仗，還有什麼話說？好！既然這樣，我個人的進退很容易解決，你們去同德鄰（指李宗仁）商量，叫他出來負起談和的責任吧！」

白問：「你們還向總裁說了些什麼沒有？和德公見了面沒有？」

張答：「總裁當時很難過，我們也不能再多說什麼了，辭出之後，我們又一路趕到傅厚崗（李宗仁在南京寓邸的街名）去見德公，先把你的來電交給他看。」

白問：「德公作何表示？」

張答：「德公很驚訝，他說他根本不知道你發來的這封電報。」

白說：「不錯，不錯，我始終還沒有向德公講過，他的確不知道這回事。我的意思並不是要德公出來負起這個談和的責任，他是負不起的呀！」

張答：「德公當時已經向我們表示，他不能照總裁的意思去做，同時德公也現得很懊惱的樣子哩！」

白說：「這件事還是要請你們三位商量個辦法出來，總裁說要德公出來負責，這絕不是我的意思，這是誤會。」

張說：「現在總裁既然已經有了表示，我看你自己去向總裁和德公說吧！我們實在想不出什麼好辦法來。」

電話說至此，白張兩人又談了一些戰況消息，才告收線。

## 李宗仁說不該找麻煩

白氏和張治中說完電話後，不覺雙眉緊縐，似乎深感事情的發展，有些出於他的意料以外；於是，即刻又叫南京李副總統公館的長途電話，在這一段短短間歇中，白氏走進他那間私人辦公室，不住的踱來踱去，一言不發；我和李品仙坐在外間小客廳裡，見他心緒煩亂，也不便去打擾他，在電話未接通之前，只有白氏的橐橐履聲和廳間的滴答鐘聲相應和，這時的氣氛是：彼此滿懷心事，一片靜寂。

不一會，電話鈴聲响了，白氏趕忙拿起了話筒，開始與南京的李德公通話，對白大致如次：

白說：「我昨天發了一個電報到南京，剛才張文白有電話來，我們談了好半天。」

李說：「你怎麼會打這樣一個電報來呢？他們三個人（指張治中等）跑來時，我簡直摸不著頭腦，現在事情弄得很僵哪！」

白說：「我昨天夜晚想了大半夜，這個局面若再拖下去，決不是辦法，我是以黨員身份向總裁沉痛的進言，我說不能再戰，也決不是我抗命不願打下去呀！就是要打，也得要重新收拾一下啊！我因為心裡煩透了，所以事先也沒有通知你。

李說：「你向總裁進言固然不錯，但是，你是華中的長官啊！你說不能再打下去，麻煩就多了。何苦把這些麻煩弄到自己頭上來呢？今天他們跑來找我，傳達總裁的意思，要我出來負責，我已推辭了，我怎麼能辦呢？我已經請他們回覆總裁去了。」

白說：「你千萬不能答應的呀！那會更引起別人誤解的，請總裁和哲生（指孫科）去商量好了。」

李說：「我怎麼能答應呢？我想在這幾天裡，總裁總會有個決定吧！」

## 一切演變非始料所及

李、白兩人講完電話後，白氏在小客廳裡又坐了半晌，他對於南京的反應，雖感到相當難過，但在無限感慨中依然保持著他那股「好漢做事好漢當」的氣魄，我們和白又閒談了一會，才各自歸寢。我回到寢室後，這一夜，思潮起伏，百感交集，怎麼也不能合眼。

我以為白氏貿然地發出這封電報，在事前確實有欠考慮，雖然白氏此電百分之百是由於感觸太多，一時言所欲言，認為局勢非作一番徹底收拾，不宜再戰，此種觀點，不能謂為不正確。無奈那時正值徐蚌新敗，首都震動，共軍已漸次逼近長江北岸，氣燄萬丈。白氏身為華中最高軍事長官，所統兵力，在表面上尚號稱廿餘萬眾，白既力言不能再戰，無論如何，將無法獲得中樞的諒解的。而白氏本人則確是基於當時實際情況，不惜以黨員身份向總裁盡情傾訴，絕無半點相逼之心。此點只要看白氏以後退居台灣，始終對於蔣先生之忠貞不二，可為明証。

至於蔣先生當時的心情，在徐蚌失利，白氏電到之日，其憂憤苦惱，我們也可以想像得之。蔣先生是要剿共到底的、是主戰的，其堅強的決心與勇氣，絕不因情勢之逆轉而稍呈動搖。白氏坐鎮華中，既言不宜再戰，蔣先生當然要大受刺激，因受刺激而引起誤解，因一時誤解而促李宗仁出而主持談和，因促李出面和談而毅然引退。以上種種演變，居然一幕又一幕的演出，又豈白氏午夜擬電稿時之始料所及！

## 我曾建議李宗仁外遊

平心而論，蔣先生當時對於個人進退，不失為光明磊落的；白氏當時之披瀝進言，亦確是情勢所迫的；至於李宗仁氏之代總統，初則堅拒，繼而游移，終且接受，謂為逼上梁山也可，謂為不自量力亦無不可。

猶憶李宗仁氏競選副總統成功後不久，當時筆者尚留居南京，某日在李氏寓邸閒談時，我曾當面向李氏建議，以為他應乘時出國遊歷考察，並列舉如下之四點理由：

（一）二次大戰後，歐美各國正展開復興建設工作，而我國復興工作，千頭萬緒，歐美諸國值得借鏡之處甚多，以李氏當時之聲望與地位，所到之處，必能受到熱烈之歡迎。

（二）副總統在我國憲法上毋須負行政上之責任，宜趁此餘暇，訪問各國，既可敦睦邦交，且可與各國朝野人士廣泛接觸，爭取國際友誼。

（三）我國抗戰雖獲勝利，而政治上之糾紛，隱憂正多，乘時遠遊，將可因而避免不可預計之種種是是非非。

（四）此時如向蔣先生提出出國考察訪問之要求，能獲得應允之可能性甚高，過此則無法逆料。

當時李氏對筆者之建議，頗感興趣，曾作考慮；可惜李氏欠缺果斷，留戀金陵，慢慢便將此議，置諸腦後，終致陷身於翻翻滾滾之政潮中。結果，李氏個人固不幸為狂瀾所擊倒，國家大局亦陷入不可收拾之境。茲特補述出來，作為本篇的結束。

# 第七軍的沒落與李白的下場

文史

李宗仁與白崇禧半生所辛苦經營的第七軍，二十餘年來，轉戰南北，曾經贏得「鋼軍」的榮譽番號。從北伐起以至戡亂，均與近代的軍事政治有著莫大的關係。

第七軍自崛興以迄沒落，由龍騰虎躍而風流雲散，有許多為外間所不能窺探的秘聞軼事。本文作者為第七軍的幕中人物，以親身的經歷，寫出史料文章，自然不同耳食。特為鄭重介紹於廣大讀者之前。——雜誌編者謹識——

## 一、鋼軍人物，煙消雲散

一個部隊能夠延續存在二十多年的漫長時間，始終保持著原來的戰鬥力量，在連年兵戈不息，經過無數大變動的國度裏，依然一脈相承。這在民國初年以來，除廣西的第七軍外，國內實罕有其匹，所以值得吾人一述：

第七軍由李宗仁、夏威、楊騰魁、廖磊、周祖晃、張淦、徐啟明、鍾紀，李本一等九人，先後有傳統性的任過軍長，在北伐、剿共、抗日、戡亂諸戰役，都担當過相當重要的角色，與艱鉅的任務。每次都表現過輝煌的戰績，北伐期間，已有「鋼軍」之稱，後來李宗仁能在政治舞台上叱咤風雲，縱橫國內二十年，並一度躍上代總統寶座者，實完全憑藉第七軍的力量作基礎，豈料三十八年冬在桂南最後一戰，竟遭中共軍所消滅，軍長李本一亦被俘，馳譽中外、赫赫有名的一個番號，從此煙消雲散，報告完結了！然而在中國軍事政治歷史上，將來第七軍仍將佔有很重要的篇幅的。

## 二、群雄盤據，弱肉強食

廣西號稱偏僻之區，地瘠民貧，自明清兩朝以來，始漸開化，然民性淳樸，而又強悍驍勇。洪楊革命時，楊秀清、石達開、李秀成等，均係出類拔萃人物，雖祇在江南半壁曇花一現，但其事其人，實已深印入晚清的民間每一個人心。其後孫中山先生能迅速推翻滿清政權，「洪楊之役」，自有其影響的力量。

民十以前，廣西在陸榮廷統治下，堪稱小康局面。然因陸氏不學無術，幹部多屬老粗之輩，或綠林出身之徒，處在優勝劣敗定律之下，能夠生存下去，乃屬僥倖。若與有組織、有訓練的團體鬥爭，自然無法取得勝利。故於民國九年被陳炯明逐出廣東，民十廣西地盆也不保了，將殘部退縮至鎮南關的越桂邊境，自編為邊防軍。廣西政權，由桂籍軍人劉震寰（現仍蟄居香港）、馬君武等分別掌管軍民兩政，但亦僅做了半年多。

復被陸榮廷舊部驅逐以去。從此廣西便陷於群龍無首、四分五裂狀態中。南寧號稱省會，為林振廷防區；桂林係沈鴻英部佔領；柳州、慶遠為韓彩鳳、韓彩龍兩兄弟盤據；百色由劉日福統轄；龍州歸譚浩清管理。各行其事，互不相統屬，有智者早已料到這一片散沙的局面，免不了弱肉強食，其混亂實方興未艾！

## 三、誓師北伐，編第七軍

當時李宗仁、黃紹竑兩人，亦各擁有一二千新募集的士兵。但中下級幹部，多屬有軍事學識的青年，朝氣蓬勃。小諸葛白崇禧將軍當時亦參與戎機。其他如：俞作柏、夏威、黃旭初、伍颺廷、李明瑞、胡宗鐸、鍾祖垣等將領，多係保定或韶關講武出身。以後各人在國內都任過相當重要職務。民十三年冬，李宗仁、黃紹竑兩部由玉林分途襲擊南寧、梧州。一舉成功，乘勝掃蕩龍州百色兩翼的陸榮廷殘部，廣西全省已奄有二分一的地盤。李宗仁所部即改編為定桂軍，黃紹竑所部也改編為討賊軍。再合力向柳州、桂林方面伸展。韓彩鳳與沈鴻英兩部，不堪一擊，便宣告瓦解，全省趨於統一。

民國十四年三月，孫中山先生在北平逝世，滇軍唐繼堯以建國聯軍副大元帥名義出兵廣西。藉假道之名，派遣龍雲、胡若愚兩部，分由龍州直趨南寧。李宗仁、黃紹竑在桂柳據報，即回師反擊。並得由粵回滇的范石生部協助，合力加入作戰。將唐部三四萬人圍困南寧城內。滇軍終以彈盡援絕，且官兵以水土不服，至傷亡過半。龍雲、胡若愚兩人率領殘部退回雲南。廣西聲勢更振。

廣西再度統一以後，廣東方面的革命隊伍，亦皆人強馬壯，準備繼續孫總理北伐未竟之功，重行北伐。廣西方面乃派員到廣州聯絡，接受國民黨節制，奉行三民主義，實現孫總理建國方略、建國大綱之計劃。

民十五年七月，國民革命軍誓師北伐。李宗仁部開始編為第七軍，與何應欽第一軍，譚延闓第二軍，朱培德第三軍，李濟深第四軍，李福林第五軍，程潛第六軍等同為北伐軍的基礎隊伍。黃紹竑則任廣西省主席，負責第七軍的兵源補充。在北伐期間，前後方頗能合作無間。

## 四、武漢政變，全軍解體

第七軍由廣西出發時，統率四個步兵旅，由夏威、鍾祖培、李明瑞、胡宗鐸四人分任旅長。出衡陽、取長沙、攻克武漢，後又向江西夾擊孫傳芳。德安之役，第七軍以少數部隊，擊潰孫傳芳主力，嗣後乃勢如破竹。十六年收復上海、南京。國民政府乃定都南京，是年秋，蔣先生下野，孫傳芳收集殘部三萬多人，企圖死灰復燃，冒險偷渡長江，襲擊首都南京，不料在龍潭遭遇第七軍主力迎擊，激戰數晝夜，孫部潰不成軍，第七軍從此聲威播及全國。作者於民國三十七年夏由京赴滬，車經龍潭，屹立在棲霞山下的第七軍紀功碑，猶遙遙在望。以後繼續北伐，攻佔幽燕，不久「東北王」張學良亦易了鮮明的青天白日旗幟，在表面上全國乃告統一。

北伐完成以後，全國軍隊編為四個集團軍：第一集團軍總司令由蔣先生兼；第二集團軍馮玉祥；第三集團軍閻錫山；第四集團軍則為李宗仁，李並兼任武漢政治分會主席，第七軍軍長由夏威陞充。控制著兩湖（湖南、湖北），同時白崇禧將軍則坐鎮北平，廣東與廣西則由李濟深、黃紹竑分任主席。當時廣西團體所控制的兵力，南自鎮南關，北達山海關，氣燄既高，自難免引起中央方面一些短視政客所嫉妒。對廣西人物，乃冠以桂系之名。民十八年武漢政變發生，當時李宗仁仍留南京參加開會，事前似無所知，事急始由海軍部長陳紹寬口頭通知，李氏始倉遑避居上海。中樞乃下令免夏威、胡宗鐸、葉琪等職務。武漢方面，乃陷於群龍無首。不旋踵竟遭全盤瓦解。

## 五、間關回桂，重整旗鼓

十八年第七軍在武漢解體以後，兩廣政局改觀，中央派余作柏為廣西省政府主席，李明瑞任編遣特派員兼十五師師長，楊騰魁為五十七師師長。是年冬，中央又下令免俞作柏、李明瑞兩人職，委桂軍新編十六師師長呂煥炎為廣西省主席，黃權接李明瑞為十五師師長。不久，李宗仁、黃紹竑、白崇禧三人間關秘密回桂，策動楊騰魁、黃權兩師長反正，脫離中央，糾集由武漢歸來舊部，重整旗鼓，與南京中央政府對抗。是時適鐵軍張向華（發奎）之第四軍亦因由鄂西荊州、沙市渡江繞道湘西來桂林匯合。因此聲勢復大振，乃成立第一方面軍總司令部，由李宗仁、黃紹竑分任正副總司令，白崇禧任總參謀長兼前敵指揮官。下轄張向華之第四軍，楊騰魁之第七軍，李品仙之第八軍，黃旭初之第十五軍。曾一度進襲廣州，遭遇粵方陳銘樞、陳濟棠兩部頑強抵抗，無功而退，轉回廣西整編，以待時機。

## 六、問鼎中原，折翼而歸

民國十九年，中央再明令討伐閻（錫山）、馮（玉祥）。在河南、河北境內雙方部隊已發生衝突，李宗仁、黃紹竑、白崇禧、張發奎等，認定有機可乘，乃決心放棄廣西，傾全力北上爭衡，企圖問鼎中原。時第八軍李品仙所部已攻下長沙，第四第七兩軍亦已越過衡陽，惟黃紹竑率領之第十五軍為總預備隊，行動過於遲緩，未到達衡陽，反先被粵軍蔣光鼐、蔡廷鍇兩師所佔領，截斷去路。前後方頓失聯絡，北上企圖，既成問題，前頭部隊，旋即回師湖南，與蔣蔡兩師決戰，結果雙方犧牲慘重，殊不料一波未平，一波又起矣。

當大部隊開回至桂林，龍雲之滇軍感於民十四年曾在廣西鎩羽而歸，心有未甘，蓄意要報一箭之仇，見廣西陷於四面楚歌、搖搖欲墜的時候，再派盧漢、張冲、朱旭三個師，沿民十四年進軍舊路，急趨南寧，以為乘隙抵瑕，唾手可得。時南寧城內祇有四十五師韋雲淞部防守，滇軍採大包圍形勢，圍攻了三個多月，終無法攻破南寧城。結果又被李宗仁、黃紹竑、白崇禧、張發奎各迅速回師反擊，滇軍師老無功，加上受到生力軍首尾夾攻，措手不及，幾被消滅殆盡。盧漢率領殘部奔回雲南，廣西三度統一，但以頻年兵連禍結，元氣已盡傷無餘矣！

## 七、兩廣合作，抵抗中央

民國二十年初，胡漢民湯山養晦事件，引起粵方黨國元老蕭佛成、鄧澤如、古應芬，及實力派陳濟棠等之不滿，同時汪精衛、孫科等亦畢集廣州，於是宣佈脫離中央統治，與廣西方面重再合作，組織成立西南政府，與南京中央政府對抗。並任陳濟棠為第一集團軍總司令，李宗仁恢復第四集團軍總司令番號。中央政府對此，感覺鞭長莫及，亦無可奈何。

迨九一八事變發生，全國人心鼎沸，室內操戈，已遭受國人詬罵，中央政府乃發出團結禦侮、集中力量的口號，電邀粵方西南政府派員入京協商國事。汪精衛、孫科及部份委員先後晉京，經協商後，西南政府改為西南政務委員會，延至民二十五年陳濟棠被逼離粵，該委會始告取銷，對峙之局，遂不復存在。

## 八、建設廣西，號稱模範

廣東廣西重新合作後，西南政局漸趨安定，地方生產及交通方面，逐步恢復。李宗仁、白崇禧兩人乃趁此時機，整頓內部，勵精圖治，以「建設廣西，復興中國」兩句口號來鼓勵民眾，由黃旭初任桂省主席，廖磊則陞充第七軍軍長，對士卒加緊訓練，為培養下級幹部，乃恢復中央軍校第一分校於南寧，招收學員生一二千人；又創辦航空學校於柳州，以備空防。聘任抗戰勝利後在杭州翻車身故的林偉成為校長。組織民團，設立民團幹部訓練於西鄉塘。全省劃成八個民團指揮部。中等以上學校學生，均授以軍事訓練。鄉村區鎮長，無一不經過軍事訓練，創立三位一體原則，即：鄉村長須兼任國民學校校長及團後備隊隊長三職。如此苦幹硬幹，不數年間，將廣西弄成一個全省皆兵的突出省份。並禮聘福建人楊綽庵為統計局及會計局局長。一切行政，弄得有條有理，好像一個別有天地的小國家，正所謂「麻雀雖小，五臟俱全」也。國內知名人士，爭相前往參觀，均同聲贊許，並譽之為模範省。

## 九、追剿蕭克，堵截朱毛

民國二十三年秋，盤據贛南之朱德毛澤東，因遭受中央軍五次圍剿，知已無法苟存，乃決定西竄入川，藉圖苟延殘喘。是年八月間，先派遣蕭克率領三萬多人，冒險突破封鎖線向粵北湘南逃竄，經廣西灌陽、興安、資源，而入黔東。廣西當局乃檄派第七軍軍長廖磊統率二十四師覃連芳部，十九師周祖晃部，跟踪追擊。結果在貴州東部山澤地區的大廣村，及施秉縣屬之青山坪兩地將中共軍之主力擊潰，蕭克僅率帶少數殘兵亡命逃到湘西投奔賀龍去了。

是年冬，朱毛率其全部人馬，繼續傾巢而出，仍沿著蕭克所經過的路線逃竄，當時第七軍全部仍遠駐貴州鎮遠縣待命，又再奉到命令回師堵截，限十天時間兼程回桂，而中共先頭部隊已竄至灌陽，在中途忽碰到強有力的第七軍部隊截擊，乃不敢逗留，繞道邊境逃入貴州境內。同時，中央亦派顧祝同、薛岳、周渾元等部跟踪追擊，直趨貴陽，第七軍由桂北入貴州榕江向都勻包抄共軍，斬獲甚眾，俘虜七千餘人。不圖中共部隊到達貴陽以後，竟將當時之貴州主席兼二十五軍軍長王家烈扣留，並將其部隊繳械，共軍乘此逃脫，未遭全殲。

## 十、抗戰八年，久居敵後

迨九一八事變以後，日本軍閥鯨吞我中國之企圖，日益顯露，國人對此，亦已忍無可忍。至民國二十六年七月七日，蘆溝橋事變發生，因此引起全國人心鼎沸，至「八、一三」淞滬烽火繼起，戰事已無法避免。中央當局知和平解決無望，乃決心抵抗到底，頒下全國動員令。李宗仁、白崇禧兩人首先奉召晉京，商酌團結禦侮事宜。困守廣西之第七軍健兒，早經枕戈待旦，即由廖磊統率北上參加抗日作戰，並指揮四十八軍韋雲淞部，彼時第七軍軍長已由周祖晃陞充。保衛上海之役，第七軍犧牲至鉅，旅長夏國璋（夏威之胞弟）、秦霖、龐漢禎三人均陣亡，其餘團營連長傷亡更無法統計。戰況之烈，概可想見！及上海放棄，首都淪陷，第七軍即退至長江以北，收容殘部，設法補充，再開淮北防守津浦之線，迨安徽省之宿縣、蒙城兩地失陷，第七軍軍長周祖晃以指揮失當，受到嚴重處分，撤職查辦，另以張淦陞充第七軍軍長，嗣後即留在大別山敵人後方作戰。民國三十三年再由廣西綏靖主任公署參謀長徐啟明調充第七軍軍長，鞏衛我後方大本營之立煌，直到抗戰勝利為止。

## 十一、參加戡亂，轉戰蘇魯

民三十四年秋，日本無條件投降，軍隊部份復員，第七軍亦著手整編，以鍾紀陞任第七軍軍長，負責蚌埠受降事宜，並警衛首都外圍。不圖外侮方熄，共禍又起，原來中共乘八年抗戰之機會，儘量擴充部隊，迨日本一宣佈投降搶先向敵人收繳槍械，違命抗令，竊據蘇北魯南的共軍新四軍陳毅部，殺人越貨，劉伯承股則騷擾豫東及皖北之間。因此隴海、津浦兩大鐵道幹線交通受阻，民眾重遭塗炭，中央政府迫不得已明令戡亂。第七軍軍長鐘紀率領一七一師師長劉昉、一七二師師長朱乃瑞兩部由皖東蚌埠向蘇北進剿，第一仗殲共軍萬餘於泗縣。再戰收復淮陰，繼續乘勝掃蕩泗陽，漣水，沭陽各縣。民三十六年春，直搗南共軍老巢穴的臨沂重鎮，陳毅部退守蒙陰、新泰山區。是年秋陳毅、劉伯承兩股合力西竄，企圖偷渡黃河北逃，第七軍及四十八軍張光瑋部協力跟跡追擊共軍以渡河不逞，繞道定陶、董口回師突破隴海路封鎖線南下，鍾張兩軍尾追不停。及共軍竄進了大別山區，即化整為零，國軍無法將其消滅了。

## 十二、局勢日非，移師江漢

三十七年夏，因東北戰局影響，華北動搖，不久榆關濟南兩地相繼失陷。竄據大別山區的劉伯承部，復趨活躍。武漢形勢，日見緊張。中樞乃明令調國防部長白崇禧將軍出任華中剿匪總司令，嚴防共軍渡江南下。第七軍編入張淦第三兵團序列，時軍長鍾紀已調第八綏區為副司令官，由李本一陞充第七軍軍長，担任湖北省浠水、黃陂、孝感、應城之線防務。而鄂北豫南的土共魏鳳樓、張體乾、張體學，三股人馬，四出騷擾，至此國軍已感顧此失彼之慨！是年秋，鄂北重鎮之襄陽樊城被劉伯承部所攻陷，綏區司令康澤被俘，第七軍奉命馳援，襄陽樊域雖告克復，而地方已糜爛不堪。迨徐蚌會戰發生，國軍精銳隊伍有邱清泉兵團，黃維兵團，孫元良兵團，李彌兵團，李延年兵團等，均損失大半。首都震動，華中亦跟著吃緊了。

## 十三、部隊多變，退守長岳

三十八年夏，南京、上海相繼不守，長江天塹，已再無險可守，同時河南省主席兼第五綏區司令張軫忽告叛變，宜昌、沙市方面孫震所部川軍，亦有不穩消息。宋希濂防守鄂西，亦有尾大不掉態度至此華中長官部在武漢，已形成孤立狀態。乃於三十八年五月十四晚撤出武漢，退守岳州長沙衡陽之線，重新佈署，以待時機。但兵力已有捉襟見肘，應接不暇之勢。〈小諸葛〉白崇禧將軍，日惟悶坐愁城來應付此艱難的局面。雖一度有青樹坪之小捷，亦不能稍戢大部共軍之壓力。

## 十四、程潛投共，湘南受困

華中長官部撤回長沙、衡陽以後，形勢已處在下風，招架已感吃力，遑言進攻。不料當此危機日亟之際，湖南省主席程潛，第一兵團司令陳明仁兩人，相繼叛變。程潛先掠取中央銀行庫存現洋以去；陳逆明仁則向華中補給區苛索糧餉，除部份忠貞官兵不願附共脫離外，長沙省會不發一彈，拱手獻敵。因此局勢惡劣，無以復加。當時第七軍奉命防守湖南之澧陵、攸縣、安仁、茶陵之線，防區延長百餘里，兵力單薄，不敷調遣。軍部駐在粵漢路車站，李軍長本一曾對作者表示：謂共軍林彪部已用了九個軍兵力向我們防地進逼，我們正面只有第七軍、四十六軍、四十八軍三個軍。兵力懸殊，且餉械兩缺，勝敗殊難逆料，言下不禁太息！作者雖非軍事學家，亦同抱有此一心理了。白崇禧將軍雖欲憑其一股毅力來撐持大局，其奈力不從心何！

十月三日，第七軍又奉命移師湘西寶慶方面，因事先敵人已有部份繞到武岡，對衡陽取大包圍形勢。至十月八日，長官部飭第七軍急向湘桂邊境撤退，不意軍行至一個崎嶇地形之黃土埔途中，突被林彪部伏擊，第七軍所屬一七一、一七二兩師外，連隨同行動的四十八軍一七六師呂祖霖部，亦全數覆滅。副軍長淩雲上，參謀長鄧達之，一七一師師長張瑞生，一七二師師長劉月鑑，及一七六師師長呂祖霖等悉被俘虜。軍長李本一僅以身免。此為第七軍有史以來的第一次慘敗！在抗戰八年期間，尚無如此重大損失過。查此次潰敗原因，完全由華中長官部平時對情報工作做得太差，不明敵情。共軍將近十萬眾偷渡湘江，繞過大本營背後竟未予發覺，還談打甚麼仗？白崇禧將軍平生用兵，素稱謹慎，而足智多謀，所謂料敵如神。惟此次對此龐大共軍行動，竟亦毫無所知，難道已屆英雄垂暮！抑是國運應該淪亡至此？

## 十五、回桂整理，再上征途

第七軍在湘南受挫敗後，李本一隻身逃回桂林。白崇禧將軍將此次失敗責任，自己一身承當，表示非該軍長之過，且慰勉有加，並令其再接再勵，重行補充，抽調新編成之楊受才師及楊暢奇師和原有成立不久之二二四師劉昆陽部湊成一軍，未經訓練，再開向廣西東南之梧州、玉林、博白、陸川一帶佈防。然此時廣州早已陷於共軍之手，劉伯承部二十萬大軍已向雷州半島疾進，直趨欽州防城。防守粵桂邊區之國軍，已成了甕中之鼈，然第七軍仍鼓其最後一點勇氣，擬與敵再較量一下，其奈官雖無降心，而士已無鬥志，一邊倒形勢，已成了定局，縱使諸葛孔明復生，想亦無法挽回此頹勢了。

## 十六、再度潰敗，從此完結

三十八年十一月間，所有華中部隊，除黃杰第一兵團能退往越南一部份外，其餘張淦第三兵團，徐啟明第十兵團，及滇軍魯道源兵團，完全被共軍包圍於陸川、博白、欽州之線。第七軍仍作最後掙扎，然以強弩之末，不堪一擊了。結果全部被敵人殲滅殆盡，連同徐啟明兵團，魯道源兵團，均無法倖免，損失之大，實屬罕見！第三兵團司令張淦，第七軍軍長李本一，四十八軍軍長張文鴻等，皆被共軍所俘。大陸同時宣告變色。舉世最有聲譽有組織有系統的第七軍這個番號，從此終結，將來祇能留作一個歷史名詞罷了！

第七軍在國民革命過程中，歷史攸久，素質優秀，上下團結，官兵和睦，尤其團體觀念深。對國家、對民族、供獻良多。在歷次作戰中，除民十八年武漢政變，李明瑞、楊騰魁兩人一度脫離團體外，從來很少有一連以上集體投降或叛變過。每遇部隊長調動，內部人事很少更換，一脈相承，實為國內近代軍事機構不可多見之一個番號。作者並非代他吹噓，是褒是貶？或毀或譽？將來歷史自有公論的。現另行將歷任軍長人員姓名及略歷概述如下：

# 第一任軍長李宗仁

第一任軍長李宗仁，號德鄰，廣西桂林人。為第七軍開山老祖。陸軍小學畢業，民國十三年與黃紹竑各提一旅之師奠定廣西。任過定桂軍軍長。北伐開始，改編為第七軍，北伐成功後，任第四集團軍總司令兼武漢政治分會主席、第一方面軍總司令、第五路軍總司令、廣西綏靖主任等。抗戰初期，任第五戰區司令長官。民二十七年四月，日寇派遣板垣師團、土肥原師團，久留米師團共統率十萬大軍由津浦北端向徐州進犯，李宗仁指揮不同系統將近二十萬大軍拒敵於魯南台兒莊，激戰月餘，殲日寇數萬，造成台兒莊大捷，聲威震中外。及武漢放棄，長官部移駐囊樊之老河口，民二十八——二十九年，隨棗兩次大會戰，均能立於不敗地步，防區保持完整，地方安靖如恆。民三十三年調漢中行營主任。勝利後，調北平行營主任。民三十七年，行憲開始，召開國民代表大會於南京，選舉正副總統。李宗仁以眾望所歸，獲選為副總統。迨東北淪陷，華北變色，蔣介石總統宣告下野，一度登上代總統寶座，但已經是「夕陽無限好，祇是近黃昏」了。上台伊始，即選派代表與中共洽商和平，以求解決國是。惟中共已盛氣淩人，提出苛刻無可接受的條款，至此和談決裂，李宗仁即下令遷都廣州，繼續抵抗，僕僕風塵於桂林、重慶、昆明之間，與當地首長商酌保衛西南半壁河山大計。及上海、武漢、長沙相繼不守，廣州、桂林跟隨失陷，知大勢已去，乃藉故赴美留醫，現已樂不思蜀了。

平心而論，李氏為人，尚不失為忠厚淳樸，和藹可親，絕無官僚氣派，亦無軍閥動作。對部屬不分軫域，一視同仁，任第五戰區司令長官期間，指揮的隊伍，有第二集團軍總司令孫連仲是過去西北軍馮玉祥的舊部；十一集團軍總司令黃琪翔為廣東梅縣人；二十一集團軍總司令李品仙才是廣西基本隊伍；二十二集團軍總司令孫震及二十八集團軍王瓚緒均係四川部隊；三十一集團軍湯恩伯為中央嫡系隊伍；三十三集團軍張自忠（陣亡後由馮治安接統）屬宋哲元基本部隊。其他如於學忠的五十一軍、龐炳勛的四十軍等，均歸其指揮作戰過。皆能合作無間，而且袍澤情深，使人留有很好的印象。李氏獨霸一方數十年，同胞弟兄六七人之多，從無一人出而尸位或盤據要津，此乃他的好處與長處。畢竟平生書本讀得少了一點，故飛到了美國以後，受無聊政客包圍，欠於考慮，一再失言，對自由祖國台灣，妄加批評，對過去的聲譽及名望，無形籠罩了一層陰影，實為其最大遺憾。倘今後能注意涵養工夫，兢忧自勵，仍可為國人推崇與敬仰的。

## 第二任軍長夏威

第二任軍長夏威，號煦蒼，廣西容縣人，保定三期畢業。民十二，以一營之眾，追隨李宗仁、黃紹竑崛起廣西，北伐軍克復武漢以後，繼李宗仁陞任第七軍軍長。民二十年回桂出任中央軍校第一分校主任。民二十一年再出任第十五軍軍長。抗戰軍興，任第五路軍總部參謀長。民二十八年日寇侵犯廣西南寧，出任十六集團軍總司令，桂南會戰，與敵激戰於古戰場的崑崙關，表現至佳。勝利以後，調任安徽蚌埠第八綏區司令官，旋任安徽省主席。徐蚌會戰結束，淮北地區盡歸敵有，調華中長官部副司令長官。民三十八年，大任變色，退出海南島轉來香港。現蟄居荃灣東普陀寺附近築屋而居，日惟養雞種菜，為人忠厚，沉默寡言，然服從心重，忠於團體。

## 第三任軍長楊騰魁

第三任軍長楊騰魁，號醒凡，廣西上林人。廣西講武堂畢業，陸榮廷秉政時代，曾充中下級幹部。民十五隨軍北伐，任營團長，後積功陞師長。民十八，武漢政變，脫離廣西團體，歸向中央，率領五十七師由長江經上海回廣西。民十九，李宗仁、白崇禧再度回桂，仍不忘故主，乃又脫離中央重為李白效力，陞任第七軍軍長。民二十年，退出軍職，攜帶嬌妻美妾來香港當寓公，鬱鬱寡歡，不久以家庭發生風波，乃悲憤而死。平生事業碌碌無可足述。

## 第四任軍長廖磊

第四任軍長廖磊，號燕農，廣西陸川人。保定軍校出身，畢業後在湖南唐生智部任團營長，北伐軍出湘南，投到革命軍陣營裏。民十七抵定幽燕，陞三十六軍軍長。民十八駐節河北唐山，曾救

「小諸葛」白崇禧將軍脫險。民二十年回桂接楊騰魁為第七軍軍長。「八一三」滬戰發生，統率第七軍及四十八軍北上參戰，淞滬之役，與敵激戰於大場、羅甸之線，傷亡慘重。精銳之師，消滅幾盡，後退過浙江補充，移師江北，陞任二十一集團軍總司令，兼安徽省主席。民二十八年冬，卒於立煌軍次。

廖氏為人耿直，持正不阿，生活樸實，無嗜好，馭下嚴。在廣西任第七軍長時，官兵一律剪光頭，禁吸香煙，嫖賭尤受嚴厲處罰。惟對士兵生活，關懷備至，對上服從，對下負責，在廣西將領中，頗獲李宗仁、白崇禧之器重，可惜天不永年耳！

## 第五任軍長周祖晃

第五任軍長周祖晃，號敬生，廣西桂林人。保定軍校出身，北伐時，以砲兵營長隨同出發，龍潭之役已陞任團長。民二十年回桂任十九師師長。民二十六年中日戰起，以第七軍副軍長隨同出發參加滬戰，後陞第七軍軍長。淮北會戰，奉命馳援宿縣、蒙城兩據點，任務未能達到，致該兩城陷於日敵，受最高當局嚴重處分，被撤職查辦。民三十年再出任四十六軍軍長，後陞十六集團軍副總司令。勝利後，退休家居，平生不善積蓄，失官後，生活清苦。民三十八，共軍已逼近桂邊，出任桂北行政長官，見危受命，其志可嘉，乃組織尚未就緒，桂林已變色，竟向紅朝靠攏，一生功績，從此湮沒矣！

## 第六任軍長張淦

第六任軍長張淦，號潔齋，廣西桂林人。陸大特一期畢業。北伐時，任第七軍副官處長。民二十年任第四集團軍總部辦公廳主任。民二十一年出長桂林區民團指揮官，因興安、全州、灌陽三縣民變，剿撫無方，被免職。民二十五年，任南寧行營主任參謀長。抗戰初期，調二十二集團軍參謀長，師次淮北，接任第七軍軍長。民三十三年，陞二十一集團軍副總司令。勝利後，調第八綏區副司令官。民三十五年，中共倡亂，出長第三縱隊司令，指揮第七軍四十八軍剿共。移師華中以後，改編為第三兵團。民三十八年桂南一役，兵敗被俘。

張氏為人貌似忠厚而近於呆板，平生好空談，喜吟咏，尤信奉龜卜。行軍作戰，隨身攜帶羅盤，喜聽阿諛之言，用人不辨善惡。以一個兵團部，竟收容大批冗員，致招共諜乘機滲進。一舉一動及一切作戰計劃，敵人早已探悉，上級指揮機構如此烏龍，部隊焉得不敗？

## 第七任軍長徐啟明

第七任軍長徐啟明，號又村，廣西榴江人。保定軍校及陸大特一期畢業。民十三，李宗仁、白崇禧、黃紹竑等統一廣西時，即曾任過團長。民十八，廣西政局動盪不安，一度出任全省政務處長（等於省長）。民二十五，任二十三師師長，後調十九師師長。七七事變，率師北上參加上海保衛戰，旋陞第七軍副軍長。移師江北以後，調任二十一集團軍參謀長。民二十九年調廣西綏靖公署參謀長。民三十三年，再派赴安徽接任第七軍軍長。勝利後，調第八綏區副司令官兼參謀長。民三十六年調北平行營參謀長。民三十八年調第十兵團司令官。所指揮四十六軍及五十六軍均告瓦解，本人僅以身免。來香港後，潛心岐黃之術，並研針灸之學。民四十三年赴台灣參加國大會議。現仍居台北，為人忠厚，勤謹樸實，待人誠懇，對事負責，接近官兵，愛護部屬，學問道德均好。於詩詞亦頗有心得，有儒將風度，處艱難困苦中，不怨天，不尤人。在一般將領中能得如此人望，實不多見。

## 第八任軍長鍾紀

第八任軍長鍾紀，號柱南，廣西扶南人。為二十九年隨棗會戰陣亡之一七三師師長鍾毅將軍之胞弟，黃埔軍校四期及陸大第九期畢業。民十六，在黃埔軍校畢業後，即派為中央軍校第一分校少校隊長。民十七，陸大第九期在北平續招學員生，考取學生班，校長為已故黃慕松先生。民二十年冬，畢業回桂，担任中央軍校中校教官。民二十一年調龍州邊防督辦署上校科長，並兼邊務學校教育長。民二十四年三月，調第七軍參謀處長，即出發貴州剿共。是年冬調廣西航空學校副校長。

民二十五年，調南寧軍校高級班少將主任。迨中日戰爭爆發，出任一三一師覃連芳師副師長，參加津浦南段保衛戰。民二十七年調八十四軍參謀長。二十八年調第五戰區第十補訓處中將處長。為廣西一般將領中最年輕之一員。民三十調安徽任一七二師師長。三十二年陞二十一集團軍參謀長。三十三年担任第十戰區兵站總監，補給大別山區敵後各部隊糧餉械彈事宜。勝利開始，接任第七軍軍長，接收蚌埠日軍投降事宜。至三十五年，國內再遭共軍倡亂，奉令進剿新四軍陳毅部於蘇北魯南地區，斬獲甚眾，功績卓著。民三十七年調第八綏區副司令官。三十八年入中央任聯勤總部副總司令，與何世禮將軍同為郭懺左右手。後改任陸軍副總司令。及大陸變色，政府遷台，不及隨行，乃留居海隅，經營商業以資餬口。

鍾氏為人聰明幹練，年青有為，處事敏捷，作戰勇敢，交遊素廣，手段圓滑，頗得李宗仁、白崇禧、李品仙等之倚畀。蔣總統對之亦深為器重。現雖蟄居海隅，對祖國之懷念，不免有黍稷之感！

## 第九任軍長李本一

第九任軍長李本一，號善寬，廣西容縣人。行伍出身。民十五應募隨軍北伐，積功陞連營長。民二十三選送軍校深造，畢業未久，值中日戰事發生，率一團之眾北上參加淞滬之戰，立功陞一七六師師長。駐防皖東，與敵週旋數年之久。驍勇善戰，有「小李廣」之稱。民三十四年日本宣佈投降，該師先開到浦口，首都民眾，挨過八年亡國痛苦，忽睹祖國王師，鮮艷之青天白日旗幟，不禁歡欣鼓舞，乃派代表過江歡迎李師進駐南京。入城之日，百姓夾道歡迎，熱烈空前，南京總商會饋送偽幣三億元，作慰勞官兵之用。並有人將陳公博私家車一輛送給李師長。在城內留住三日，重慶方面始派副參謀長冷欣乘機到達。

該師旋即開回浦口待命。當時中央特工人員留在南京者不少，紛向李師長敲索，以要求不遂，乃懷恨在心，因此種下三十六年三月在南京白天失踪之一幕。

李師長於勝利後，即離開軍職，賦閒家居。民三十五年共軍叛亂，第七軍奉令進剿，當時副軍長一職，尚虛懸。鍾紀乃保薦李為副軍長，協助指揮。出發後，每遇作戰，均身先士卒，不數月建立了不少功勛。民三十六年，師次隴海路中段之新安鎮，請假赴南京一行，不料抵步未久，倏被特務人員白天在街上用吉普車刦去無踪，經多方調查，始知已被拘禁於憲兵司令部。後由鍾軍長親到晉京南謁蔣主席，請求釋放，方蒙以「戴罪圖功」四字放回。特工人員往往以公報私仇，對國家綱紀，實有違背，李本一以無辜坐了三個多月監牢，一旦脫離樊寵，已將生死置諸度外，以後作戰，更奮不顧身。民三十七年即以功陞任第七軍軍長。

李氏為人豪俠好義，待人接物，敦厚有禮，不類行伍出身人物。平時勤於觀摩，以後能寫得兩手好字，公牘亦見熟練，惟性好漁色，雖在軍書旁午，亦未嘗忘懷，豈是英雄多好色乎？被俘後消息渺然，生死莫卜，予與之共患難多年，走筆至此，實不勝懷念之感！

# 白崇禧與程潛最後一次鬥法

鍾起鳳

有「小諸葛」之稱的白崇禧將軍，墓木早拱，近閱香港的報章雜誌，對白將軍的傳記與回憶錄時有刊載，不覺引起筆者的一番懷舊之情。白將軍不僅在運用大兵團作戰時指揮若定，即在議場上面對著舌劍唇槍的圍攻，更能從容不迫地由招架而展開反擊，使圍攻他的人棄甲拋戈而後已！

## 程潛早與中共暗通聲氣

一九四九年（民卅八年），國軍在大陸情勢逆轉，白崇禧所主持的華中軍政長官公署亦由武漢移駐長沙。當時湖南省主席程潛，已經與中共暗通聲氣，只等待共軍到達長沙，立即開城迎降。不料白將軍以華中軍政長官身份，率領大軍入湘坐鎮，準備固守三湘。這一期間，湖南的局勢非常微妙，中共地下份子利用程潛的掩護，散播和平空氣，鼓動一班投機政客先行靠攏，並宣傳中共的寬大政策，以助長所謂和平起義的情勢；俾造成大家一種錯覺，認為湖南已無法防守，那又何必使地方再經一次兵災戰禍？企圖投共的人，正積極準備獻城邀寵；具有失敗心理的人，則消極的反對佈防備戰，避免玉碎而圖瓦全。

可是三湘豪傑，七澤健兒，自有其歷史的傳統，不信邪、不怕死的人也同時歃血請纓，準備與共軍週旋到底。但械彈的補給，必須政府支援，且名不正則言不順，要求政府給以番號，俾號召志士建立義師，比裝備更為迫切。主持省政的程潛既早蓄意靠攏，自然不讓一些反共志士們出頭；其地方政府在他的暗示和共諜操縱下，更處處予以掣肘。等白崇禧將軍率師入湘，所有的反共英雄都揚眉吐氣了，因為白氏當時是堅決反對李宗仁主張和談；其率部入湘，也是因為湖南民氣可用，具有保鄉衛國的革命傳統精神，所以特別注意組織地方反共武力，儘力設法支援他們的武器彈藥。

## 白崇禧出席湖南省議會

白氏是華中軍政長官，不僅擁有軍事指揮權力，湖南的政治，他也有權作有利於軍事的興革；所以他入湘以後，立即擬定了一套軍政密切配合的方案。其大意是以軍事為第一，以軍領政，一切人力物力皆以求得軍事的勝利為主，武裝民眾，協助國軍保鄉衛國；把國軍部隊以軍為單位，分駐於全省各地，劃為若干軍區，行政專員受軍長指揮，縣長受師長節制，使地方政府密切配合軍事。但如此一來，可把程潛的美夢完全打破了，於是程潛在與左右秘密計議下，便利用省議會親共份子來和白氏鬥法。

筆者當時供職於《和平日報》，因回長沙省親之便，順道拜謁白將軍，那幾天他正準備到湖南省議會去列席報告戡亂守土計劃，邀我同到省議會旁聽。作為一個新聞記者，這自然是不能放棄的好機會，當即和他同車前往。抵達時，程潛已先行到會，以極謙遜的態度出來迎接。主持會議的是以後投共的仇鼇，首請白氏致辭。他先分析國共雙方形勢，指出局勢逆轉的主因：一由於政府和談影響民心士氣；再由於地方政府不能配合戡亂軍事的動員要求，民眾力量不能用於保鄉衛國，反為敵方所利用。接著報告他保衛大湖南以軍領政的方案，並指出湖南對國民革命的光輝貢獻，要求議員們對保衛大湖南的策略各抒高見。

白氏報告完畢，程潛便接著致詞。他一方面說：聽到白長官堅守湖南的策劃如此週詳，他站在湖南省政府的立場，只有竭力執行此一方案以表達衷心的感戴；但在執行時要如何才能做到迅速確實，以配合軍事的要求，以及地方上有無困難？希望議員先生們坦白指陳，俾供白長官的參考。

## 議員們表示不負担軍糧

程潛致詞剛告完畢，議員們的發言便像連珠礮一樣，使人耳不暇聽，而舌劍唇槍，都是對準白氏而施以猛烈的攻擊。

他們無法也不敢反對白氏的保衛大湖南的軍政一元化計劃，因為大家了解這位手握兵符的統帥，一向是鐵面無私，鋤奸肅諜，毫不容情，那敢在議壇散播投降言論？但他們都非常技巧地以地方無法担負軍糧的供應為理由。最先發言的議員，還只就事論事，指出十多萬大軍入境，地方上無法供應軍糧，主張國軍所有需要的糧秣，應由中央直接撥放；以後愈說愈離開了本題，歷述湖南對革命的貢獻，尤其抗戰八年，兵員和糧秣重的供應，比較任何省份都多，但國府對湘人並不視——文不入閣，武不封疆。從抗戰到戡亂，青年人大多隨軍征戰，以致田園寥落，一旦要担負十多萬部隊的軍糧，無異是官逼民反。

這一類的言論愈說愈起勁，會場空氣也就充滿了火藥氣味，結果仇鰲作成的結論是：湖南不能負担國軍軍糧。

查當時的國軍糧秣，是由中央撥款交由地方政府徵購，其糧價與市價相比較，其中有一些參差，其差額是由地方撥款補足；如果地方政府不担任軍糧征購，部隊便會無米為炊。省議會此一結論，無異逼白氏率部離開湘境，其軍政一元化的保衛大湖南計劃也將成為畫餅。當然，湖南的共諜進行的所謂「和平運動」，以及程潛的獻土迎降計劃，白氏是早就了解的，軍政一元化，便是要瓦解程潛的迎降陰謀；而省議員們出面不供軍糧，也正是程潛對白氏展開反擊，圖迫使他無法在三湘立足。這場白、程鬥法的政治戰，至此已是白刃相接。

## 舌劍脣槍對方全軍盡墨

當仇鰲宣佈不供白氏所部軍糧的結論以後，程潛隨即起身恭謹地徵求白氏有無答覆？白將軍從容走向麥克風前，先說明他個人與湖南的關係至為親切，要求大家相信他決不會陷害視同桑梓手足的湖南同胞，此次率部入湘，乃奉國府之令，戡亂禦寇。職責所在，雖十分同情湖南人民對軍糧担負之苦痛，除轉請中央另籌糧秣以維持軍食而抒民困以外，決不敢因此擅自率部離湘，放棄守土重責。至於諸位議員先生所說的湖南對軍糧負担已重，再增加負担，徒增民怨，這一切都屬實情，也可見大家顧慮的深遠，他本人決不忍亦不敢強制湘民供應軍糧，公誼私情都該如此。不過事先應該鄭重申明的，養兵如養虎，餓虎難免饑不擇食而噬人，一旦國府的糧秣籌撥有個青黃不接，官兵為饑餓所迫而發生違紀事件，擾亂地方，或對主張不供軍糧的人未能曲諒苦衷，希望諸位及全省父老，不要歸罪於他。

白將軍說到最後幾句話的時候，面色凝重，把如電的目光，注視著先前主張不供軍糧言論最激烈的幾位議員。其目光所射出的凌厲光芒，頓使人不寒而慄，整個會場似覺寒氣逼人，一時寂靜無聲。我看到程潛和仇鰲臉色都蒼白了。但白氏結束他的說明時，仍是彬彬有禮，並非拂袖而去。這時仇鰲看到勢頭不對，等白氏正準備趨步下台時，高聲說道：「請長官暫留，軍糧問題，須再從長計議。」程潛也起身挽留白氏歸座。接著由仇鰲以主席身份，提議在中央未籌撥到駐湘國軍糧秣前，先由地方籌墊，並以三個月為限期。立即獲得全體通過。這一幕白、程鬥法，因白將軍在省議會的舌劍唇槍，已使對方全軍盡墨。

可惜的是，白將軍雖得意於議場，仍失意於戰場！當時大廈將傾，一木難支，湖南於不旋踵間，告終變色！

## 慨嘆李宗仁臨危棄職逃

迨兩廣不守，李宗仁以當時代總統的身份溜之乎也，到新大陸去作寓公，其時若干人或由於對國軍保衛台灣尚無信心；或野心勃勃，企圖混水摸魚，在國共之間，另行組黨，一時號稱第三勢力極為活躍，彼時香港便是此輩的大本營。而廣西的軍政幹部，尚多寄望李宗仁，認為他赴美必有苗頭，將會取得援助而捲土重來，所以大都留居香港，並與所謂第三勢力密切聯繫。等白崇禧將軍過港赴台時，大家都挽留他居港，勸他不可赴台。白氏除堅決拒絕了他們的挽留而外，並分析中共對反共陣營的分化陰謀。他認為只有三民主義才能擊敗馬列主義；唯有中國國民黨的堅強團結，本其多年與共方鬥爭經驗，才能擊敗共黨。第三勢力的出現，適足以幫助共黨分化反共陣營，必遭國人唾棄，反過來勸某公不要從事此項活動。

他又曾正告廣西對李宗仁尚存有幻想的幹部，指出李氏的政治生命已經斷送。並以軍人為譬喻，指出一個統率軍隊的人，當戰爭失敗時，棄眾潛逃以謀自保，從此以後即不能帶兵；何況身負國家重責，到臨危時棄職而去，逍遙海外，對黨國人民不作任何交代，自然要被國人和友邦唾棄，那能望他捲土重來？接著他慨嘆知人之難，和器識之不可勉強。並舉出他與李宗仁相交數十年，歷經艱險患難，李在以往的挫敗中都能堅持，並都尊重他的獻議；想不到一旦肩負起全國重任，面對強敵，和戰不決，親小人而遠君子，到鑄成大錯時，竟如孩子鬧氣，逃之夭夭。他認為這是由於李氏小器，滿了就要傾，見識不夠，不足以担當一國大事云云。

血歷史229　PC1053

新銳文創
INDEPENDENT & UNIQUE

# 民初珍史

原　　著　張任民等
主　　編　蔡登山
責任編輯　夏天安
圖文排版　黃莉珊
封面設計　劉肇昇

出版策劃　新銳文創
發 行 人　宋政坤
法律顧問　毛國樑　律師
製作發行　秀威資訊科技股份有限公司
114 台北市內湖區瑞光路76巷65號1樓
電話：+886-2-2796-3638　傳真：+886-2-2796-1377
服務信箱：service@showwe.com.tw
http://www.showwe.com.tw
郵政劃撥　19563868　戶名：秀威資訊科技股份有限公司
展售門市　國家書店【松江門市】
104 台北市中山區松江路209號1樓
電話：+886-2-2518-0207　傳真：+886-2-2518-0778
網路訂購　秀威網路書店：https://store.showwe.tw
國家網路書店：https://www.govbooks.com.tw

出版日期　2022年11月　BOD一版
定　　價　490元



讀者回函卡

**Printed in Taiwan**

國家圖書館出版品預行編目

民初珍史 / 張任民等著 ; 蔡登山主編. -- 一版.
-- 臺北市 : 新銳文創, 2022.11
面 ;　公分. -- (血歷史 ; 229)
BOD版
ISBN 978-626-7128-35-0 (平裝)

1.CST: 北洋軍閥　2.CST: 民國史

628.2　　111010716